KB176257

임동석중국사상100

문중자
文中子(中說)

王通 撰·阮逸 註 / 林東錫 譯註

文中子(王通)

"상아, 물소 뿔, 진주, 옥. 진괴한 이런 물건들은 사람의 이목은 즐겁게 하지만 쓰임에는 적절하지 않다. 그런가 하면 금석이나 초목, 실, 삼베, 오곡, 육재는 쓰임에는 적절하나 이를 사용하면 닳아지고 취하면 고갈된다. 그렇다면 사람의 이목을 즐겁게 하면서 이를 사용하기에도 적절하며, 써도 닳지 아니하고 취하여도 고갈되지 않고, 똑똑한 자나 불초한 자라도 그를 통해 얻는 바가 각기 그 자신의 재능에 따라주고, 어진 사람이나 지혜로운 사람이나 그를 통해 보는 바가 각기 그 자신의 분수에 따라주되 무엇이든지 구하여 얻지 못할 것이 없는 것은 오직 책뿐이로다!"

《소동파전집》(34) 〈이씨산방장서기〉에서 구당(丘堂) 여원구(呂元九) 선생의 글씨

책머리에

송대宋代 왕응린王應麟은 어린 아이들을 위한 몽학蒙學교재 《삼자경
三字經》에서 "五子者: 有荀·揚, 文中子, 及老·莊"이라 하여 당시 중시해서
익혀야 할 제자諸子로서 순자荀子, 양웅揚雄, 문중자文中子, 노자老子, 장자
莊子를 들 정도로 높이 여겼다. 어린 아이들이 공자(論語), 맹자, 순자와
구류십가九流十家의 고대부터 널리 알려지고 중요도가 인정받은 제자들을
제쳐놓고 어찌하여 문중자 왕통王通을 넣어 제자諸子를 익히라고 다섯으로
압축하고 있을까 하는 의문이 생겼다.

과연 이유가 있었다. 첫째는 송대까지 문중자 왕통은 아주 대단히 높이
그 학술적 지위를 인정받고 있었던 것이다. 그에 못지않게 공자孔子와 똑같은
생활에 똑같은 어록을 남긴 인물로 어린 아이들이 이해하기에 아주 적절한
문체로 이루어져 있기 때문이었다. 나아가 문중자라는 책은 《논어》와
판박이처럼 똑같다. 편집과정은 물론 제자들의 언행도 공자 제자들과 똑같고,
교육 문답 방법, 다루고 있는 내용 역시 인의 도덕에 대한 개념 설명과
종정從政, 위정, 인물비평, 역사 설명, 자신의 탄식과 역사관 피력, 심지어
제자들의 성격과 유형 등 어느 하나 《논어》와 닮지 않은 것이 없었다.
나아가 편명篇名과 분량조차 비슷하며 은자와의 조우遭遇와 대화조차 혹사
酷似하다. 어떻게 이런 일이 있는가? 참으로 신기하다 못해 공자 집단이 다시
태어난 것이 아닌가 할 정도이다.

이러한 왕통은 자가 중엄仲淹이며 수隋나라 때의 사상가이다. 30 중반의
길지 않은 삶을 살고 생애를 마친 점이 너무 아쉬울 정도이다. 죽은 뒤

문인들이 사사롭게 '문중자文中子'라는 시호를 지어 그 뒤로 그의 시호로 불리기도 한다. 원래 선조는 남조南朝 송宋나라를 섬겼으나 그의 4대조 왕규(王虬, 穆公)가 북쪽 강주(絳州. 龍門. 지금의 山西 河津)로 이주하여 북위北魏 사람이 되었으며 그곳에서 대대로 학자이며 동시에 사환仕宦을 이어온 가문으로 틀을 잡았다.

한편 공자가 말세에 살았듯이 왕통 역시 자신이 수나라가 곧 망할 말세에 살고 있으며, 뒤이어 당唐나라가 들어서서 천하의 태평을 이룰 것임을 예견함과 아울러 확신한 것으로 되어 있다. 그는 일반적인 "지금이 옛날만 못하다"(今不如古)는 생각을 벗어버리고 "앞으로 올 시대가 옛날보다 낫다"(來者勝昔)라는 꿈을 품고 있었다. 특히 隋 煬帝(楊廣)가 병중의 아버지 文帝(楊堅)를 독살하고 제위에 오른 것과 고구려 정벌(遼東之役)에 나섰다가 을지문덕乙支文德에게 살수薩水에서 2백 만이 전멸한 전투, 강도江都 별궁에서 마침내 우문화급宇文化及에 시해弑害되는 역사적 사실 등을 겪으면서 서북(山西, 古代 唐)에서 새로운 천자가 나타날 것이라 자신하였다. 그러면서 아깝게도 당 고조 이연李淵이 건국하기 1년 전에 세상을 떠남으로써 직접 보지는 못하고 말았으나 그가 가르친 제자들, 즉 당 태종(太宗, 李世民)의 정관貞觀 시대에 그 이름을 천하에 떨친 십대명신十大名臣들로 위징魏徵, 방현령房玄齡, 이정李靖 등은 새로운 제국 건설에 뛰어들어 천하의 명신들로 빛을 발하는 것으로 임무를 다하게 된다.

변혁기나 왕조 교체기에 어떤 인물이 어떠한 생각을 가지고 제자들을 가르치며 다음 세대를 위해 어떤 준비를 하는가는 아주 중요한 일이다.

그러한 전형을 보여주고 있는 왕통의 이 책과 사상은 다시금 많은 생각을
하게 한다. 그럼에도 우리나라에는 아직 널리 알려지지 않은 것이 매우
안타깝다.

아울러 《논어》를 읽은 자라면 이 책을 참고삼아 한번 훑어보기를 권한다.
많은 것을 느끼게 될 것이다.

苗浦 林東錫이 負郭齋에서 적음.

일러두기

1. 이 책은 《文中子(中說)》(阮逸 注)의 「四部備要」본과 「四庫全書」본, 「四庫全書薈要」본을 저본으로 하여 전체를 완역한 것이며, 阮逸 注는 가능한 한 모두 실어 이해에 도움이 되도록 하였다.

2. 현대 백화어 역주본으로는 《文中子(中說)》(鄭春穎 譯註. 黑龍江人民出版社 2003 哈爾濱)이 있으나 소략한 감이 있다. 이도 참고하였으며 도움을 받았음을 밝힌다.

3. 총 475장으로 분장하였으나 이는 절대적인 것이 아니며 필자가 임의로 나눈 것이다. 아울러 매 장마다 일련번호를 부여하고 괄호 안에 해당 편별 번호도 제시하여 찾아보기 쉽도록 하였다.

4. 각 편별로 전면에 〈敍錄〉의 해제를 인용하여 편명의 내용을 밝혔다.

5. 본문에 《논어》 등 어투가 같거나 비슷한 구절은 모두 찾아 인용하여 원의를 밝혔다.

6. 해석은 가능한 한 직역을 위주로 하였으나 일부 의역한 곳도 있다.

7. 원문을 제시하고 역문을 실었으며 원문의 문장 부호는 중국 현대 폿점법을 따랐다.

8. 주석은 인명, 지명, 사건명, 역사 내용 등을 위주로 하되 이미 거론한 표제어도 반복하여 실었으며 이는 읽는 자로 하여금 다시 찾는 번거로움을 피하기 위한 것이다.

9. 부록으로 서발序跋 등 《문중자》 원본에 실려 있는 5종의 자료와 아울러 그 밖에 관련 자료를 사서史書 등에서 찾아 실어 연구에 도움을 삼을 수 있도록 하였다.

10. 해제에는 문중자文中子 왕통王通의 생애와 책의 성서과정成書過程, 그리고 그가 생존하였던 시기와 그의 저술에 언급한 서진부터 당대까지의

주요 사항을 간단히 실어 이해에 도움이 되도록 하였다.
11. 이 책의 역주에 참고한 문헌은 대략 다음과 같다.

🌸 참고문헌

1. 《文中子》四庫全書(文淵閣) 子部(1) 儒家類 臺灣商務印書館(印本)

2. 《中說》四部備要 子部 上海 中華書局(印本) 上海

3. 《文中子(中說)》四部叢刊本「書同文」電子版 北京

4. 《中說》四庫全書薈要 子部 吉林 人民出版社(印本) 長春

5. 《文中子中說》阮逸(註) 諸子百家叢書本 上海古籍出版社(印本) 1993 上海

6. 《文中子》百子全書本 儒家類 岳麓書社(活字本) 1994 湖南 長沙

7. 《文中子(中說)》鄭春穎(譯註) 黑龍江人民出版社 2003 哈爾濱

8. 《論語》四部刊備本 臺灣 漢京文化事業(印本) 1981 臺北

9. 《四書集註》臺灣師範大學 四書研究小組 學海出版社 1991 臺北

10. 《元經》隋 王通(撰), 唐 薛收(傳), 宋 阮逸(註) 四庫全書 史部 編年體

11. 《三才圖會》明 王圻·王思義 上海古籍出版社(印本) 2005 上海

12. 《隋書》臺灣 鼎文書局 活字本

13. 《舊唐書》臺灣 鼎文書局 活字本

14. 《新唐書》臺灣 鼎文書局 活字本

15. 《貞觀政要》林東錫(譯註本) 東西文化社 2010 서울

16. 《東皐子集》(王績) 四庫全書 集部(2) 別集類(1) 臺北

17. 《唐文粹》宋 姚鉉(編) 世界書局(印本) 1972 臺北

18. 《中國歷史紀年表》華世出版社 1978 臺北

19.《中國通史》(三國兩晉南北朝) 吉林出版集團 吉林 長春 2009

20.《中國人名大辭典》上海古籍出版社 1999 上海

21.《中國哲學史》馮友蘭 藍燈文化事業有限公司 1981 臺北

22.《十三經注疏》藝文印書館(印本) 臺北

23.《新編諸子集成》叢書 世界書局 臺北

24.《二十五史》鼎文書局(活字本) 臺北

25.《說苑》林東錫 譯註本. 東西文化社 2010 서울.

26. 기타 工具書는 기재를 생략함.

I. 文中子 王通(584~617)

1. 生涯와 家族

〈세가世家〉에 "開皇四年, 文中子始生"이라 하여 태어난 해를 수隋 문제 (文帝, 楊堅) 개황開皇 4년(584)이라 하였으나 완일阮逸은 "王通生于大象二年" 이라 하였다. 대상大象은 북주北周 정제(靜帝, 宇文闡)의 연호이며 2년은 북주가 수나라에게 망하기 1년 전이다. 따라서 4년의 차이가 난다. 그가 죽은 해는 수 양제(煬帝, 楊廣) 대업大業 13년(617)이다. 그렇다면 그는 34~38세의 짧은 생애를 산 것이다. 특히 그가 생을 마친 해는 수 양제가 강도江都에서 우문 화급宇文化及에게 시해를 당하여 죽은 해이며, 이에 수나라는 공제(恭帝, 楊侑) 에서 월왕(越王, 楊侗)의 아주 짧은 혼란을 거쳐 이듬해(618) 당唐 고조(高祖, 李淵)가 당을 건국함으로써 역사 속으로 종말을 고하던 시기이다.

한편 그의 자를 중엄仲淹이라 한 것으로 보아 그는 첫째 아들은 아님이 확실하다. 〈세가〉에는 형제 3인만 나타나 있으나 《中說》(禮樂篇)에 "薛收가 왕통의 막내아우 자를 保名으로 지어주었다"라 하여 모두 넷이었다. 그러나 청淸 건륭乾隆 연간에 필사한 《왕무공문집王無功文集》 5권에 의하면 형제는 모두 일곱이었다.

즉 첫째는 왕도王度로서 예성현령芮城縣令을 지내어 예성부군芮城府君이라 불렸으며, 북위北魏와 북주北周의 역사를 정리하여 쓴 《춘추》가 있다고 하였다. 그는 사학자로서 진숙달陳叔達은 그를 '양사良史'라 불렀다 하였다.

둘째는 이름을 알 수 없으며 셋째가 바로 왕통으로 자가 중엄仲淹이다. 이는 자의 순서, 즉 孟(伯), 仲, 叔, 季로 보아 매우 타당하다.

넷째는 왕응王凝이며 자는 숙념叔恬, 왕통에게 직접 배우기도 하였으며 태원현령太原縣令을 역임하여 태원부군太原府君으로도 불린다. 그는 후군집侯君集을 탄핵하는 데에 나섰다가 미움을 받아 고소령姑蘇令으로 좌천되자 얼마 뒤 사직하고 고향으로 돌아와 형의 저술 《육경六經》과 《중설中說》을 정리하는 데에 온갖 정성을 다한 조력자이다.

다섯째는 왕적王績으로 자는 무공無功이며 스스로 동고자東皐子라 하였다. 형 왕통의 엄격한 유학儒學과는 맞지 않는 성격이어서 스스로 술과 은일隱逸, 문장文章으로 세월을 보냈고, 한때 도연명陶淵明의 〈오류선생전五柳先生傳〉과 유령劉伶의 〈주덕송酒德頌〉을 흉내내어 〈오두선생전五斗先生傳〉을 지었다가 형과 충돌한 고사가 본 책에 실려 있다.(事君篇) 아울러 그는 은일로 이름이 높아 《구당서舊唐書》(192), 《신당서新唐書》(196) 은일전隱逸傳에 전이 실려 있으며 자신의 《동고자집東皐子集》도 전하고 있다.

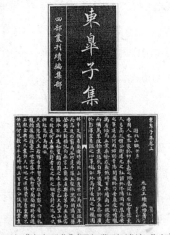

王績 《東皐子集》(四部叢刊 續編 集部)　　王績 《東皐子集》(四部叢刊 續編 集部) 電子版

여섯째는 알 수 없으며, 일곱째가 왕정王靜으로 자는 보명保命이며 "季弟名靜, 薛收字之曰保名"라 한 자가 바로 이 사람이다. 그는 당 고조 이연의 천우위千牛衛를 역임하였다.

다음으로 왕통의 아들은 모두 셋이었다.

복교(福郊, 福獎), 복조福祚, 복치福畤이다. 그 중 복교와 복치는 아버지의 업적을 정리하기에 힘썼으나 복조는 이름이 제대로 보이지 않는다.

특히 복치에게는 6명의 아들, 즉 면勔, 려勵, 발勃, 조助, 갈劼, 훈勛이 있었으며 그 중 셋째 아들 발은 멀리 교지령交趾令으로 가 있던 아버지를 찾아가다가 남창南昌 등왕각滕王閣에서 유명한 〈등왕각서滕王閣序〉를 짓고 이름을 드날렸으며 "時來風送滕王閣, 運退雷轟薦福碑"의 고사를 남긴 왕발王勃이며 노조린盧照隣, 양형楊炯, 낙빈왕駱賓王과 함께 천하에 문재文才를 인정받은 「초당사걸初唐四傑」로 불리던 인물이다.

《初唐四傑集》 王勃

2. 선대先代와 가계家系

여기서 잠깐 그의 가계家系를 두엄杜淹이 편찬한 〈문중자세가文中子世家〉(부록 참조)에 의해 살펴보면 다음과 같다.

그의 선조는 한漢나라 때 왕패王霸로 시작되며 18조는 왕은(王殷, 雲中太守), 14대는 왕술(王述, 《春秋義通》 저술), 9대 왕우王寓로 민회지난愍懷之難을 피해

강남江南으로 이주하였으며, 그에게 왕한王罕이 나고 왕한이 왕수王秀를 낳아 동진東晉의 문학가로 이름을 날렸다. 뒤이어 왕한은 왕현모王玄謨와 왕현칙王玄則을 낳았으며 현칙은 자가 언법彦法으로 유학儒學에 심취하였으니 이가 왕통의 6대조이다. 현칙은 남조南朝 송宋나라를 섬겨 태복太僕과 국자박사國子博士를 역임하였으나 유학에 뜻을 두고 강학講學에 힘써 남조南朝 유학의 거유巨儒로 이름을 날렸다. 그는 《시변론時變論》 6편을 지었으며 내용은 "言化俗推移之理"(〈王道篇〉)이라 하였다. 현칙은 강주부군江州府君 왕환王煥을 낳았고, 왕환 역시 《오경결록五經決錄》 5편을 지었으며 그 내용은 "言聖賢制述之意"라 하였다. 다시 왕환은 왕통의 4대조인 진양목공晉陽穆公 왕규王虬를 낳았다. 그런데 마침 소도성蕭道成이 송나라를 찬탈하고 제(齊, 南齊)를 세우자 건원建元 연간 선비족鮮卑族 탁발씨拓拔氏의 북위北魏로 달아나 그들을 섬겨 병주자사幷州刺史를 역임하였으며 이때부터 왕통의 집안이 분하(汾河, 晉陽) 근처에 살게 된 것이며, 그는 《정대론政大論》 8편을 저술하였고 내용은 "言帝王之道"이라 하였다. 왕규는 다시 왕언(王彦, 同州刺史, 同州府君)을 낳았으며 왕언은 《정소론政小論》 8편을 지었으며 내용은 "言王霸之業"이라 하였다. 왕언은 왕일(王一, 濟州刺史, 安康獻公)을 낳았고, 이가 왕통의 조부이다. 그 역시 《황극당의皇極讜義》 9편을 지었으며 그 내용은 "言三才之去就"라 하였다. 그 밖에 〈과용문우묘비過龍門禹廟碑〉가 알려져 있다. 다시 왕일이 왕융(王隆, 銅川府君)을 낳았으며 왕륭은 자가 백고伯高이며 바로 문중자 왕통의 아버지이다. 그 역시 《흥쇠요론興衰要論》 7편을 지었으며 내용은 "言六代之得失"이라 하였다. 이에 왕통은 그의 셋째 아들로 태어났으며 형 왕도王道 외에 그 아우로 왕응(王凝, 叔恬), 왕적(王績, 無功, 東皐子), 왕정王靜이 있다. 왕통이 태어나자(開皇 4년, 584) 아버지 왕륭이 점을 쳐서 자신의 아버지

왕일에게 그 점괘를 바치자 왕일은 태어난 손자의 점괘를 "素王之卦也, 何爲
而來? 地二化爲天一, 上德而居下位, 能以衆正, 可以王矣, 雖有君德, 非其時乎?
是子必能通天下之志"라고 풀이하며 이름을 '通'으로 지었다고 한다. 한편
왕통은 뒤에 복교(福郊, 福燹), 복조福祚, 복치福時 세 아들을 두었으며 그 손자
로써 복치의 여섯 아들 중 셋째가 초당사걸로 유명한 왕발이며, 5대 손으로
왕질王質이 이어지는 등 수당隋唐을 걸쳐 문학과 학술로 이름이 난 집안을
이루게 된다.

3. 왕통의 학문

왕통은 이러한 집안의 영향으로 일찍부터 학문에 눈을 떠서 유학의
정통을 익혀나갔다. 즉 동해東海 사람 이육李育으로부터 《서書》를, 회계會稽
하전夏琠에게는 《시詩》를, 하동河東 관자명(關子明, 關朗)에게는 《예禮》를, 북평
北平 곽급霍汲에게는 《악樂》을, 족부族父 중화仲華에게는 《역易》을 배우는
등 6년 동안 옷도 벗지 않은 채 학문에 온갖 열정을 쏟았다고 하였다. 그리
하여 인수仁壽 3년(603) 약관의 나이에 장안長安으로 갔다가 마침 막 천하를
통일한 수隋 문제文帝의 접견 요청을 받고 태극전太極殿에서 만나 〈태평책
太平策〉 12가지를 상주上奏하였으나 궁궐 내부가 아직 그러한 개혁 의지가
전혀 없음을 알고 돌아오면서 〈동정지가東征之歌〉를 지었다고 한다. 이《십이책
十二策》은 뒤에 4冊으로 편집하였다 하나 지금은 전하지 않는다. 이듬해
문제가 죽고 양제煬帝 첫해 다시 부름을 받았으나 응하지 않고 평생 갈 길을

결정, 그 때부터 저술과 교학에 일생을 바치게 된다. 한편 양형楊炯의 〈왕발집서문王勃集序文〉에는 "수나라 때 수재과秀才科에 고제高第로 올라 초군사호蜀郡司戶의 서좌書佐와 촉왕蜀王의 시독侍讀을 지냈으며 대업大業 말에 용문龍門으로 물러나 강학講學에만 힘을 기울였다"(隋秀才高第, 蜀郡司戶書佐·蜀王侍讀. 大業末, 退講藝於龍門)라 하였으나 구체적인 내용은 알 수 없다.

그의 교학敎學 생활 일체는 공자와 똑같은 전형을 보이고 있다. 우선 저술에 있어서 공자가 다루었다는 육경六經을 그대로 본 떠 《속경(續經, 續六經)》을 지었다. 바로 《속시續詩》(10권), 《속서續書》(25권), 《찬역讚易》(10권), 《예론禮論》(10권), 《악론樂論》(10권), 《원경元經》(15권) 등 총 80권의 여섯 가지가 그것이며 이를 달리 '왕씨육경王氏六經'이라 부르기도 한다.

《속시》는 《시경》의 '풍風', '대아大雅', '소아小雅', '송頌'의 네 가지 체제에 맞추어 '화化', '정政', '송頌', '탄嘆'으로 나누었고, 다시 정감情感에 따라 '미美', '면勉', '상傷', '악惡', '계誡'의 다섯 가지로 분류하였다고 한다. 그리고 《속서》는 《상서尙書》의 체제를 본떠서 서한西漢부터 진晉나라 때까지의 황제의 '조詔'와 '명命'을 모은 것이며, 《원경》은 공자의 《춘추》를 모방하여 천지인天地人 삼재三才의 관계를 기본으로 하였으며, 진晉 혜제惠帝 영희永熙 원년(290)으로부터 수隋 개황開皇 9년(589) 남조南朝 진陳나라가 멸망할 때 까지 300년간의 역사를 경經과 전傳으로 나누어 기록한 것이며 설수薛收나 완일阮逸이 위조偽造한 것이 아닌가 의심하고 있다.

다른 세 가지 즉 《악론》, 《예론》, 《찬역》 역시 《예》, 《악》, 《역》을 모방하여 나름대로 저술한 것으로 보일 뿐 자세한 내용은 알 수 없다. 이《육경(속육경)》은 지금은 찾아볼 수 없으며 다만 설수가 전傳하고 완일阮逸이 주석을 한 《원경》(10권)이 「사고전서」 사부(2) 편년류에 수록되어 있으나

王通(撰) 薛收(傳) 阮逸(註) 《元經》
四庫全書 史部 編年類(電子版)

王通(撰) 薛收(傳) 阮逸(註) 《元經》
四庫全書 史部 編年類

이는 위서僞書라는 주장이 강하게 제기되고 있다. 《신당서》와 《구당서》에는
물론 《숭문총목崇文叢目》에도 그 서명이 올라 있지 않다.

4. 왕통의 학문적 지위

그는 일생 영향력을 떨친 유학가儒學家요 사상가思想家이며 정론가政論家,
「정관십대명신貞觀十大名臣」을 길러낸 교육자임에도 《수서隋書》나 《구당서》,
《신당서》 등 정사正史에는 전傳이 올라 있지 않다. 이 때문에 송초 송함宋咸

으로부터 청대 요제항姚際恒에 이르기까지 많은 이들은 혹 왕통이 실존 인물이 아닐 수도 있다는 의혹을 제기하였다. 즉 왕응린王應麟의 《옥해玉海》와 초굉焦竑의 《초씨필승焦氏筆乘》에 기록된 것을 보면 송함은 《과문중자過文中子》(10권)와 《박중설이십이사駁中說二十二事》를 지어 왕통이 실제 인물도 아니며 내용에도 시공이 맞지 않음을 반박하였다 하였다. 그러나 이 책은 지금 전하지 않아 자세한 내용은 알 수 없다. 그러나 왕적과 왕발의 저작이나 문장으로 보아 매우 구체성이 있고 내용의 완성도로 보아도 후대인이 위작한 것일 수는 없다는 것이 지금의 견해이다.

특히 당나라 때 예부상서禮部尙書를 지냈으며 왕통의 제자이기도 한 진숙달陳叔達이 왕적王績에게 보낸 편지 〈답왕적서答王績書〉가 《唐文粹》(82)에 실려 있는데 거기에는 "是賢兄文中子知其若此也. 恐後之筆削, 陷於繁碎, 宏綱正典, 暗而不宣, 乃興《元經》, 以定眞統. 蓋獲麟之事, 夫何足以知之?"라 하였으며, 초당사걸 양형의 《왕발집王勃集》 서문(《楊炯集》 권3)에서 《중설》과 왕통에 대하여 "祖父通, 隋秀才高第, 蜀郡司戶佐書·蜀王侍讀. 大業末, 退講藝於龍門. 其卒也, 門人謚之曰文中子"라 하여 구체적이고 사실적이다. 그런가 하면 중당中唐 시기의 유우석劉禹錫은 왕통의 5대손 왕질王質을 위해 〈신도비神道碑〉를 지었는데 거기에도 "幷州六代孫名通, 字仲淹. 在隋朝諸儒, 唯通能明王道, 隱居白牛溪, 游其門皆天下俊傑, 著書行于世, 旣歿, 謚曰文中子"라 하였고, 피일휴皮日休 역시 〈문중자비文中子碑〉에서 왕통을 맹자孟子, 순자荀子, 한유韓愈와 더불어 큰 사상가로 보았으며, 육구몽陸龜蒙, 사공도司空圖, 유개柳開, 석개石介 등 역시 왕통의 존재에 대하여 높이 평가하였다. 특히 석개는 왕통을 공자, 맹자, 양웅揚雄, 한유에 비견하였고, 정이程頤는 심지어 순자나 양웅보다 훨씬 높이 평가하기도 하였다.

한편 《구당서》 왕적전에 의하면 왕통의 사적 일부를 싣고 달리 '자유전自有傳'이라 하여 원래 「왕통전王通傳」을 싣기로 하였던 것으로 보이며 그 뒤 실제 집필 때에 누락했거나 다른 이유가 있었을 것으로 보인다.

5. 왕통의 제자들

한편 왕통은 평소에는 마치 공자가 제자들을 가르치는 방법 그대로 이끌었으며 그 규모와 수제자들도 《논어》에 나타나는 제자들과 판에 박은 듯이 똑같다. 그 때문에 당시 사람들은 그를 '왕공자王孔子'라고 부를 정도였으며 뒷사람들은 '하분도통河汾道統'이라 칭하였다. 이를테면 전국 각지에서 몰려온 제자들의 면면을 보면 동상(董常, 河南), 요의(姚義, 太山), 두엄(杜淹, 京兆), 이정(李靖, 趙郡), 정원程元, 두위(竇威, 扶風), 설수(薛收, 河東), 가경(賈瓊, 中山), 방현령(房玄齡, 淸河), 위징(魏徵, 鉅鹿), 온대아(溫大雅, 太原), 진숙달(陳叔達, 潁川), 구장(仇璋, 龍門), 그리고 자신의 아우 숙념(叔恬, 王凝)과 왕적(王績, 無功, 東臯子), 숙부 왕규王珪, 외삼촌 배희裴晞 등을 위주로 한 천 여명이었다 하며 이들을 '분하문하汾河門下'라 불렀다. 이들은 공자 제자들처럼 뚜렷한 성격과 특징이 있어 안회(顔回, 顔淵), 자로(子路, 仲由), 증자(曾子, 曾參), 자공(子貢, 端木賜) 등을 그대로 연상시키는 인물들이다. 이들은 새로운 세상, 즉 당나라를 만나면서 모두가 크게 활약하여 그 중 많은 이들은 당唐 태종(太宗, 李世民)의 '정관 십대명신貞觀十大名臣'에 오르기도 하였다.

한편 이들과의 일상생활은 물론, 교학 방법까지 공자를 그대로 재현한 틀을 이루고 있어 역사적 시간을 거꾸로 가 있는 듯 착각할 정도이다. 심지어 《문중자》책의 기록 방법도 《논어》를 그대로 본뜬 편집이며 문체 또한 1천 년 전 공자시대와 같다. 말투도 변하지 않은 것이다.

한편 공자가 말세末世에 살았듯이 왕통 역시 자신이 수나라가 곧 망할 말세에 살고 있으며, 뒤이어 당나라가 들어서서 천하의 태평을 이룰 것임을 예견함과 아울러 확신한 것으로 되어 있다. 그는 일반적인 "지금이 옛날만 못하다"(今不如古)는 생각을 벗어버리고 "앞으로 올 시대가 옛날보다 낫다" (來者勝昔)라는 꿈을 품고 있었다. 특히 수 양제楊廣가 병중의 아버지 문제 (양견)를 독살하고 제위에 오른 것과 고구려 정벌(遼東之役)에 나섰다가 을지 문덕乙支文德에게 살수薩水에서 2백만이 전멸한 전투, 강도江都 별궁에서 마침내 우문화급宇文化及에 시해되는 역사적 사실 등을 겪으면서 서북(山西, 古代 唐)에서 새로운 천자가 나타날 것이라 자신하였다. 그러면서 아깝게도 당 고조 이연이 건국하기 1년 전에 세상을 떠남으로써 직접 보지는 못하고 말았으나 그가 가르친 제자들은 새로운 제국 건설에 뛰어들어 천하의 명신 들로 빛을 발하게 된다. 즉 태종의 정관지치貞觀之治에 이름이 오르내리는 정관 십대 명신은 거의가 바로 이 왕통의 제자들이었다. 방현령房玄齡, 위징 魏徵, 이정李靖, 두위竇威, 온대아溫大雅 등이다. 이름만 들어도 금방 알 수 있는 이들은 《구당서》,《신당서》에는 물론 《정관정요貞觀政要》에도 그 활약 상이 실려 있어, 과연 천하대국 대당大唐을 건설하는 데 사상적 밑받침이 되었으니 이는 바로 왕통에게 수업한 이론을 실제로 펼 수 있는 당 태종 (이세민)과 같은 불세출의 걸출한 명군明君을 만났었기 때문이었다.

6. 왕통의 사상과 주장

우선 당시 유행하던 종교 신앙의 문제에 대한 견해이다. 그는 유儒, 도道, 불佛에 대하여 극단적으로 대립하는 개념을 보이지는 않았다. 즉 이러한 신앙이나 사상의 유행이 나라를 멸망의 길로 이끌지는 않았다는 것이다. "시서詩書가 성행하여 진秦나라가 망하였으나 이는 공맹孔孟 때문이 아니며, 현학玄學이 유행하여 진晉나라가 망하였으나 이는 노장老莊의 책임이 아니며, 양梁나라 때 왕실에서 불교를 지나치게 믿다가 나라가 망하였으나 이는 석가釋迦의 탓이 아니다"(《詩》·《書》盛而秦世滅, 非仲尼之罪也. 虛玄長而晉室亂, 非老莊之罪也. 齋戒修而梁國亡, 非釋迦之罪也. 《易》不云乎? 『苟非其人, 道不虛行.』)라고 하여 '삼교가일三敎可一'의 태도를 보이고 있다. 그럼에도 왕도정치를 펴기에는 유가가 가장 적합한 것이며 불교는 서방지학으로 중국 실정에는 맞지 않고 나아가 치도에 활용할 수는 없다고 보았다. 그런가 하면 도가나 도교는 인의나 효제를 중시하지 않으며 장생을 내세우는 것이어서 역시 치도에 적용시킬 수는 없다는 현실적 주장을 펴고 있다. 그러면서 주공의 도를 가장 높이 여겨, 주공의 도가 쇠하자 공자가 출현하였고, 공자의 도가 쇠하자 맹자가 나왔으며 그 뒤를 잇고자 자신이 나왔음을 은근히 주장하고 있다.

다음으로 그의 윤리 사상이다.

그는 공자의 사상을 남김없이 재론하여 인, 의, 예, 지, 신, 효, 충, 서 등을 기둥으로 하여 이에 대한 수양법으로 주역의 궁리진성을 강조하고 있다. 그리하여 이를 구체적으로 자신 개인의 생활에서 찾고 이어서 정치로 나아가 임금의 과실을 보완하는 것이 완정한 전인소人, 철인哲人, 성인成人, 진인眞人으로 여겼다. 그리고 유가의 윤리 도덕 기준을 철저히 신봉하면서 학學, 문問, 계戒, 개과改過를 일상의 덕목으로 삼기도 하였다. 따라서 공자의 부활과 같은 분위기를 조금도 흐트러짐이 없이 신봉하고 신념으로 삼아 일생을 보냈던 것이다.

한편 그의 철학사상은 원기元氣와 원형元形, 그리고 원식元識을 천지인天地人 삼재三才의 특징으로 설정하였으며 숙명宿命을 인정하였다. 불교가 성행하던 수나라 때 왕통은 주공과 공자의 도를 고집하며 전대의 동중서董仲舒나 양웅揚雄의 사상을 이었고 후대의 한유韓愈에게 영향을 끼쳤던 것으로 평가하고 있다. 아울러 이러한 싹은 뒤에 송명이학宋明理學의 발흥에 기초를 다진 것이라 보는 견해도 있으며 특히 그의 궁리진성窮理盡性의 치학방법治學方法은 초보적인 이기理氣, 성정性情의 연구에 단초를 제공한 것이라 보기도 한다. 물론 정이程頤, 주희朱熹, 육구연陸九淵, 왕수인王守仁의 왕통에 대한 견해와 평가는 일치하지는 않지만 유학 발전에 있어서 남북조南北朝를 거쳐 수나라 때 끊어질 뻔한 다리를 이어준 점에서는 어느 정도 중요한 지위를 차지하고 있다고 할 것이다. 그 때문에 송대 이학가理學家들도 왕통의 사상에 대하여 많은 관심과 평가를 보였으며 특히 《근사록近思錄》(總論聖賢篇)에 인용된 정이程頤의 《정씨유서程氏遺書》에는 "文中子本是一隱君子, 世人往往得其議論, 附會成書. 其間極有格言, 荀揚道不到處"(왕통은 하나의 은군자이다. 세인들은 왕왕 그의 언론을 듣고 책을 만들었는데 그 속에는 많은 격언들이 들어 있다. 모두가 荀子나 揚雄도 따르지 못할 훌륭한 것들이다)라 하였고, 한편 장백행張伯行은 《近思錄集解》(14)에서 "文中子其論治道不免碎細, 稱佛爲西方聖人, 則亦於大本大原未有所見. 然有荀揚所不能道及者. 荀揚說性差, 在所說皆差, 文中子猶知所謂中, 是以極有格言也"라 하였다. 그리고 송대 왕응린王應麟은 아동을 위한 몽학서蒙學書 《삼자경三字經》에서 "五子: 有荀揚, 文中子, 及老莊"(다섯 뛰어난 諸子는 순자, 양웅, 문중자, 및 노자와 장자)라 하여 높이 평가하였으며, 왕상王相의 〈훈고訓詁〉에는 "文中子, 姓王名通, 子仲淹, 隋龍門人, 作《元經》,《中說》二書, 諡文中子"라 하여 어린이에게 각인이 되도록 거론하고 있다.

採諸子而讀之。但諸子之書醇疵互見必
當撮取其簡要之言。以裨正學記憶其事
跡之實。以備參考則所學日進於淹博。而
不至於邪僻矣。

五子者　有荀揚
文中子　及老莊

三字經訓詁
子書百家浩繁不可勝紀就其最善者而
讀之。則有五子。曰老子。姓李。名耳字伯陽。
亳邑人東周時為柱下史。作道德經五千
言莊子。名周字子休蒙城人為漆園令。
作南華經荀子。名卿楚蘭陵人作荀子上
下二篇揚子。名雄漢成都人作太元經法
言二書文中子。姓王名通字仲淹隋龍門
人作元經中說二書諡文中子五子大義

王應麟《三字經》

7. 왕통의 역사관

왕통은 지역적으로 중원中原에 세운 왕조를 정통으로 여겼다. 이민족의
건국을 인정한 것이다. 다만 중원에 '제帝'가 없을 때였던 동진東晉과 남조
송(宋, 劉宋)까지만을 역사의 정통으로 여겼다. 왕통이 이러한 역사관을 갖게
된 것은 소도성蕭道成이 송宋나라를 찬탈하고 제(齊, 南齊)를 세우자 그의
4대조 목공穆公 왕규(王虬: 428~500)가 건원建元 연간 북위北魏로 달아나
중원에 정착한 것과 깊은 관련이 있는 것으로 보인다. 왕규王虬가 찾아간
북위(386~534)는 선비족鮮卑族 탁발씨拓拔氏가 도무제(道武帝, 拓拔珪) 때에 오호
십륙국五胡十六國의 혼란을 일소하고 북방을 통일하여 건국한 왕조로 처음

에는 우선 지금의 산서山西 대동大同에 도읍을 정하였다. 왕통은 특히 북위 효문제(孝文帝, 拓拔宏, 元宏)를 아주 높이 여기고 있다. 그는 헌문제(獻文帝, 拓拔弘)의 아들이며 선무제宣武帝 탁발각(拓拔恪, 元恪)의 아버지로서 471~499년까지 28년간 재위하였다. 그는 낙양洛陽으로 천도한 다음 탁발씨拓拔氏 성을 원씨元氏로 바꾸고 언어, 혼인, 복식, 풍습 등 일체에 대하여 한화漢化를 강행하였다. 이에 따라 북위北魏를 원위元魏로도 부르며 효문제 자신의 성명 탁발굉拓拔宏도 원굉元宏으로 바꾸었다. 중국 역사에 유례를 찾아볼 수 없을 정도로 가장 깊이 한화를 이룩하였던 것이다. 이에 따라 왕통은 비록 이민족일지라도 중원을 통치한 왕조를 정통으로 보아, 혈통보다는 지역을 중시하여 모든 학문과 주의주장, 이론을 펴고 있다. 따라서 강남의 왕조는 비록 한족漢族 일지라도 중원을 포기한 책임을 물어 매우 부정적 시각으로 보고 있다. 그 때문에 《원경》을 저술하면서 남조 제齊, 양梁, 진陳에 대해서는 정통을 인정하지 않았고 수 문제楊堅가 남조 진陳을 멸하자(589) 드디어 천하가 옳게 통일을 이루어 중원이 바른 '제지帝地'가 되었다고 주장하였던 것이다.

II. 《文中子(中說)》

　《문중자》는 달리 《중설》로 불리기도 한다. 물론 왕통 자신이 기록한 것은 아니다. 《논어》와 똑같이 문인들이 기록한 것과 뒷사람이 추가한 것을 기초로 정리한 것이다. 편집 체제나 서술 방법은 《논어》와 판박이처럼 같다. 다만 《논어》가 20편임에 비해 10편으로 줄였으며 각 편의 제목도 첫 구절 어휘를 추출하여 두 글자로 삼되 거기에 의미를 더하여 층위層位를 달리 했을 뿐이다. 아울러 현존 《논어》가 499장(朱子集註本)의 분량인 것에 비해 본 《문중자》 역시 대략 475장(譯註者 분류)으로 어느 정도 비슷하다.

　문중자의 많은 제자들 중에 이에 참여한 이들은 정원, 구장, 동상, 설수 등 4사람이 가장 큰 힘을 기울인 것으로 보인다. 아우 왕응王凝은 본책에서 "夫子得程·仇·董·薛而《六經》益明, 對問之作, 四生之力也. 董·仇早歿而程·薛繼殂, 文中子之敎, 其未作矣. 嗚呼! 以俟來哲"이라 끝을 맺은 것으로도 알 수 있다.

　그리고 〈왕씨가서잡록王氏家書雜錄〉에는 "凝以喪亂以來, 未遑及也, 退而求之, 得《中說》一百餘紙, 大抵雜記, 不著篇目, 首卷及序, 則蠹絶磨滅, 未能詮次"라 하여 왕응이 우선 급한 대로 백 여장의 기록물을 모았으나 순서도 없고 좀이 쓸어 마멸된 상태였다고 한 것으로 보아 처음 손을 댄 것은 왕응(王凝, 叔恬)이며, 이를 완성하지 못하자 왕통의 아들 왕복치王福畤가 이를 받아 "余因而辨類分宗, 編爲十編, 勒成十卷"이라 하여 완성을 한 것이다.

　그러나 이 《중설》 역시 북송 이래 위조 여부에 대한 논란이 끊이지 않았다. 송함宋咸은 최초로 이 《중설》은 위서일 것이라 주장하였다. 그러나 그의 글이 지금 남아 있지 않아 구체적인 근거는 알 수 없다. 다음으로 남송南宋의 홍매洪邁는 아주 강하게 완일阮逸이 위조한 것이라 주장하였다. 그는 그의 왕통의 문인들을 분석하여 시간적으로 맞지 않는 점 4가지를 근거로 제시하였다. 그 뒤 명초明初 송렴宋濂 역시 《중설》은 왕통의 아들 왕복교王福郊와 왕복치 형제가 위조한 것이라 주장하였고, 청대淸代 유정섭兪正燮 역시 논리에 맞지 않는 3가지, '家廟東南向', '朝服祭器不假', '躬耕'을 들어 의심을 표시하였으며 심지어 양계초梁啓超는 왕통 자신이 위조한 것이라 주장하기도 하였다. 그러나 이는 모두 억지에 가까우며 지금 전하고 있는 당본唐本《중설》(阮逸本)은 실제 왕통이 가르치고 대화로 나눈 것을 아우 왕응과 아들 왕복치가 모아 편집한 것이며 일부 검증을 거치지 않은 채 그대로 실린 것이 있을 수 있다고 보아야 할 것이다.

한편 《구당서》에 의하면 당말오대에 유행했던 《중설(문중자)》은 5종의 판본이 있었던 것으로 보인다. 그러나 지금은 전하는 것이 없으며 북송 때에는 두 종류가 있었으며 그 중 하나는 완일阮逸 역주본註釋本이며 다른 하나는 공정신龔鼎臣의 주석본이었다. 공씨본은 지금 전하지 않으나 그의 문장을 인용한 다른 자료를 완일본과 대조해 보면 거의 같은 문장이라 한다. 그 뒤 남송 때 진량陳亮 역시 다시 주석을 더한 판본이 있었다 하나 지금은 전하지 않는다. 따라서 지금은 오직 완일본만 전하며 이는 「사고전서」, 「사부비요」, 「사부총간」, 「속고일총서續古逸叢書」, 「백자전서百子全書」, 「제자백가총서諸子百家叢書」, 「이십이자二十二子」 등에 모두 실려 있다.

그리고 사고전서본에는 본문 외에 앞에 〈문중자중설서文中子中說序〉(阮逸)가 있고 뒤에는 〈서편敍篇〉(阮逸?), 〈문중자세가文中子世家〉(杜淹), 〈녹당태종여방위론예악사錄唐太宗與房·魏論禮樂事〉(王福時), 〈동고자답진상서서東皐子答陳尙書書〉(王福時), 〈녹관자명사錄關子明事〉(王績·陳叔達), 〈왕씨가서잡록王氏家書雜錄〉(王福時)이 실려 있어 아주 중요한 참고자료가 되고 있다. 그러나 사부비요본에는 그 외에 다시 〈각육자서발刻六子書跋〉(顧春)이 더 추가되어 있다. 현대에 이르러

서는 왕음룡王吟龍의 《문중자고신록文中子考信錄》, 왕기민王冀民·왕소王素의 《문중자변文中子辨》, 윤협리尹協理·위명魏明의 《왕통론王通論》 등이 있고, 백화어 주석본으로는 정춘영鄭春穎의 《문중자(중설, 文中子(中說))》(黑龍江人民 出版社, 2002)이 있으나 비교적 소략하고 일부 탈오자도 눈에 보인다.

Ⅲ. 晉·南北朝 및 隋·唐 개황

다음으로 왕통이 주로 다루었던 서진西晉 이후 역사 내용과 그가 살았던 수隋나라, 그리고 그의 제자들이 활동했던 당唐나라 초기까지의 역사 흐름을 간단히 실어 이해에 도움을 삼는다.

1. 진(晉-西晉)

⑴ 서진西晉의 건국

위魏나라 말기 사마염司馬炎은 아버지 사마소司馬昭를 이어 조정의 권세를 휘두르다가 결국 황제를 협박하여 정권을 이어받아 진나라를 세워 낙양洛陽을 그대로 도읍으로 정하였다. 이를 서진(西晉: 265~316)이라 하며 실제로 50여년 4명의 황제가 이어온 그리 길지 않은 왕조였다.

진晉 무제武帝가 통치한 25년은 서진西晉 기간 중 그나마 비교적 안정된 시기였다. 삼국 대치 국면을 해소함으로써 남북이 다시 소통하게 되었고 그에 따라 물자 교류와 농업 및 수공업도 어느 정도 발달을 가져왔으며 상업도 점차 활발한 기세로 전환되었다.

무제는 일련의 개혁조치를 단행하여 유민을 안정시키고 농업을 권장하였으며 요역과 세금을 경감시키고 혼인제도를 정비하는 등 그 정책은 불과 10여 년 사이에 호구조사에서 배 이상 통계로 잡힐 정도로 안정을 누렸다.

그러나 그도 말년에 사치와 음란에 빠져 후궁이 수천 명으로 늘어났고 관직을 팔아 수입을 삼는 등의 혼란을 가중시키는 행동을 서슴지 않았다. 게다가 종실을 과다하게 분봉分封하였다. 이는 이를 통해 자신이 보호받고자

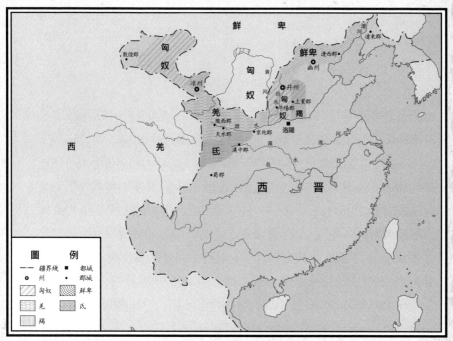

서진西晉 강역과 북방 이민족 분포도

한 것이었지만 도리어 이로써 종실간의 참혹한 투쟁으로 번지게 하는 화근이 됨을 미처 깨닫지 못하였다.

⑵ 팔왕지란八王之亂

진 무제가 죽고 혜제惠帝가 즉위하자 전국은 즉시 혼전의 늪으로 빠져들고 말았다. 혜제는 원래 백치白痴였다. 그런데 이를 이용한 황후 가남풍(賈南風, 賈后)은 도리어 간교한 계략으로 자신이 정권을 잡고 휘두르기 시작하였다.

이것이 혼란의 발단이 된 것이다. 우선 가후는 초왕楚王 사마위司馬瑋를 사주하여 자신에게 방해가 되었던 양준楊駿을 살해하고(291년) 여남왕汝南王 사마량司馬亮을 보좌로 삼았다. 얼마 뒤 가후는 다시 사마위에게 사마량을 죽여 없애도록 한 후 다시 '천살擅殺'이라는 죄목을 씌워 사마위까지 죽여 없애고 말았다. 이에 조왕趙王 사마륜司馬倫이 이를 기화로 군사를 일으켜 가후를 죽여 버리자(300년) 이 틈에 종실의 여러 제후 왕들이 군사를 일으켜 정권 다툼에 나섰고 이해에 얽히거나 황실의 서열을 계산한 나머지 제후 왕들이 모두 서로 죽이고 죽는 혼전이 시작되고 말았다. 즉 앞서의 초왕 (사마량), 여남왕(사마량)과 조왕(사마륜)에 이어 제왕齊王 사마경司馬冏, 장사왕 長沙王 사마예司馬乂, 성도왕成都王 사마영司馬穎, 하간왕河間王 사마옹司馬顒 등 여덟 왕이 이 내전에 침벌과 살육으로 점철된 참혹한 골육상잔의 결과를 낳고 말았다. 최후로 결국 동해왕東海王 사마월司馬越이 혜제惠帝를 독살하고 (306년) 회제懷帝를 세워 대권을 장악하는 것으로 결말을 보게 된다. 이렇게 16년간의 내전을 '팔왕지란'八王之亂이라 한다. 이 내전으로 인해 진나라의 통치 기능은 마비되다시피 하였으며 사회경제는 지극한 파괴를 입게 되었다.

(3) 영가지란永嘉之亂과 서진의 멸망

'팔왕지란'이 한창일 때 북방의 이민족들이 중국 내로 들어와 있었고 이들은 마침 진나라 내란에 고통을 당한 각지 유민들과 뜻이 맞아 진나라에 대항하기 시작하였다. 그 중 흉노匈奴의 귀족 유연劉淵이 황제를 칭하기에 이르렀다. 그 아들 유총劉聰이 뒤를 잇자 진나라 군사 10만을 섬멸하고 수도 낙양洛陽을 공격, 결국 회제懷帝를 포로로 하고 약탈과 방화를 자행하였다. 그리하여 왕족과 사민士民 3만을 죽이고 다시 장안長安을 공격하여 그곳에 피신하였던 민제愍帝를 포로로 잡아 돌아가 버렸다. 이리하여 서진西晉은 멸망하고 말았으며 이 사건을 당시 연호를 따서 '영가지란'永嘉之亂이라 한다.

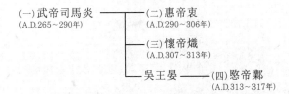

西晉世系圖
(A.D. 265~317)

(一) 武帝司馬炎 ——— (二) 惠帝衷
(A.D.265~290年)　　　　(A.D.290~306年)

├── (三) 懷帝熾
　　　(A.D.307~313年)

└── 吳王晏 ——— (四) 愍帝鄴
　　　　　　　　　(A.D.313~317年)

2. 동진東晉과 오호십륙국五胡十六國

⑴ 동진의 건국

서진西晉이 멸망하자 황족이었던 사마예司馬睿가 남방 장강長江 유역으로 옮겨 건강(建康, 남경)에 도읍하였다. 이가 곧 원제元帝이며 이 시대 이후를 '동진東晉'이라 한다. 이는 건강이 낙양洛陽에 비해 경도經度상 동쪽에 처하여 붙여진 이름이며 지역적으로는 황하 유역에서 장강 유역으로 남천한 것이다. 아울러 그는 실제 큰 세력은 없었고 오직 승상 왕도王導에 의해 중원中原의 귀족들을 이끌고 남으로 내려와 남방의지지 세력의 힘을 빌린 것이다. 이에 따라 동진 초기는 귀족 왕씨王氏와 황족 사마씨司馬氏가 함께 천하를 소유하고 있었던 셈이다.

그러나 남북의 호족들 사이에 권력 투쟁과 마찰이 끊임이 없어 내란이 잦고 정권이 불안정한 상태가 지속되었다.

(2) 오호십륙국五胡十六國과 동진東晉의 북벌

서진이 흉노에 의해 멸망당한 후 중원과 중국의 북방에서는 흉노匈奴, 선비鮮卑, 갈羯, 저氐, 강羌 등 민족의 통치자들이 일어서서 서로 할거하며 정권을 세웠다가 사라지곤 하였다. 이에 서남지역에 세워졌던 성한成漢을 합하여 모두 16개의 나라가 명멸하였다. 즉 흉노는 전조前趙, 북량北涼, 하夏를 세웠고, 선비는 전연前燕, 후연後燕, 서진西秦, 남량南涼, 남연南燕을 세웠으며, 갈羯은 후조後趙를, 저氐는 성成, 전진前秦, 후량後涼을, 강羌은 후진後秦을 세워 이들을 오호五胡라 하며, 거기에 한족漢族이 세웠던 전량前涼, 서량西涼, 북연北燕을 합하여 모두 '십륙국'이라 일컫는다. 실제로는 한인 염민冉閔의 염위(冉魏: 350년 1년)와 선비족鮮卑族 모용홍慕容泓의 서연(西燕: 384~394)이라는 나라도 이 때 세워졌으며, 북위北魏의 전신인 대국(代國: 315~376)도 있었지만 이들은 16국에 포함시키지 않는다.

한편 남천한 북방의 귀족들과 백성들은 고향을 그리워하며 북벌을 꾀하였다. 그 중 조적祖逖은 일찍이 군대를 이끌고 황하 이남을 수복하기도 하였으나

(313년) 동진의 내분으로 인해 지지를 얻지 못하였다. 뒤에 환온桓溫이 세 차례의 북벌로 옛 도읍지 낙양洛陽을 수복하고 서울을 다시 그곳으로 옮길 것까지 주장 하였으나 그의 찬탈 야심을 의심한 남방 대신들의 반대로 뜻을 이루지 못하였다.

(3) 비수지전淝水之戰

저족氐族이 세운 전진前秦은 부견苻堅에 이르러 한인漢人 왕맹王猛을 재상 으로 삼아 다른 호족胡族을 누르고 농업을 중시하며 경제력을 키워 안정을 얻게 되었다. 이리하여 전진은 한 때 북방을 통일하여 강국으로 성장하였다.

이에 부견은 90만 대군을 이끌고 남방 동진東晉 정벌을 시도하기에 이르러 역사상 유명한 비수지전淝水之戰을 감행하게 된다. 그러나 부견은 지나친 자신감으로 적을 가볍게 여겼으며 게다가 전진의 군사는 서로 다른 민족들의 혼합으로 통솔이 쉽지 않은 상태였다. 한편 동진은 사석謝石과 사현謝玄이 8만 정병을 이끌고 이에 대항하여 낙간洛澗에서 전진의 전초부대를 대파 하고 주력부대가 강을 경계로 대치 상태에 들어갔다. 부견은 동진의 군사가 훈련이 매우 잘 되어 있는 모습을 보고 겁을 먹고 전의를 상실하고 말았다.

동진의 군사가 비수淝水에 이르러 이들을 완전히 궤멸시키자 전진의 군사는 바람소리, 학의 소리만 듣고도 놀랐다는 일화를 남겼으며 뿔뿔이 흩어져 부견의 위세는 크게 꺾이고 말았다.

이 비수지전으로 인해 전진 부견이 맹주 자리를 잃게 되자 북방은 다시 장기 간의 혼란과 할거 시대를 맞았으며 남방은 오히려 잠시의 안정을 얻게 되었다.

(4) 동진東晉의 멸망

동진은 종실과 호족 간에 정권다툼으로 날을 지새는 형편이었으며 이 때문에 백성의 세 부담과 요역은 가중되어 결국 민생은 도탄에 빠지게 되었고 각지의 도적이 봉기하기 시작하였다.

비수지전 이후 탐관오리의 횡포는 더욱 심해졌으며 정국의 혼란은 심화되었다. 이를 틈타 환현桓玄이 제위를 찬탈하고 자립하자 유유劉裕가 기병하여 그를 죽여 진나라를 회복, 대권을 장악하게 되었다. 그러나 얼마 후 유유는 결국 진나라 공제恭帝를 폐위하고 자립하여 국호를 송宋으로 고치고 그 자리 건강(建康, 남경)을 도읍으로 정하여 남조南朝 시대를 열게 된다. 동진은 이렇게 하여 결말을 고하게 된 것이다.

東晉世系圖
(A.D. 317~420)

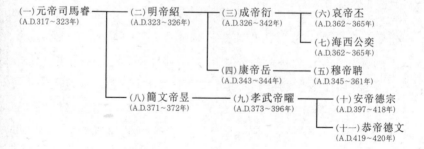

(一)元帝司馬睿
(A.D.317~323年)

(二)明帝紹
(A.D.323~326年)

(三)成帝衍
(A.D.326~342年)

(六)哀帝丕
(A.D.362~365年)

(七)海西公奕
(A.D.362~365年)

(四)康帝岳
(A.D.343~344年)

(五)穆帝聃
(A.D.345~361年)

(八)簡文帝昱
(A.D.371~372年)

(九)孝武帝曜
(A.D.373~396年)

(十)安帝德宗
(A.D.397~418年)

(十一)恭帝德文
(A.D.419~420年)

3. 남북조南北朝

(1) 남조의 교체

동진이 멸망한 뒤 170여 년 간은 중국은 남북 대치 상태를 맞이하게 된다. 즉 남쪽은 건강(지금의 남경)을 도읍으로 하여 송宋, 제齊, 양梁, 진陳의 네 왕대가 차례로 이어갔다. 그러나 이들은 견고한 국가를 세우지는 못한 채 그저 장강長江 하류 일대를 통치하고 있었을 뿐이며 변경의 중요한 지역은 그곳의 장군이 군정軍政 대권을 쥐고 때에 따라 중앙 정권을 넘보기도 하는 혼란의 연속이었다.

(2) 북조北朝의 분리와 통합

우선 북쪽은 선비족의 탁발씨拓跋氏가 북위北魏를 세워 북부를 통일하였지만 뒤에 선비 귀족의 사치와 부패로 인하여 민란이 끊이지 않게 되었고 결국 동위東魏와 서위西魏로 분열되고 말았다. 그리고 다시 동위는 북제北齊로, 서위는 북주北周로 대체되었으며 뒤에 북주北周는 북제北齊를 멸망시키고 중국 북방을 다시 통일하였다.

북주는 무제武帝 때에 농업을 중시하고 병농兵農 겸용 정책을 채택하여 한때 강력한 국가로 성장하였지만 선제宣帝에 이르러 다시 사치에 빠지고 말았다. 이에 외척 양견楊堅이 나타나 북주北周를 대신하여 황제를 칭하며 국호를 수隋로 정하고 아울러 남조의 마지막 왕조 진陳나라를 멸하여 중국 전체를 통일함으로써 남북대치의 시대를 마감하게 된다.

⑶ 민족의 융합

북방을 이민족이 다스리기는 하였지만 그곳 백성의 절대 다수는 한족이었다. 그러자 자연스럽게 호족이 한화漢化하는 경향이 아주 빠르게 진행되었으며 일부 이민족은 이를 적극 장려하기도 하였다.

우선 이들 중에 흉노의 한화가 가장 일찍 시작되었으며 선비족이 가장심했다. 북위北魏는 효문제孝文帝 때 이르러 낙양洛陽으로 천도하면서 한화정책을 폈다. 즉 탁발씨拓跋氏라는 성씨를 원씨元氏로 바꾸었으며 일반 선비인들도 모두 한족식의 성씨를 쓰도록 했다. 그리고 한어漢語를 사용하며 정부조직과 관제도 중국식으로 바꾸었다. 게다가 선비족과 한족의 통혼을 장려하였고, 선비인 자신들의 고유 복장조차 금지하였다. 그 때문에 北魏를 後魏, 元魏로도 부른다. 이처럼 북방 민족과 한족의 대융합은 위진 남북조시대에 가장 보편적으로 성행하였으며 이로써 중국 민족의 확대를 통해수당隋唐 시대의 원만한 통일에도 지대한 영향을 끼치게 되었다.

※ 남북조 교체와 분합

南北	國號	建國者	年代	都邑	滅亡
南朝	宋	劉裕	420~479	建康南京	齊에게
	齊	蕭道成	479~502	〃	梁에게
	梁	蕭衍	502~557	〃	陳에게
	陳	陳覇先	557~589	〃	隋에게
北朝	北魏	拓跋珪	386~534	平城山西 大同, 494년 洛陽으로 遷都	東魏, 西魏로 분열
	東魏	拓跋元善	534~551	鄴河南 臨漳	北齊에게
	西魏	拓跋元寶炬	534~556	長安西安	北周에게
	北齊	高洋	551~578	鄴河南 臨漳	北周에게
	北周	宇文覺	556~581	長安西安	隋에게

○ 581년 楊堅이 北周의 靜帝를 폐위하고 자립하여 국호를 隋로 하였으며 589년 최후로 南朝 陳을 멸하고 중국을 통일하였음.

南朝世系圖
(A.D.420~589)

宋(A.D.420~479年):

(一)武帝劉裕 ── (二)少帝義符
(A.D.420~422年)　　(A.D.423~424年)

　── (三)文帝義隆 ── (四)孝武帝駿 ── (五)前廢帝子業
　　　(A.D.424~453年)　(A.D.454~464年)　(A.D.465年)

　　　── (六)明帝彧 ── (七)後廢帝昱(蒼梧王)
　　　　　(A.D.454~464年)　(A.D.473~477年)

　　　　── (八)順帝準
　　　　　(A.D.477~479年)

齊(A.D.479~502年):

── (一)高祖蕭道成 ── (二)武帝績 ── 長懋 ── (三)廢帝鬱林王昭業
　　(A.D.479~482年)　(A.D.483~493年)　　　　(A.D.494年)

　　　　　　　　　　　　　　　── (四)廢帝海陵王昭文
　　　　　　　　　　　　　　　　　(A.D.494年)

── 道生 ── (五)明帝鸞 ── (六)廢帝東昏侯寶卷
　　　　　(A.D.494~498年)　(A.D.499~501年)

　　　　　　── (七)和帝寶融
　　　　　　　(A.D.501~502年)

梁(A.D.502~557年), 包括後梁(555~587年):

(一)梁武帝蕭衍 ── 統 ── 後梁 ── (一)宣帝詧 ── (二)明帝巋 ── (三)琮(莒公)
(A.D.502~549年)　　　　　　　　(A.D.555~562年)　(A.D.562~585年)　(A.D.586~587年)

　── (二)簡文帝綱*
　　　(A.D.550~551年)

　── (三)元帝繹** ── (四)敬帝方智
　　　(A.D.552~555年)　(A.D.555~557年)

　　* 간문제 퇴위 다음 豫章王(蕭棟)이 551~552년 재위함.
　　** 원제(소역)이 퇴위한 다음 貞陽侯(蕭淵明)이 1년 미만의 재위기간을 거침.

陳(A.D.557~589年):

(一)武帝陳霸先
(A.D.557~559年)

└─ 道譚 ── (二)文帝蒨 ── (三)廢帝伯宗(臨海王)
　　　　　(A.D.560~566年)　(A.D.567~568年)

　　── (四)宣帝頊 ── (五)後主叔寶
　　　(A.D.569~582年)　(A.D.583~589年)

北朝世系圖
(A.D.439~581)

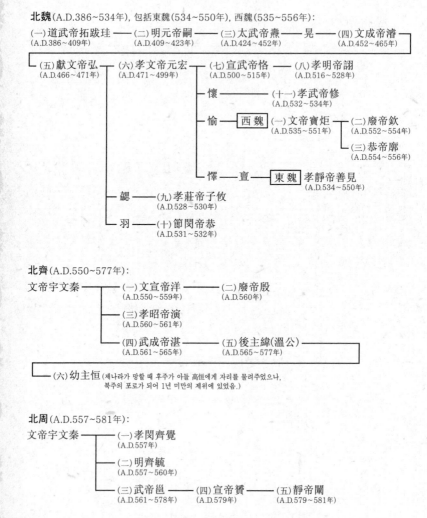

北魏(A.D.386~534年), 包括東魏(534~550年), 西魏(535~556年):

(一)道武帝拓跋珪 ── (二)明元帝嗣 ── (三)太武帝燾 ── 晃 ── (四)文成帝濬
(A.D.386~409年)　　　(A.D.409~423年)　　(A.D.424~452年)　　　　(A.D.452~465年)

(五)獻文帝弘 ── (六)孝文帝元宏 ── (七)宣武帝恪 ── (八)孝明帝詡
(A.D.466~471年)　　(A.D.471~499年)　　(A.D.500~515年)　　(A.D.516~528年)

懷 ──────── (十一)孝武帝修
　　　　　　　　(A.D.532~534年)

愉 ── 西魏 (一)文帝寶炬 ── (二)廢帝欽
　　　　　　　　　(A.D.535~551年)　　(A.D.552~554年)

　　　　　　　　　　　　　　── (三)恭帝廓
　　　　　　　　　　　　　　　　(A.D.554~556年)

懌 ── 亶 ── 東魏 孝靜帝善見
　　　　　　　　　(A.D.534~550年)

勰 ──(九)孝莊帝子攸
　　　(A.D.528~530年)

羽 ──(十)節閔帝恭
　　　(A.D.531~532年)

北齊(A.D.550~577年):

文帝宇文秦 ── (一)宣宣帝洋 ──────── (二)廢帝殷
　　　　　　　(A.D.550~559年)　　　　(A.D.560年)

　　　　　── (三)孝昭帝演
　　　　　　　(A.D.560~561年)

　　　　　── (四)武成帝湛 ── (五)後主緯(溫公)
　　　　　　　(A.D.561~565年)　　(A.D.565~577年)

── (六)幼主恒(제나라가 망할 때 후주가 아들 高恒에게 자리를 물려주었으나,
　　　　　　　 북주의 포로가 되어 1년 미만의 제위에 있었음.)

北周(A.D.557~581年):

文帝宇文秦 ── (一)孝閔帝覺
　　　　　　　(A.D.557年)

　　　　　── (二)明帝毓
　　　　　　　(A.D.557~560年)

　　　　　── (三)武帝邕 ── (四)宣帝贇 ── (五)靜帝闡
　　　　　　　(A.D.561~578年)　(A.D.579年)　　(A.D.579~581年)

4. 수隋

(1) 수나라의 건국

남북조 시대에 황하 유역의 한족이 대량 장강 유역으로 옮겨가면서 대신 그보다 북쪽에 거주하던 많은 소수민족이 황하 유역으로 남천하여 자리를 차지하였고 이들은 곧바로 한족의 영향을 입어 급속히 한화漢化하였다. 이리하여 중국 민족의 범위가 자연스럽게 넓어졌으며 민족간의 갈등도 완화되는 현상을 보였다. 양견楊堅의 통일은 바로 이처럼 민족문제가 크게 대두되지 않았던 환경 속에 이루어졌던 것이다.

선비족鮮卑族의 우문씨宇文氏가 세웠던 북주北周는 북방 나라 중 마지막 왕조로 그 말년에 외척 양견楊堅에 의해 대권을 잃고 말았다.

즉 양견은 북주의 귀족으로 자신의 장녀가 바로 선제宣帝의 황후였으며 자신을 수국공隨國公에 봉해졌었다. 선제가 죽고 아들 정제靜帝가 8살로 뒤를 잇자 양견이 정치를 보좌하다가 이듬해 결국 정제를 폐위시키고 자신이 대권을 잡아 국호를 수隋라 하고 대흥(大興, 지금의 西安)을 도읍으로 하였다. (581년) 이가 곧 수隋 문제文帝이다. 국호는 원래 자신의 봉지 이름 수국공 隨國公에서 취하였으나 그 '隨'자가 지명이기는 하나 '고정되지 못한 뜻'이 있다 하여 '辶'를 제거하고 '隋'자로 정하였다.

그리고 그는 개황開皇 9년(589)에 남조의 마지막 왕조인 진陳을 멸하고 270여 년 간 지속되어온 남북 대치상황을 마감하였던 것이다.

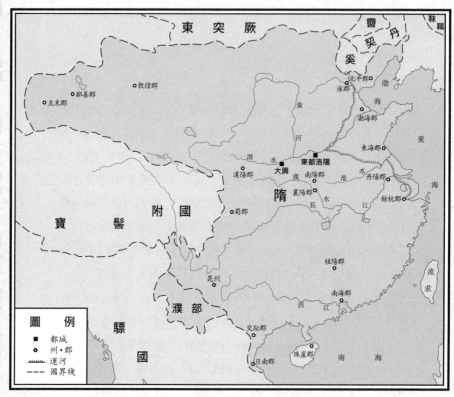

隋나라 영역

(2) 개황지치開皇之治

　　수隋 문제文帝는 전국 통일을 전후하여 우선 중앙집권을 강화하여 정치와
경제면에서 개혁정치를 서둘렀다. 이리하여 중앙관제는 내사성內史省, 문하성
門下省, 상서성尙書省을 최고 통치기관으로 하고, 상서성 아래에 이부吏部,

호부戶部, 예부禮部, 병부兵部, 형부刑部, 공부工部를 두었다. 지방행정은 군제郡制를 폐지하고 주州와 현縣을 두 단계만 두었으며 각지의 관리를 모두 이부吏部에서 임면任免하여 중앙의 통제 기능을 강화하였다.

그리고 '부병제府兵制'를 실시하여 평시에는 생업에 종사하면서 전시에는 병역의 임무를 수행하도록 하는 한편, 호적을 정리하여 납세의 자료를 정확히 하여 국가 재정의 안정적 확보를 도모하였다. 또한 '균전제均田制'를 실시하여 농민이 안심하고 생산과 증대에 힘쓸 수 있도록 하였다.

이상의 조치들은 성공을 거두어 수나라 초기 개황開皇 시대는 국고는 증대하였고 백성은 안정을 누려 흔히 이 시대를 '개황지치開皇之治'라 한다.

(3) 건설 공사

수 문제와 그 아들 수 양제煬帝는 대토목공사를 벌여 그 결과 그 뒤의 남북 소통과 통일국가의 형성에 지대한 영향을 끼쳤다. 우선 문제文帝는 국가에 바치는 양곡의 원활한 저장과 수송을 위하여 '관창官倉'을 만들었으며 흉년과 위급한 경우를 대비하여 '의창義倉'을 만들어 식량을 비축하도록 하였다. 그리고 조운漕運의 편리를 위하여 광통거廣通渠라는 운하를 파기 시작하였다.

뒤이은 양제煬帝는 남방 순행을 위하여 영제거永濟渠, 통제거通濟渠, 한구邗溝, 강남하江南河 등의 물길을 뚫어 남북을 대운하大運河로 연결하였다. 그리고 다시 여러 차례 장성長城을 수축하고 보수하여 돌궐突厥의 침입을 대비하기도 하였다.

⑷ 수나라의 멸망

1) 양제煬帝의 폭정과 고구려高句麗 정벌의 실패

수 양제 양광楊廣은 중국 역대에 그리 흔치 않은 폭군 중의 하나로 알려져 있다. 문제(양견)의 둘째 아들인 그는 형 양용(楊勇, 당시 태자였음)을 폐출하도록 계략을 꾸며 물리친 다음 604년 아버지 문제文帝가 위독해지자 이를 살해하고 제위를 차지할 정도였다. 그리고 곧바로 토목공사를 일으켰으며 무력 정벌과 무단정치에 온힘을 기울여 '개황지치'의 안정을 무너뜨리고 말았다.

그는 낙양洛陽에 새로운 궁궐을 지을 때 장정 2백만을 징용했으며 운하를 파고 장성을 수축하면서 수많은 국고를 쏟아 부었다. 그리고 그 자신은 배를 타고 운하를 거쳐 남방을 순행하며 위세를 떨치기를 즐겨하여 그가 재위한 10여 년 간 단 한 번도 거르는 해가 없었다. 그리고 그 때마다 수행하는 자가 2십만 명이 넘었으며 수천 척의 배가 2백 리를 이었고 그 배를 끄는 장정만도 8만 명이 넘었다고 한다. 게다가 그가 닿는 곳이면 이들을 대접해야 하는 지방 관리와 백성들은 그 비용과 고통을 감당해 낼 수가 없어 결국 도피하거나 유랑의 길로 사라지고 말았다고 한다.

그보다 양제의 결정적인 실책은 고구려高句麗 정벌이었다. 그는 이역에 자신의 위세를 떨치겠다는 욕심 아래 세 번의 고구려와 전쟁을 벌였으며 그 때 동원된 군민軍民이 모두 3백여 만에 이르렀다. 심지어 부녀자들까지도 이에 동원되었다. 특히 해전을 위한 전선戰船을 만들 때 목수들은 밤낮 물에 하반신을 담근 채 작업을 시키며 식사조차 물 밖으로 나와서 할 수 없도록 하여 허리 이하에 구더기가 생겨 죽어간 자가 열에 서넛씩이었다고 한다. 그러나 고구려와의 전쟁에 백여만 명이 전사하고 대실패로 막을 내리고 말았다. 이로써 민심은 이반하고 국운은 기울게 된 것이다.

2) 수나라의 멸망

두 황제의 억압과 혹정 속에 수나라 말기에 전국에 흉년까지 겹쳐 백성들은 기아에 허덕였으나 정부에서는 의창義倉을 열지 않았다. 이에 굶주린 각지의 농민은 드디어 봉기하였고 이를 이용한 관리와 토호들은 다투어 영웅을 칭하며 할거하기 시작하였다. 그 때 태원太原의 유수留守 당국공唐國公 이연李淵도 아들 이세민李世民의 책동으로 반기를 들고 장안長安으로 진입하였다. 그는 멀리 강도江都를 순수 중이던 양제煬帝를 제쳐두고 공제恭帝를 세워 정권을 쥐고는 대신 양제는 태상황太上皇으로 삼아 명의상 존재를 인정하였다.

그런데 각지의 봉기군들이 이연에게 항복하여 모여들자 이연은 부세와 요역을 감면하여 민심을 수습하고 있었다. 그런데 양제가 여전히 황음한 생활에서 벗어나지 못하자 대신 우문화급宇文化及이 정변을 일으켜 그만 그를 목졸라 죽이고 말았다. 이연은 이 소식을 듣자 공제를 협박하여 제위를 선양받아 당唐을 세웠으며 이로써 수隋나라의 사직은 종언을 고하게 된다.(618년)

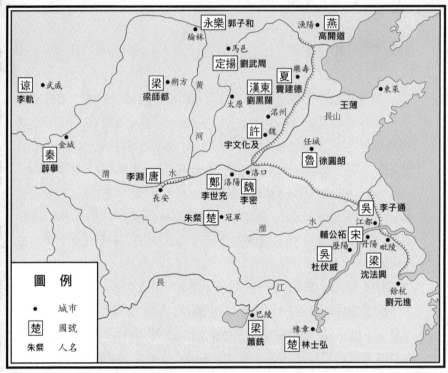

永樂 郭子和
榆林
馬邑
定揚 劉武周
漁陽
燕 高開道

梁 梁師都
朔方
黃河
漢東 劉黑闥
夏 竇建德
樂壽
東萊

谅 李軌
武威
太原
王薄
長山

金城
秦 薛舉
渭水
洛州
魏
許 宇文化及
任城
魯 徐圓朗

李淵 唐
長安
鄭 李世充
洛陽
洛口
李密
魏

朱粲 楚
冠軍
淮水
吳 李子通
江都

輔公祏
歷陽
宋
丹陽
毗陵

吳 杜伏威
梁 沈法興
餘杭
劉元進

長
江
巴陵
梁 蕭銑
豫章
楚 林士弘

圖 例

● 城市

楚 國號

朱粲 人名

수나라 말기의 각지의 민란과 할거도

隋世系圖
(A.D. 581~618)

(一)隋文帝(楊堅) ── (二)煬帝(楊廣) ── 元德太子(楊昭) ┬ 代王(恭帝，楊侑)
(581—604年)　　　　　(605—618年)　　　　　　　　　　　　(617—618年)
　　　　　　　　　　　　　　　　　　　　　　　　　　　　　└ 越王(皇泰帝，楊侗)
　　　　　　　　　　　　　　　　　　　　　　　　　　　　　　(618—619年)

5. 당唐 제국의 건립

(1) 李淵과 李世民

당을 건국한 이연李淵은 관서關西의 귀족이었으며 집안의 당국공唐國公을 이어받아 618년 장안長安에서 황제를 칭하고 국호는 자신의 봉지 이름을 취하여 '당唐'이라 하였다. 이가 당唐 고조高祖이다.

건국 과정에서 둘째 아들 이세민李世民의 역할이 매우 컸으며 이세민은 10여년에 걸쳐 수말隋末 각지 민란과 군웅의 세력을 통합하고 소멸시켜 중국 역대이래 가장 강력한 통일국가를 재건한 것이다. 당나라의 제도는 기본적으로 수나라 제도를 답습하였으나 여러 차례의 개혁을 거쳐 더욱 완비된 제도로 효율적인 통치체제를 확립하고 급속히 안정을 취하였다.

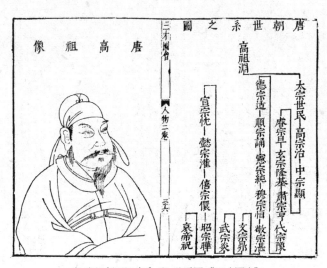

唐 高祖(李世民)와 唐 世系圖《三才圖會》

⑵ 대제국의 건설

1) 현무문玄武門의 정변政變

앞서 말한 대로 이세민은 당 고조 이연의 둘째 아들이었다. 그는 아버지를 도와 당을 건국하는데 지극한 공이 있었으나 태자가 되지 못하자 장안궁長安宮의 북쪽 현무문玄武門에서 형 이건성(李建成, 당시 태자였음)과 아우 제왕齊王 이원길李元吉을 죽여 왕자의 난을 일으켰다. 이를 역사적으로 '현무문의 정변(玄武門之變)'이라 한다. 그러자 얼마 뒤 고조는 제위를 이세민에게 물려주고 말았으며 이가 당唐 태종太宗이다.

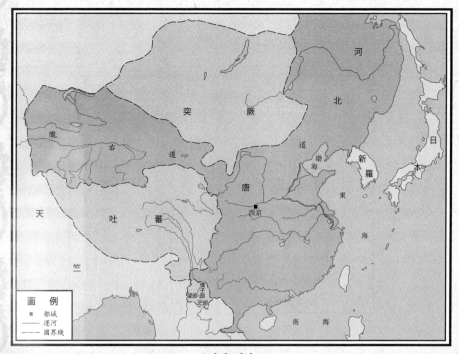

唐나라 영역도

2) 정관지치貞觀之治

태종은 아주 뛰어난 정치가이며 군사가였다. 그는 유능한 신하 방현령房玄齡과 두여회杜如晦, 위징魏徵 등의 도움을 받아 아주 조직적이며 효율적인 정치를 베풀었다. 이처럼 백성을 위한 정책을 근본으로 편 결과 당나라는 초반에 곧바로 경제가 일어나고 농업생산이 증대되었으며 국가의 기틀이 안정을 얻게 되었다. 게다가 당 태종은 문교를 제창하여 중앙에 국자학國子學과 태학太學, 사문학四門學을 설립하여 인재를 배양하였으며, 아울러 산학算學, 의학醫學, 율학律學 등도 빛을 보게 되어 제도의 완비와 국가의 기틀을 바로 잡을 수 있었다. 그리고 지방에는 주학州學과 현학縣學을 설립하고 과거제도를 열어 인재를 선발하였다. 과거제도는 수隋나라 때 처음 시작되어 당唐 태종

太宗 때 이르러 고정적인 인재 등용의 중요한 관문으로 자리잡게 된 것이다. 이 시대 태종을 도왔던 명신들, 위징, 방현령, 이정 등은 모두 왕통의 제자들이었으며 그 치적과 영향력은 뒷날까지 많은 영향을 미쳤다.

당 태종의 재위 20여 년 간 그 연호가 정관(貞觀: 627~649)이었는데 이 당시 사회 번영을 역사적으로 흔히 '정관지치貞觀之治'라 하여 칭송하고 있으며 이를 자세히 기록한 것이 《정관정요貞觀政要》이다.

唐 太宗(李世民) 《三才圖會》

3) 당의 대외 정책과 고구려 정벌의 실패

당 태종은 '중국이 안정되면 사이가 저절로 복종해온다'(中國旣安, 四夷自服)라는 정책을 일관하여 소수민족을 멸시하지 않았으며 오히려 그들을 위무하고 끌어들이기에 힘을 기울였다. 이에 우선 서역과의 교통을 열어 이들이 마음놓고 드나들게 하였으며 그 외 각지의 유학생을 유치하여 자신들의 문화와 학술을 전파하도록 개방정책을 도입하였다.

그러나 그의 대외 정책 중 최대의 실패는 고구려高句麗 정벌이었다. 자신이 중국의 유일한 대제국을 건설하여 모든 민족과 국가를 복속시켰지만 오직 동쪽 고구려만은 최대 위협으로 남아 있다고 여긴 그는 대외정벌로 그 위세를 자랑하고자 하였다. 이에 수백 만 군중을 동원하고 징발하여 수년 간의 준비를 거친 다음 육로와 해상으로 직접 원정에 나섰으나 끝내 요동의 안시성安市城에서 원정군 열에 7, 8할을 잃는 처참한 패전을 맛본 채 돌아서야 했다. 태종은 그 패전을 두고 깊이 후회하며 이렇게 말하였다.

"위징魏徵이 살아 있었더라면 이런 출정을 말려주었을 텐데."

그리고 곧바로 위징의 무덤으로 달려가 소뢰少牢로 제사지내고 비석을 다시 세우도록 하였다고 하였다.

4) 무위지란武韋之亂

태종이 죽고 고종高宗이 즉위하였으나 그는 나이가 어리고 겁이 많아 자신이 사랑하던 무측천(武則天, 則天武后)을 황후로 세워 도움을 받고자 하였지만 도리어 대권이 측천무후에게 집중되는 결과를 초래하였다. 뒤에 중종中宗이 즉위하였으나 측천무후는 자신이 직접 칭제稱制하며 나섰다. 그리하여 차례로 중종과 예종睿宗을 폐위하고 스스로 '성신황후聖神皇后'라 하며 국호도 '주周'로 바꾸어버렸다. 이를 역사적으로는 '무주武周'라 하며 중국 역사상 유일한 '여황제女皇帝' 시대를 열게 된 것이었다. 그러나 그는

혹리를 임용하여 밀고의 풍조를 유도하고, 자신에게 반대하는 자들을 마구 처단하는 등 전횡을 일삼다가 15년 뒤 병이 위독해지고 말았다. 그제야 대신들이 중종을 다시 영입하여 국호를 '당唐'으로 회복하는 등 일련의 변화를 겪게 된다.

중종이 복위한 뒤 이번에는 그의 황후 위씨韋氏가 무후를 흉내내어 중종을 독살하고 여제女帝의 위치를 꿈꾸었다. 그러자 예종睿宗의 아들 이융기李隆基와 무후의 딸 태평공주太平公主가 이 위후를

則天武后《三才圖會》

살해하고 말았다. 이에 예종이 황위를 이었지만 얼마 뒤 아들 이융기에게 자리를 물려주었으며 이가 곧 양귀비楊貴妃와 애정 고사로 유명한 당唐 현종玄宗이다.

5) 개원지치開元之治

현종은 연호를 개원(開元: 713~741)이라 하였다. 그는 요숭姚崇과 송경宋璟 등 훌륭한 재상들의 도움으로 무측천의 폐정을 시정하고 정관貞觀 시기의 번영을 다시 일으켜 개원 말에는 호구가 4배로 늘었으며 농토의 개척과 그에

따른 생산력 증대로 태평시대를 맞게 된다. 이를 흔히 '개원지치開元之治'라 하며 '정관지치'와 병칭하여 성당盛唐의 번영기로 칭송하고 있다.

宋璟《三才圖會》

姚崇《三才圖會》

像子中文

文中子王通字仲淹初萬學慨然有弘濟蒼生之志西游
長安見隋文帝奏太平十二策不見用楊素甚禮重之居
河汾教授生徒讀詩書修六經董常房杜等咸北面受王
佐之道蓋千餘人

三三

文中子(王通)《三才圖會》

王道篇

宋 阮逸 註

文中子曰甚矣王道難行也吾家頃銅川六世矣上黨

味嘗不篤於斯文然亦未嘗得宣其用不過退而感
有述焉則以志其道也此蓋先生之述曰時變論六篇

其言化俗推移之理竭矣江州府君之述曰五經決錄

五篇其言聖賢製述之意備矣晉陽穆公之述曰政大

論八篇其言帝王之道著矣同州府君之述曰政小論

八篇其言王霸之業盡矣安康獻公之述曰皇極讜義

九篇其言三才之去就深矣銅川府君之述曰興衰要

論七篇其言六代之得失明矣余小子獲觀成訓勤九載矣

事帝王之道昭昭乎服先人之義稽仲尼之心吾欲修元

經稽諸史論不足徵也

欲續詩考諸集記不足徵也

大論焉曰然子謂薛收曰昔聖人述史三焉

其述度曰其述詩也興衰之由顯故究焉而皆得

政化則其述春秋也邪正之跡明故考焉而皆當

時政明矣此三者同出於史而不可雜也故聖人分焉

職事當矣其言文中子曰吾視遷固而下述作

何其紛紛乎制理者參而不一乎

不明乎天人之意其否而不交乎

陳事者亂而無緒乎聞江都有變

天其或者將啟堯舜之運吾不與焉命也

《文中子》(中說)（四庫全書 文淵閣本）

中說卷一

王道篇

宋 阮逸 註

文中子曰甚矣王道難行也吾家頃銅川六世矣^{上黨}
^{有銅}
堤未嘗不篤於斯^斯然亦未嘗得宣其用^{不過}
縣未嘗不篤於斯^文然亦未嘗得宣其用^{退而咸}
有述焉則以志其道也^志記先生之述曰時變論六篇
^也
其言化俗推移之理竭矣江州府君之述曰五經決錄
其言聖賢製述之意備矣晉陽穆公之述曰政大
五篇其言聖賢製述之意備矣晉陽穆公之述曰政大
論八篇其言帝王之道著矣同州府君之述曰政小論
八篇其言王霸之業盡矣安康獻公之述曰皇極讜義
九篇其言三才之去就深矣銅川府君之述曰興衰要
論七篇其言六代之得失明矣^{自先生至銅川文中子}
^{世家言之備矣時變論}
至興衰要論今皆亡六代^{余小子獲覩成訓勤九載矣}
晉宋後魏北齊後周隋也^{余小子獲覩成訓勤九載矣}
大業九年自長安歸服先人之義稽仲尼之心天人之
著六經至九年功畢^{因祖德考}
事帝王之道昭昭乎^{聖師而明子謂董常曰吾欲修元}

中說

四部叢刊子部

中說卷第一

王道篇

文中子曰甚矣王道難行也吾家頃銅川六世矣有銅
縣未嘗不篤於斯也然亦未嘗得宜其用也退而
咸有述焉則以志其道也蓋先生之述曰時變論
六篇其言化俗推移之理竭矣江州府君之述曰五
經決録五篇其言聖賢製述之意備矣晉陽穆公之
述曰政大論八篇其言帝王之道著矣同州府君之
述曰政小論八篇其言霸朝之業盡矣安康獻公之
述曰皇極讜議九篇其言三才之去就深矣銅川府
君之述曰興衰要論七篇其言六代之得失明矣先

生王銅川府文中子世家言之〔叢書春秋具名也甄此後周宋後纘此後周宋後異名也至典
元經春秋具名也甄此後周宋後纘此後周宋後故曰元經是也六代者自長安帝至九年而歸〕
尼之心天人之事帝王之道照照乎服先人之義藝仲
成訓勤九藏矣大業九年功子謂董常曰吾欲修元經褒諸史論不足徵也余小子獲觀
時諸誦詩著諸集記不足徵也集加記吾得
吾得政大論焉諸書授撰書錄不足徵也官史吾得
志焉非文史有言衆言訓歷則得失
子曰然子謂薛收曰董常收曰董常帝曰普聖人述史三焉其述書也帝王之制備矣故索焉
而賈瓊不守帝感隨之其述詩也興義之由顯故究焉
則制慶得失其述詩也興義之由顯故索焉

中說卷第一

王道篇　　　　阮逸註

文中子曰甚矣王道難行也吾家頃銅川六世矣未嘗不篤於斯然亦未嘗得宣其用咸有述焉則以志其道也蓋先生之述曰時變論六篇其言化俗推移之理竭矣江州府君之述曰五經決錄五篇其言聖賢製述之意備矣晉陽穆公之述曰政大論八篇其言帝王之道著矣同州府君之述曰政小論八篇其言王霸之業盡矣安康獻公之述曰皇極讞義九篇其言三才之去就深矣銅川府君之述曰興衰要論七篇其言六代之得失明矣

服先人之義稽仲尼之心天人之事帝王之道昭昭乎

成訓勤九載矣

董常曰吾欲修元經稽諸史論不足徵也吾欲續詩考諸集記不足徵也吾欲續書按諸載錄不足徵也子謂薛收曰昔聖人述史三焉蓋其

吾得政大論焉

吾得皇極讞義焉

其述詩也興衰之由顯故究焉而皆獲

文中子中說卷第三

阮逸　註

事君篇

房玄齡問事君之道。子曰：無私。使人之道。曰：無偏。曰：
敢問化人之道。子曰：正其心。問禮樂。子曰：王道盛則禮
樂從而興焉，非爾所及也。仁義盛則禮樂著矣，待
明王乃可得聞。或問楊素。子曰：作福作威玉食，不知其他。
非爾所及也。房玄齡問郡縣之治。子曰：周
列國八百餘年，五帝諸侯建，皇漢雜建，四百餘載
封功臣，雖無五等，而雜魏晉已降，滅亡不暇，尚然魏晉有封
實故滅於吾，不知其用也。觀周漢之永，魏晉
權臣，故曰不知其用也。促其身山海，晉楊素謂
子曰：盍仕乎。子曰：疏屬之南，云枕嶇，山海經汾水之
曲，有先人之敝廬在，可以避風雨，有田可以具饘粥彈
琴著書，講道勸義自樂也。願君侯正身以統天下，素
正規，時和歲豐，則通也，受賜多矣，不願仕也。
之古之為政者，先德而後刑，故其人悅以怨，
如刑不得而行，致犯我則我怨汝，我謂汝則謂怨以詐，
已而已。古之從仕者養人，今之從仕者
養已，歎古反。子曰：甚矣，齊文宣之虐也，峻法御下以姚義

命楊愔字遵彥，為尚彥
書本史稱朝章國命，文宣
國命一人而已，視民如傷，好
讓禮。子曰：威也賢乎哉，我則不敢，故曰不
情也。夫知禮樂之情，大抵治定而後能作禮，今非其時故不敢
禮壞賢威，有能作禮，以隋室之耳
北山丈人山山，單狐山，無名氏謂文中子曰：何必霍光，古
者無急歟。子曰：非急急也，文不喪矣，子不吾
日何謂克終。子曰：有楊遵彥者寬以掌國

子曰：吾與彼不相從久矣。至人相從乎。於是
去之。薛收曰：何人也。子曰：隱者也。收曰：盍從之。子
子曰：吾道自仲尼與
矣，至人相從乎。於是為獨善，一子在河上曰：滔滔乎
隱者乎，於天下為善乎，身以天下為獨善，一子在河
強語心若醉，六經目若瞢，四海何居乎斯人也。文中子
涉河間郡邑連涿，河上丈人曰：何居乎斯人也。氏居無姬名
水潦湧深州連涿，河上丈人曰：何居乎
隋帝廢昏舉明，所以康天下也。古有尹子遊河間之涘
之大臣廢昏舉明，所以康天下也
於其間，文中子謂之。大臣之事有七
舉帝何執用不常也。子曰：書云霍光廢帝立帝字
度不執度德，房玄齡曰：書云霍光廢帝

而不可得也，今吾得之止乎。昔常欲止而心猶為故
聖人時行則行，時止則止，願止焉

《文中子》(中說) 諸子百家叢書本

中說卷一

　　　　　　宋　阮逸　注

王道篇

文中子曰甚矣王道難行也吾家頃銅川六世矣〔上實有銅〕
鍙未嘗不篤於斯文然亦未嘗得宣其用〔不過退而咸〕
有述焉則以志其道也〔志道也記　蓋先生之述曰時變論六篇〕
其言化俗推移之理竭矣江州府君之述曰五經決錄
五篇其言聖賢製述之意備矣晉陽穆公之述曰政大
論八篇其言帝王之道著矣同州府君之述曰政小論
八篇其言王霸之業盡矣安康獻公之述曰皇極讞義
九篇其言三才之去就深矣銅川府君之述曰興衰要
論七篇其言六代之得失明矣〔自先生至銅川文中子世家言之〕
至興衰要論今皆十六代
晉宋後魏北齊後周隋也余小子獲覩成訓勤九載矣
大業九年自長安歸先人之義稽仲尼之心天人之
著六經於九年功果服〔因祖德考乎聖師而明乎子謂董常曰吾欲修元〕
事帝王之道昭昭乎〔聖常字履常弟子亞聖者曰元經〕
經稽諸史論不足徵也〔春秋異名也義包五始故曰元〕

經史論謂歷代史臣於〔吾得皇極讞義焉去就適中〕
紀傳後贊論之類是也〔權衡褒貶於吾〕
欲續詩考諸集記不足徵也〔前賢文集所記　吾得時變論焉化〕
推移以其制明曰吾欲續書按諸載錄不足徵也〔言所錄　吾得政〕
正風雅王言大道明曰〔董常曰夫子之得蓋其志焉非以子〕
大論焉其制明曰然子謂薛收曰昔聖人述史三焉〔薛收字伯褒隋內〕
曰然子謂薛收曰昔聖人述史三焉〔史道衡之子昔聖〕
謂孔子述也帝王之制備矣故索焉而皆得〔言求言言〕
則制度其述也與衰之由顯故究焉而皆當〔得史有明〕
政化則其述春秋也邪正之跡明故考焉而皆記〔史事〕
詩明矣其述詩也興衰之由顯故
法當正則此三者同出於史而不可雜也故聖人分為
載言載事明得失史
職也職同體異故曰分史官下文體相　文中子曰視遷固而下述作
何其紛紛乎模無經制紛紛多
不明乎天人之意其否而不交乎制理者參而不一乎
陳事者亂而無緒乎〔四者由史文中子曰不豫屬疾聞江都有變業大〕
十三年煬帝幸江都法然而與曰生民厭亂久矣〔末亂唐業〕
宮字文化及弒逆〔自漢〕
至隋○法天其或者將啟堯舜之運吾不與焉命也〔太〕
胡噉反
宗行堯舜之道　文中子已死　文中子曰道之不勝時久矣吾將若之

王道篇

文中子曰甚矣吾道難行也吾親見其衰矣先生之述曰時與勢稍遠則其理寖不可知矣銅川六世未嘗不守於斯則亦未嘗得宣其用道而成有述焉則以志其道之難行也蓋先生之述也曰五經決錄五篇言聖賢製述之意備矣曰贊易道小論八篇言王霸之業盡矣曰三才論七篇言天地之事備矣曰去就決漢氏銅川府君之述曰政大論八篇言皇帝王霸之道著矣同州府君之述曰政小論八篇其言王道之事矣三才之去就漢氏銅川府君之述曰皇極讖五篇其言六代之得失政矣銅川府君命焉文中子曰吾視遷固而皆失之者將啟先聖之運乎不可誣也書將殽之運乎得其時制之大義而帝王之道著矣書按諸載錄也帝王之制其人之故常焉而皆迂闊以不復見人述史三百杪遠則考其論正之蘇明敪考史之由歟究焉而史失一矣聖人之由歟其遷史也罪正之蘇明敪帝王之制失其論焉而由出而帝王之制失矣其紛紜乎考制以下逐作何其紛紜乎不懌聖人之志其由作以其紛紜而帝王之得失矣其志焉者參而不一焉陳壽者氣而無緒焉聖人之志不可雜也故聖人之理聖賢之制皆失其大焉故吾於晉魏之際也以亂君臣亂父子而不交乎其理焉吾謂晉魏之得失矣吾謂晉魏之得正焉微也故吾論晉魏也曰自顯聖人之制也黜黑而興聞亂臣魯以晉魏收元經擇時變焉亂焉而不失其正焉吾得晉魏之得失矣吾謂晉魏小子之得正焉收元經之理焉吾謂讖遠書收也

書按諸載錄也帝王之制其紛紜也故文中子曰吾視遷固而皆失之者將啟先聖之運乎不可誣也

百子全書

文中子

《文中子》(中說) 掃葉山房 百子全書本

中說卷第一

王道篇　　　　　　　　　阮逸註

文中子曰：甚矣，王道難行也。吾家頃銅川六世矣，未嘗不篤於斯，然亦未嘗得宣其用。退而咸有述焉，則以志其道。蓋先生之述，曰《時變論》六篇，其言化俗推移之理竭矣。江州府君之述，曰《政大論》八篇，其言帝王之道著矣。晉陽穆公之述，曰《政小論》八篇，其言王霸之業盡矣。同州府君之述，曰《皇極讜議》九篇，其言三才之去就深矣。安康獻公之述，曰《興衰要論》七篇，其言六代之得失明矣。銅川府君之述，曰《五經決錄》五篇，其言聖賢製述之意備矣。文中子之述，曰《贊易》七十篇，其言聖人之述蓋盡矣。

小子獲睹仲尼之心，天人之事，帝王之道昭昭乎。

府君之述也，其述書也，謂董常曰：昔聖人述史三焉，其述書也，帝王之制備矣，故索焉而皆得其志。其述詩也，興衰之由顯，故究焉而皆得其情。其述春秋也，邪正之跡明，故考焉而皆得其實。

其述禮也，則正夫製度，正夫法戒。政化之本，仁義之紀。記不足徵也，吾得《皇綱》焉。董常曰：聖人有憂乎？子曰：天下皆憂，吾獨得不憂。聖人有疑乎？子曰：天下皆疑，吾獨得不疑。

則記載戎狄政亂，則法戒可明。分焉。

下述作何其紛紛乎？蓋記者之意欲淺狹，文中子視之如帝王之道，其道暗而不明乎？天人之意否而不交乎？制理者參而不一乎？陳事者亂而無緒乎？聞江都有變，自法漢而下，時事變而不一，或將啟競舜之蹤，或將啟競舜之蹤。江都蓋亂所以亂也。

民厭亂久矣，運吾時乎，命吾將若何，吾將若之何。天其或者將啟競舜之蹤，文中子道之。

夫子自秦歸晉，宅居汾陽，然後三才五常各得其所。董常曰：夫子自秦歸晉，宅居汾陽，然後三才五常各得其所。

視聽之，取皇綱之，漢綱之統，天下興亡，皆除殘穢，與民更始，而與其何。

再三焉，故具六代所以告於周，曰敢問續詩書之際，何謂也。子曰：天下無賞罰三百載矣，余安敢望仲尼，然至於續詩書，始於晉惠何也，蓋昔者明王在上，賞罰其明，以代天下。

元經可得聞乎，元經可得而聞乎。子曰：元經可得聞乎，續詩之始。

有差乎賞罰不明乎。昔者明王在上，賞罰其以代天下之始。

無主而賞罰不明乎。薛收曰：今乃知天下之治，聖人達而賞罰行矣。天下之亂，聖人窮而褒貶作，皇極所以復建而斯文不喪也。

周平魯隱其志亦若斯乎。薛收曰：今乃知天下之治，聖人達而賞罰行矣。

矣。天下之亂，聖人窮而褒貶作，皇極所以復建而斯文不喪也。

五

《文中子》(中說) 四部備要本

차례

◈ 책머리에
◈ 일러두기
◈ 해제

文中子 上

第二卷 〈天地篇〉

第三卷 〈事君篇〉

第五卷 〈問易篇〉

文中子 ㉕

第六卷 〈禮樂篇〉

第七卷 〈述史篇〉

第八卷 〈魏相篇〉

第九卷 〈立命篇〉

◉ 부록

卷一 〈왕도편王道篇〉

본편은 첫 구절 "王道難行"의 '王道'를 제목으로 삼은 것이다.
총 45장으로 分章하였다.

〈敍篇〉에 "文中子之敎繼素王之道, 故以〈王道篇〉爲首"라 하였다.

〈船形彩陶壺〉仰昭 문화. 1958년 陝西 寶雞 出土

001(1-1)
우리 집안과 나의 저술

문중자文中子가 말하였다.

"심하도다, 왕도王道가 실현되기 어려움이여! 우리 집안이 동천銅川에 살아온 지 6대가 되도록 한 번도 이를 독실히 실현하지 않은 적이 없건만 그런데도 그러한 용도가 널리 선전되지 못하고 있다. 그리하여 집안 선조들께서는 물러나 모두 저술로 이러한 내용을 남기셨다. 대체로 선생玄則께서 찬술하신 《시변론時變論》 6편은 세속의 교화와 이들을 바로잡고자 하는 이치를 갈진竭盡히 밝히신 것들이며, 강주부군(江州府君, 王煥)께서 찬술하신 《오경결록五經決錄》 5편은 성현께서 제술製述하신 뜻을 갖추어 밝히신 것이며, 진양목공(晉陽穆公, 王虬)께서 찬술하신 《정대론政大論》 8편은 제왕帝王의 도를 드러내어 밝히신 것이며, 동주부군(同州府君, 王彦)께서 찬술하신 《정소론政小論》 8편은 왕업과 패업을 끝까지 밝혀내신 것이며, 안강헌공(安康獻公, 王一)께서 찬술하신 《황극당의皇極讜義》 9편은 삼재三才의 거취去就를 깊이 있게 다룬 것이며, 동천부군(銅川府君, 王隆)께서 찬술하신 《흥쇠요론興衰要論》 7편은 육대六代의 득실을 명료하게 밝히신 것이다. 나는 어릴 때 이러한 책들을 직접 볼 기회를 얻어 부지런히 9년을 노력하여 선인의 뜻을 펴기에 힘썼고 중니仲尼의 심정을 상고하여 하늘과 사람의 일, 제왕의 도道 등을 소상히 밝혔노라!"

文中子曰:「甚矣, 王道難行也! 吾家頃銅川六世矣, 未嘗不篤於斯, 然亦未嘗得宣其用. 退而咸有述焉, 則以

志其道也. 蓋先生之述曰《時變論》六篇, 其言化俗推移之
理竭矣. 江州府君之述曰《五經決錄》五篇, 其言聖賢製
述之意備矣. 晉陽穆公之述曰《政大論》八篇, 其言帝王
之道著矣. 同州府君之述曰《政小論》八篇, 其言王霸之
業盡矣. 安康獻公之述曰《皇極讜義》九篇, 其言三才之
去就深矣. 銅川府君之述曰《興衰要論》七篇, 其言六代
之得失明矣. 余小子獲覯成訓, 勤九載矣, 服先人之義,
稽仲尼之心, 天人之事, 帝王之道, 昭昭乎!」

【文中子】王通이 자신의 저술을《論語》의 체제에 맞추어 제자들이 語錄體로
  편찬하여 모든 구절을 '子曰', '文中子曰' 등으로 표현한 것임.
【銅川】阮逸 注에 "上黨有銅鞮縣"이라 하였으나《隋書》(30) 地理志에 隋나라
  開皇 初(581)에 이미 秀容縣을 고쳐 銅川縣이라 하였다가 大業 初(605)에 폐한
  것으로 되어 있음. 지금의 山西 忻縣 서쪽.
【先生】王通의 6대조 王玄則을 가리킴. 南朝 宋에 벼슬하여 太僕, 國子博士 등을
  역임하였으며 '王先生'이라 불림.《時變論》6편을 지음.
【江州府君】王通의 5대조 王煥. 江州府君의 벼슬을 지냈으며《五經決錄》5편을
  저술함. 府君은 六朝 때 지방장관, 郡守, 縣令 등을 일컫던 칭호.
【晉陽穆公】王通의 4대조 王虯(428~500). 蕭道成이 宋나라를 찬탈하고 齊
  (南齊)를 세우자 建元 연간 北魏로 달아나 幷州刺史를 역임하였으며 이때부터
  王通의 집안이 汾河(晉陽) 근처에 살게 됨. 그 때문에 '晉陽穆公'이라 부른 것.
  《政大論》8편을 저술함.
【同州府君】王通의 3대조 王彥. 同州刺史를 역임하였으며, 同州府君으로도 불림.
  《政小論》8편을 저술함. 王績은 〈游北山府賦〉에서 "同州悲永安之事, 退居河曲"
  이라 하여 그 뒤 집안에 황하 가의 河曲 龍門으로 옮겨 살았음.
【安康獻公】王通의 祖父. 이름은 王一(?~581). 龍門에 봉지를 받아 정착함.
  唐 太宗 貞觀 연간에 絳州刺史 杜之松이 王績에게 禮樂에 대한 강의를 청하자,
  王績은 王一에게 편지로 家禮에 대하여 토론하였다 함.《皇極讜義》9편과

〈過龍門禹廟碑〉가 있음. 阮逸 注에 "自先生至銅川, 文中子世家言之備矣. 《時變論》至《興衰要論》, 今皆亡"이라 함.

【銅川府君】 王通의 아버지 王隆. 자는 伯高. 隋나라 開皇 초에 國子博士待詔의 신분으로 隋 文帝(楊堅)에게 《興衰要論》7편을 올림. 뒤에 武陽郡 昌樂縣 縣令에 올랐다가 다시 忻州 銅川縣(지금의 山西 忻縣) 현령이 됨. 그 때문에 '銅川府君'이라 부른 것. 그 뒤 은퇴하고 낙향하여 더 이상 벼슬길에 오르지 않음.

【六代】 晉, 宋(劉宋), 後魏, 北齊, 後周, 隋의 여섯 왕조를 가리킴. 阮逸 注에 "六代, 晉, 宋, 後魏, 北齊, 後周, 隋也"라 함.

【獲覩成訓】 조상의 서적들을 직접 볼 기회가 있어 그것으로써 가르침이 됨.

【九載】 王通이 大業 9년(613) 長安으로부터 돌아와 六經 研究에 전념하여 9년 만에 이 작업을 마쳤음을 말함. 阮逸 注에 "大業九年, 自長安歸, 著六經, 至九年 功畢"이라 함.

【昭昭】 阮逸 注에 "因祖德考, 聖師而明"이라 함.

002(1-2)
원경元經, 속시續詩, 속서續書

문중자가 동상董常에게 말하였다.

"내 《원경元經》이라는 책을 정리하고자 하였으나 여러 역사 저술을 상고해 보니 그 증거가 부족하여 《황극당의皇極讜義》에서 해결하였다. 내 《속시續詩》를 편찬하고자 여러 문집과 기록을 보았더니 증거가 부족하여 《시변론時變論》으로써 이를 해결하였다. 그리고 《속서續書》를 짓고자 하여 여러 기록들을 찾아보았으나 증거가 부족하여 《정대론政大論》으로써 이를 해결하였다."

동상이 말하였다.

"선생님께서는 얻으신 자료는 집안 대대로 그러한 의지가 있었던 것이 겠지요?"

문중자가 말하였다.

"그렇다."

子謂董常曰:「吾欲修《元經》, 稽諸史論, 不足徵也, 吾得
《皇極讜義》焉. 吾欲《續詩》, 考諸集記,
不足徵也, 吾得《時變論》焉. 吾欲《續書》,
按諸載錄, 不足徵也, 吾得《政大論》焉.」
董常曰:「夫子之得, 蓋其志焉?」
子曰:「然.」

【子】文中子(王通)를 가리킴.

【董常】자는 履常. 文中子(王通)의 弟子. 阮逸 注에 "董常, 字履常, 弟子, 亞聖者"라 함. 원래 河南 사람으로 孔子에게 顔回가 있듯이 王通에게 안회와 같은 존재로 알려져 있음. 역시 왕통보다 일찍 죽어 왕통이 직접 그의 고향 洛邑으로 奔喪하기도 하였음.

【元經】王通의 저술 이름. 그의 《續六經》의 하나로 〈世家〉에 《元經》15권이 저록되어 있음. 天地人 三才의 관계를 기본으로 하여 晉 惠帝 永熙 원년(290)부터 隋 開皇 9년(589) 南朝 陳나라가 멸망할 때 까지 300년간의 역사를 공자의 《춘추》에 비견하여 기록한 것. 그러나 원본은 사라지고 없으며 지금의 宋本 《元經》은 僞書로 밝혀졌음. 阮逸 注에 "元經,《春秋》異名也, 義包五始, 故曰 元經"이라 함. 지금의 〈四庫全書〉 史部 編年體에 들어 있음.

【史論】역사를 기록하면서 贊論을 덧붙인 기록 형식. 阮逸 注에 "謂歷代史臣, 於紀傳後, 贊論之類, 是也"라 함.

【不足徵】증거로 삼을 文獻이 부족함.《論語》八佾篇에 "子曰:「夏禮, 吾能言之, 杞不足徵也; 殷禮, 吾能言之, 宋不足徵也. 文獻不足故也. 足, 則吾能徵之矣.」"라 함.

【皇極讜義】王通의 祖父 王一이 저술한 책. 모두 9편. 阮逸 注에 "去就適中, 權衡 褒貶"이라 함.

【續詩】역시 王通《續六經》의 하나로《詩經》의 체제를 모방하여 그 뒤를 이어 찬술한 것. 〈世家〉에《續詩》10권이 저록되어 있으며 晉, 宋, 北魏, 西魏, 北周, 隋 6대의 작품을 化, 政, 訟, 嘆 4부분으로 나누고, 시의 표현법에 따라 다시 美, 勉, 傷, 惡, 誡 5가지 유형으로 나누었다 함.

【集記】前代의 여러 사람들의 기록. 阮逸 注에 "前賢文集所記"라 함.

【時變論】王通의 6대조 王玄則이 지은 글로 모두 6편으로 되어 있음. 阮逸 注에 "化俗推移, 以正風雅"라 함.

【續書】역시 王通《續六經》의 하나로《尙書》의 체제를 모방하여 그 뒤를 이어 찬술한 것. 〈世家〉에《續書》25권이 저록되어 있으며 西漢부터 晉代까지의 詔命을 모은 것임.

【載錄】역대를 이어 기록에 실려 있던 것. 阮逸 注에 "史官載言所錄"이라 함.

【政大論】王通의 4대조 王虬가 지은 저술. 阮逸 注에 "王言大道, 其制明白"이라 함.

【志】意志. 그렇게 기록으로 남기고자 한 집안의 의지를 뜻함. 阮逸 注에 "非其 文體"라 함.

003(1-3)
삼사三史

문중자가 설수薛收에게 말하였다.

"옛 성인께서 삼사三史를 저술하셨다.

"그 저술 중에 《서書》는 제왕帝王의 제도가 완비되어 있다. 그러므로 거기에서 제도를 찾아보면 모두 얻을 수 있다. 그리고 저술 중에 《시詩》는 흥쇠興衰의 이유가 드러나 있다. 그러므로 거기에서 궁구해보면 모두가 드러나 있다. 그리고 저술 중에 《춘추春秋》에는 사정邪正의 흔적이 명확하게 실려 있다. 그러므로 거기에 상고해보면 타당함을 얻을 수 있다. 이 세 가지는 모두가 역사에서 나온 것으로 서로 뒤섞일 수가 없는 것이다. 그 때문에 성인께서 구분하여 놓은 것이다."

子謂薛收曰:「昔聖人述史三焉. 其述《書》也, 帝王之制備矣, 故索焉而皆獲. 其述《詩》也, 興衰之由顯. 故究焉而皆得. 其述《春秋》也, 邪正之跡明, 故考焉而皆當. 此三者, 同出於史而不可雜也, 故聖人分焉.」

【薛收】文中子 王通의 제자. 자는 伯褒(592~612). 隋나라 때 河東 汾陰縣 출신으로 隋나라 內史侍郎 薛道衡의 아들. 수나라 大業 때 秦王府의 記室 房玄齡이 그를 秦王(李世民)에게 추천하여 秦王府主簿가 되어 判陝東道大行臺金部郎中에 오름. 隋나라가 망한 뒤 天策府記室參軍에 올랐으며 汾陰縣男의

봉호를 받음. 武德 6년 本官兼文學館學士가 되었으며 武德 7년에 생을 마침.
《舊唐書》(72)와《新唐書》(98)에 전이 실려 있음. 阮逸 注에 "薛收, 字伯褒. 隋內
史道衡之子"라 함.

【聖人】孔子를 가리킴, 阮逸 注에 "聖, 謂孔子"라 함.

【三史】《尙書》,《詩》,《春秋》 3가지 經書를 지칭함. 이는 공자가 정리하거나
削定하여 제자의 교육에 교재로 사용하였던 것임.

【索焉而皆獲】阮逸 注에 "史有記言, 求言則制度得失"이라 함.

【究焉而皆得】阮逸 注에 "史有明得失, 窮政化, 則詩明矣"라 함.

【考焉而皆當】阮逸 注에 "史有記事, 稽邪正, 則法當矣"라 함.

【聖人分焉】阮逸 注에 "載言, 載事, 明得失, 皆史職也. 職同體異, 故曰分"이라 함.

〈先聖(孔子)別像〉《三才圖會》

〈薛收〉《三才圖會》

004(1-4)
사마천司馬遷과 반고班固 이후

문중자가 말하였다.

"내 보건대 사마천司馬遷과 반고班固 이래로 저술과 제작이 어찌 그리 뒤얽혔는가! 제왕의 도가 암흑에 쌓인 채 드러내지 못하고 있구나! 하늘과 사람의 뜻이 막혀 서로 교통하지 못하는 것인가! 이론을 제정하는 자가 참착參錯하기만 할 뿐 의견의 통일을 보지 못하고 있었구나! 사건을 진술하는 자는 혼란만 키울 뿐 실마리를 찾아내지 못하였구나!"

文中子曰:「吾視遷·固而下, 述作何其紛紛乎! 帝王之道其暗而不明乎! 天人之意其否而不交乎! 制理者參而不一乎! 陳事者亂而無緒乎!」

【遷】 司馬遷을 가리킴. 《史記》를 저술하였음. 西漢 左馮翊 夏陽 사람. 자는 子長. 司馬談의 아들. 아버지를 이어 太史令이 되어 역사를 편찬하기 시작함. 그러나 李陵이 匈奴에 항복한 것을 변호하다가 武帝의 미움을 받아 하옥됨. 스스로 宮刑을 택하여 살아난 뒤 《史記》를 저술함. 《史記》(130) 太史公自序 및 《漢書》(62) 司馬遷傳을 참조할 것.

【固】 班固를 가리킴. 문장가이며 역사가. 《漢書》를 저술하였음. 자는 孟堅 (32~92). 漢나라 扶風 安陵(지금의 陝西省 咸陽市) 출신. 아버지 班彪가 《漢書》를 완성하지 못한 채 죽자 明帝가 반고를 蘭臺令史에서 蘭臺郎·典校秘書로 삼아

《漢書》를 완성토록 명하였음. 이에 章帝 建初 4년(79)에 《白虎通德論》을 완성했으며, 작품으로는 〈兩都賦〉, 〈幽通賦〉, 〈答賓戱〉, 〈典引〉, 〈封燕然山銘〉등이 있음. 和帝 永元 元年(89)에는 두헌(竇憲)의 中護軍이 되어 흉노를 토벌하러 나서기도 하였으며 뒤에 宦官의 모함을 입어 옥사하였음. 《後漢書》(40)에 傳이 있음.

【紛紛】阮逸 注에 "《史記》·《漢書》而下, 文體相模, 無經制, 紛紛多且亂"이라 함.

【否】'비'로 읽으며 '막히다'의 뜻. 비색(否塞)의 의미.

【制理】바른 도리나 원리의 기준을 세움.

【參】'參錯', '參雜'의 뜻. 서로 뒤얽히고 섞여 조리가 없음.

005(1-5)
강도江都의 변란

문중자가 병이 들었을 때 강도(江都, 太原)에 변란이 일어났다는 소식을 듣고 눈물을 주루룩 흘리면서 일어나 이렇게 말하였다.

"백성들이 전란에 고생한 지 오래되었다. 하늘이 혹 장차 요순堯舜 시대의 국운을 열어주시려나. 그러나 내가 거기에 참여하지 못함은 운명인가보다."

子不豫, 聞江都有變, 泫然而興曰:「生民厭亂久矣, 天其或者將啓堯舜之運, 吾不與焉, 命也.」

【不豫】病患 중임. '豫'는 '즐겁다, 안락하다'의 뜻.《詩》小雅 白駒에 "爾公爾侯, 逸豫無期"라 함. 阮逸 注에 "屬疾"이라 함.
【江都】지금의 江蘇 揚州. 隋 煬帝(楊廣)가 운하를 완성한 다음 강도에 행궁을 짓고 그곳에 자주 들렀으며 이를 수행하던 병사와 신하들이 드디어 식량도 다하였고 마침 그들 태반이 북쪽 關中 사람들로서 고향으로 돌아가고 싶은 염원에 괴로워하고 있을 때 대업 13년(617) 禁軍將軍 宇文化及이 정변을 일으켜 양제를 시살하여 수나라가 망함.
【有變】阮逸 注에 "大業十三年, 煬帝幸江都宮, 宇文化及弑逆"이라 하였으나 王通은 大業 13년은 王通이 죽은 이후로 여기서의 有變은 같은 해 5월 李淵이 太原에서 起兵한 사건을 말함. 따라서 '江都有變'은 '太原有變'이어야 함.
【泫然】눈물을 주루룩 흘리는 모습. 泫은 反切로「胡畎反」. '현'으로 읽음.

【厭亂】전란을 厭惡함. 阮逸 注에 "自漢末亂至隋"라 함.
【堯舜之運】堯舜시대와 같은 태평성대가 찾아올 것임을 예견한 것. 隋나라의
　학정이 끝나고 唐나라가 들어설 것임을 예견한 것. 阮逸 注에 "唐太宗行堯舜
　之道, 而文中子已死"라 함.

006(1-6)
도와 시대

문중자가 말하였다.
"도가 때를 이겨내지 못함이 오래되었다. 내 장차 어찌하겠는가?"

文中子曰:「道之不勝時久矣, 吾將若之何?」

【勝】'때가 도래하였음에도 도가 펼쳐지지 못함'. '勝'은 '逢'의 뜻으로도 풀이함.
때를 만나지 못함.

007(1-7)
삼재三才와 오상五常

동상董常이 말하였다.

"선생님 집안이 섬서陝西, 秦로부터 산서山西, 晉로 옮겨 분양汾陽에 자리를 잡은 연후에야 삼재三才와 오상五常이 각기 그 자리를 얻게 되었다."

董常曰:「夫子自秦歸晉, 宅居汾陽, 然後三才・五常, 各得其所.」

【董常】 王通의 수제자. 자는 履常. 文中子(王通)의 弟子. 문인 중에 가장 뛰어났던 제자였으나 그의 사적은 제대로 알려져 있지 않음. 원래 河南 사람으로 孔子에게 顔回가 있듯이 王通에게 안회와 같은 존재로 알려져 있음. 역시 왕통보다 일찍 죽어 왕통이 직접 그의 고향 洛邑으로 奔喪하기도 하였음.

【秦】 지금의 陝西省을 가리키며 구체적으로 長安을 뜻함.

【晉】 지금의 山西省을 일컫는 말. 山西 汾陽을 가리킴. 王通의 선조들이 長安에 살다가 汾陽으로 이주하였음. 阮逸 注에 "秦, 長安, 隋都也; 晉, 汾陽, 子鄕也"라 함.

【汾陽】 고대 隰城으로 불렀으며 汾河의 북쪽에 있는 지명. 왕통이 살던 곳.

【三才】 천지인의 관계를 가리킴. 王通의 사상은 주로 天地人의 구성을 기본으로 하여 체계를 세우고자 하였음. 《續經》의 내용은 이러한 사상을 체계화한 것임. 阮逸 注에 "三才・五常, 謂《續經》"이라 함.

【五常】 儒家의 기본 도리인 仁義禮智信의 德目을 뜻함.

008(1-8)
한漢나라

설수薛收가 말하였다.

"감히 여쭙건대 《속서續書》의 시작을 한漢나라로 삼으셨는데 어찌 그렇습니까?"

문중자가 말하였다.

"육국六國이 피폐해지자 망한 진秦나라가 잔혹하게 굴었다. 나는 이를 차마 들을 수 없다. 그런데 그러한 진나라를 어찌 황실의 벼리로 삼을 수 있겠는가? 한나라는 천하의 정통이 되어 나머지 더러운 것들을 제거하고 백성들에게 새로운 시작을 열어준 것이니 이를 흥발시켜 듣고 보도록 하고자 함이었다."

薛收曰:「敢問《續書》之始於漢, 何也?」

子曰:「六國之弊, 亡秦之酷, 吾不忍聞也, 又焉取
　　皇綱乎? 漢之統天下也, 其除殘穢, 與民更始,
　　而興其視聽乎!」

【薛收】文中子 王通의 제자. 자는 伯襃(592~612). 隋나라 때 河東 汾陰縣 출신으로 隋나라 內史侍郎 薛道衡의 아들. 수나라 大業 때 秦王府의 記室 房玄齡이 그를 秦王(李世民)에게 추천하여 秦王府主簿가 되어 判陝東道大行臺金部郎中에 오름. 隋나라가 망한 뒤 天策府記室參軍에 올랐으며 汾陰縣男의

봉호를 받음. 武德 6년 本官兼文學館學士가 되었으며 武德 7년에 생을 마침.
《舊唐書》(72)와《新唐書》(98)에 전이 실려 있음.

【續書】王通《續六經》의 하나로《尙書》의 체제를 모방하여 그 뒤를 이어
찬술한 것.〈世家〉에《續書》25권이 저록되어 있으며, 西漢부터 晉代까지의
詔命을 모은 것임.

【六國】戰國시대 七雄 중에 秦나라를 제외한 崤山 동쪽의 여섯 나라. 이들은
흔히 山東六國이라 부르며 그 마지막에 燕王(喜), 魏王(假), 齊王(建), 楚王(負芻),
韓王(安), 趙王(嘉)이 모두 秦始皇에게 멸망하고 말았음.

【亡秦】망한 진나라. 秦나라를 儒家의 입장에서 심하게 貶毁하여 부른 것임.

【更始】새롭게 시작함.《文選》司馬相如〈上林賦〉에 "出德號, 省刑罰, 改制度,
易服色, 革正朔, 與天下爲更始"라 함.

009(1-9)
육대六代와 속시續詩

설수薛收가 말하였다.

"감히 여쭙건대 《속시續詩》에는 육대六代의 일을 갖추어 저술하셨는데 어찌 그렇습니까?"

문중자가 말하였다.

"중니仲尼께서 《시삼백詩三百》을 주周나라의 시작에서 끝까지 하지 않았느냐?"

설수가 말하였다.

"그렇습니다."

문중자가 말하였다.

"내 어찌 감히 중니에 비교되겠느냐? 그러나 흥쇠興衰가 무상한 때에 이르렀는데 두세 번씩 아님이 없었다. 그 때문에 6대를 처음과 끝을 삼은 것이니 이는 그러한 것을 임금에게 일러주기 위한 것이다."

薛收曰:「敢問《續詩》之備六代, 何也?」

子曰:「其以仲尼《三百》始終於周乎?」

收曰:「然.」

子曰:「余安敢望仲尼? 然至興衰之際, 未嘗不再三焉, 故具六代始終, 所以告也.」

【續詩】王通《續六經》의 하나로《詩經》의 체제를 모방하여 그 뒤를 이어 찬술한 것. 〈世家〉에《續詩》10권이 저록되어 있으며 晉, 宋, 北魏, 西魏, 北周, 隋 6대의 작품을 化, 政, 訟, 嘆 4부분으로 나누고, 시의 표현법에 따라 다시 美, 勉, 傷, 惡, 誠 5가지 유형으로 나누었다 함.

【六代】晉, 宋, 北魏, 西魏, 北周, 隋나라까지의 여섯 조대를 가리킴.

【三百】《詩三百》을 가리킴. 고대에는《詩經》에 정식 명칭이 없이 '詩三百'이라 불렀음.《論語》爲政篇에 "子曰:「詩三百, 一言以蔽之, 曰:『思無邪』.」"라 하였고 衛靈公篇에는 "子曰:「誦詩三百, 授之以政, 不達; 使於四方, 不能專對; 雖多, 亦奚以爲?.」"라 하였음. 지금 전하는《詩經》(毛詩)은 모두 311편이며 그 중 6편은 제목만 있어 이를 笙詩라 함.

【興衰】진나라 이후 계속해서 변란이 일어났음을 가리킴.

【告】임금에게 그러한 시대 상황을 일러주어 깨우치도록 함. 阮逸 注에 "告, 猶 貢也. 其俗於時君"이라 함.

010(1-10)
원경元經의 포폄

문중자가 말하였다.

"천하에 상벌賞罰이 없어진 지 3백년이 되었다. 《원경元經》의 내용이 흥기하지 않겠는가?"

설수가 여쭈었다.

"그 책은 진晉 혜제惠帝에서 시작되었는데 어찌 그렇습니까?"

문중자가 말하였다.

"지난 날, 명왕明王이 윗자리에 있을 때에는 상벌이 차이가 있었더냐? 《원경》에서의 포폄褒貶은 그 상벌을 대신한 것이다. 천하에 군주가 없다고 해서 상벌도 없어서야 되겠느냐!"

설수가 말하였다.

"그렇다면 《춘추春秋》의 시작은 동주東周 평왕平王, 즉 노魯 은공隱公에서 시작하였는데 그 뜻도 이와 같았던 것입니까?"

문중자가 말하였다.

"그렇다! 그럼에도 사람들이 몰랐던 것이다."

설수가 말하였다.

"지금이 바로 천하의 시작이요 성인이 위에 있음을 알겠습니다. 천하의 대란은 성인이 아래에 있기 때문이었군요. 성인이 뜻을 펴면 상벌이 행해지는 것이요, 성인이 궁해지면 포폄이 시작되는 것이군요. 황극皇極은 이렇게 다시 세워져서 문물전장이 없어지지 않게 하는 것이군요. 그러니 심오하지 않으리오!"

그러고는 두 번 절하고 나와 동생董生에게 일러 주었다.
그러자 동생이 말하였다.
"중니가 돌아가셨지만 그 문장은 여기에 있는 것이군요!"

文中子曰:「天下無賞罰三百載矣.《元經》可得不興乎?」
　薛收曰:「始於晉惠何也?」
　　子曰:「昔者, 明王在上, 賞罰其有差乎?《元經》
　　　　褒貶, 所以代賞罰者也, 其以天下無主而
　　　　賞罰不明乎!」
　薛收曰:「然則《春秋》之始, 周平魯隱, 其志亦若斯乎?」
　　子曰:「其然乎! 而人莫之知也.」
　薛收曰:「今乃知天下之始, 聖人斯在上矣. 天下之亂,
　　　　聖人斯在下矣. 聖人達而賞罰行, 聖人窮
　　　　而褒貶作, 皇極所以復建而斯文不喪也.
　　　　不其深乎!」
　再拜而出, 以告董生.
　　董生曰:「仲尼沒而文在茲乎!」

【賞罰】천하의 善惡에 대하여 하늘이 벌이나 상을 내리지 않음을 뜻함.
【三百載】晉 惠帝 永平 元年(291)부터 隋 文帝 開皇 10년(581)까지 약 3백 년이
　되며 이는 王通의《元經》에 다룬 기간임.
【元經】王通의 저술 이름. 그의《續六經》의 하나로〈世家〉에《元經》15권이
　저록되어 있음. 天地人 三才의 관계를 기본으로 하여 晉 惠帝 永熙 원년(290)
　부터 隋 開皇 9년(589) 南朝 陳나라가 멸망할 때까지 300년간의 역사를 공자의

《춘추》에 비견하여 기록한 것. 그러나 원본은 사라지고 없으며 지금의 宋本 《元經》은 僞書로 밝혀졌음.

【薛收】文中子 王通의 제자. 자는 伯褒(592~612). 隋나라 때 河東 汾陰縣 출신으로 隋나라 內史侍郎 薛道衡의 아들. 수나라 大業 때 秦王府의 記室 房玄齡이 그를 秦王(李世民)에게 추천하여 秦王府主簿가 되어 判陝東道大行臺金部郎中에 오름. 隋나라가 망한 뒤 天策府記室參軍에 올랐으며 汾陰縣男의 봉호를 받음. 武德 6년 本官兼文學館學士가 되었으며 武德 7년에 생을 마침. 《舊唐書》(72)와 《新唐書》(98)에 전이 실려 있음.

【晉惠帝】西晉 제 2대 황제. 司馬衷. 武帝 司馬炎의 아들이며 역대 제왕 중에 가장 白癡에 가까웠으며 賈充의 딸 賈南風을 황후로 맞아 賈南風이 정치를 독단하였음. 290~306년 재위함.

【褒貶】칭찬과 폄훼. 공자가 《春秋》를 저술한 원의는 '寓褒貶'에 있었음.

【春秋】孔子가 魯나라를 紀年으로 삼아 魯 隱公 원년(B.C.722)으로부터 哀公 14년(B.C.482)까지 242년간, 12명의 公을 編年體로 쓴 최초의 史書. 주로 '微言大義', '寓褒貶', '正名' 등의 기준에 의해 서술하였으며 뒤에 《左傳》, 《公羊傳》 등의 傳으로 분화되었음. 모두 十三經에 列入되었으며 이를 묶어 〈春秋三傳〉 이라 함.

【周平魯隱】《春秋》는 魯 隱公 元年(B.C.722)을 시작으로 하고 있으며 이 해는 東周 平王(姬宜曰) 49년에 해당함. 隱公은 魯 惠公의 아들. 平王은 幽王의 아들로 西周가 망하자 洛邑으로 천도하여 東周의 첫 임금이 됨.

【聖人】여기서의 聖人은 英明한 君主를 가리킴.

【皇極】賞罰과 褒貶의 의미로서의 하늘.

【斯文】文物, 典章, 禮樂의 제도와 그를 規定한 문장. 혹 經書. 王道 정치를 이상으로 여긴 儒家의 사상을 의미함.

【仲尼沒而文在玆】《論語》子罕篇에 "子畏於匡, 曰:「文王旣沒, 文不在玆乎? 天之將喪斯文也, 後死者不得與於斯文也; 天之未喪斯文也, 匡人其如予何?」"라 한 말을 원용한 것. 여기서의 '文'은 '斯文'과 같음. 仲尼의 사상과 文化 遺産이 왕통에게 전해져 있음을 칭송한 것.

011(1-11)
주공周公과 공자孔子의 도

문중자가 말하였다.

"탁월하도다! 주공周公과 공자孔子의 도여. 그 신묘함이 그렇게 지었을 것이로다! 그에 순응하면 길하려니와 역행하면 흉하리라."

文中子曰:「卓哉! 周·孔之道. 其神之所爲乎! 順之則吉, 逆之則凶.」

【周孔】 周公과 孔子. 周公은 周나라 文王(姬昌)의 아들이며 武王(姬發)의 아우. 이름은 姬旦. 《周禮》를 저술하여 周나라 문물제도를 완성, 나라의 기틀을 마련함. 魯(曲阜)나라에 封을 받아 魯나라 시조가 됨. 武王이 죽고 武王의 아들 成王(姬誦)이 어린 나이에 즉위하자 7년간 攝政함. 儒家에서 聖人으로 추앙함. 《史記》 周本紀 및 魯周公世家 참조.

【神】 《周易》에 나타난 그들의 신묘한 사상을 가리킴. 阮逸 注에 "孟子曰: 大化之謂聖, 而不可知之謂神. 神在《易》中"이라 함.

012(1-12)
천명天命

　　문중자가 《원경元經》에서 황시皇始 때의 일을 기술하면서 탄식을 하였
으나 문인들은 이를 이해하지 못하였다.

　　숙념이 문인들에게 말하였다.

　　"선생님의 탄식은 아마 천명天命을 두고 탄식하신 것이리라. 《서書》에
'천명이란 무상한 것이니 오직 덕으로서 돌아갈 곳을 삼아라. 융적戎狄
일지라도 덕으로써 하면 백성들이 그의 품으로 갈 것이니 삼재三才가 어찌
그들을 버리겠는가?'라 하였다."

　　문중자가 듣고 이렇게 말하였다.

　　"응凝아, 천명을 아는구나!"

　　子述《元經》皇始之事, 嘆焉, 門人未達.
　　　叔恬曰:「夫子之嘆, 蓋嘆命矣.《書》云:『天命不于常,
　　　　　惟歸乃有德, 戎狄之德, 黎民懷之, 三才
　　　　　其捨諸?』」
　　子聞之曰:「凝, 爾知命哉!」

　　【元經】王通의 저술 이름. 그의 《續六經》의 하나로 〈世家〉에 《元經》 15권이
　　저록되어 있음. 天地人 三才의 관계를 기본으로 하여 晉 惠帝 永熙 원년(290)

부터 隋 開皇 9년(589) 南朝 陳나라가 멸망할 때까지 300년간의 역사를 공자의 《춘추》에 비견하여 기록한 것. 그러나 원본은 사라지고 없으며 지금의 宋本 《元經》은 僞書로 밝혀졌음.

【皇始】 鮮卑族 拓拔氏가 세운 北魏의 道武帝 拓拔珪가 北方을 통일하고 크게 융성하여 연호를 皇始라 하였음. 396~397년까지 2년간임. 拓拔氏는 뒤에 적극 漢化를 추진하여 성씨를 元으로 바꾸어 元魏로도 불림.

【叔恬】 王凝. 王通의 아우이며 王績의 형. 자는 叔恬. 太原縣令에 올라 그 때문에 太原府君으로도 부름. 唐 太宗 貞觀 초에 監察御史에 올랐다가 侯君集의 사건에 연루되어 姑蘇令으로 좌천되기도 함. 뒤에 벼슬을 버리고 낙향하여 王通의 《六經》과 《文中子(中說)》를 정리함. 대체로 隋나라 開皇 초에 태어난 것으로 보이며 죽은 해는 알려지지 않음. 阮逸 注에 "王凝, 字叔恬. 子之弟也. 爲御史, 彈侯君集, 爲長孫無忌所惡, 出爲太原令. 王氏家書稱太原府君"이라 함.

【書】 《尙書》를 가리킴. 그러나 지금의 《尙書》에는 인용된 구절이 보이지 않으며 각기 短句를 모아 말을 만든 것임. 阮逸 注에 "後魏德被黎民, 亦天地命之也. 人其捨之乎?"라 하여 鮮卑族의 北魏는 비록 異民族이 세운 나라이지만 德으로써 건국하였으므로 天命에 따른 것으로서 그 正統性을 인정받을 수 있음을 말한 것.

〈長孫無忌〉《三才圖會》

013(1-13)
장안長安에서

문중자가 장안長安에 있을 때 양소楊素, 소기蘇夔, 이덕림李德林 등이 모두 뵙기를 청하였다.

문중자가 그들과 말을 나누고 돌아와 근심 띤 얼굴을 하자 문인들이 이유를 물었다.

문중자는 이렇게 말하였다.

"양소는 나와 말을 나누면서 종일 정치만 거론할 뿐 교화에 대해서는 언급하지 않았고, 소기는 나와 말을 나누면서 종일 허세만 부릴 뿐 전아한 맛에 이르지 않았고, 이덕림은 나와 말을 나누면서 종일 글에 대해서만 떠벌일 뿐 이치에 대해서는 언급하지 않더라."

문인이 물었다.

"그런데 어찌 근심 띤 얼굴이십니까?"

문중자가 말하였다.

"네가 알 바 아니다. 그 몇몇은 모두가 조정에서 회의에 참여하는 자들이다. 지금 정치에 대해서 말하면서 교화는 언급하지 않으니 이는 천하에 예가 없다는 뜻이며, 음악만 거론할 뿐 전아한 맛이 없었으니 이는 천하에 음악이 없다는 뜻이며, 글만 말할 뿐 논리에 대한 언급이 없다는 것은 천하에 글이 없다는 뜻이다. 그런데 왕도王道가 어디로부터 흥성하겠느냐? 내 이 때문에 근심하는 것이다."

문인이 물러나자 문중자는 금琴을 끌어당겨 〈탕지십蕩之什〉을 연주였다. 문인들은 모두가 옷깃을 적셨다.

子在長安, 楊素·蘇夔·李德林皆請見.

子與之言, 歸而有憂色, 門人問子.

　　子曰:「素與吾言, 終日言政而不及化; 夔與吾言,
　　　　終日言聲而不及雅; 德林與吾言, 終日言
　　　　文而不及理.」

　　門人曰:「然則何憂?」

　　子曰:「非爾所知也, 二三子皆朝之預議者也. 今言
　　　　政而不及化, 是天下無禮也. 言聲而不及雅,
　　　　是天下無樂也. 言文而不及理, 是天下無
　　　　文也. 王道從何而興乎? 吾所以憂也.」

　　門人退, 子援琴鼓《蕩之什》, 門人皆沾襟焉.

【長安】지금의 陝西省 西安 부근 長安市. 당시 隋나라 首都였음.

【楊素】隋나라 때의 大臣. 자는 處道(?~606). 隋 煬帝 때 司徒였으며 朝廷을
장악하고 있었음. 뒤에 尙書令에 올랐으며 먼저 越國公에 봉해졌다가 大業
2년에 다시 楚國公에 봉해짐. 그 때문에 '越公', '楚公' 등으로도 불림.《隋書》
(48)에 전이 있음. 阮逸 注에 "楊素, 字處道. 煬帝時爲司徒, 專朝廷"이라 함.

【蘇夔】역시 당시의 대신으로 자는 伯尼. 音律에 밝아 隋나라 雅樂을 정리한
인물이라 함. 阮逸 注에 "蘇夔, 字伯尼. 善鍾律, 隋樂多從夔議"라 함.

【李德林】자는 公輔. 隋나라 초기의 인물로 湖州刺史, 懷州刺史 등을 역임함.
그러나 시기적으로 王通과 맞지 않으며 이는 뒤에《文中子》를 정리할 때
임의로 조작한 것임.《隋書》(42) 李德林傳에 의하면 李德林이 죽었을 때 王通은
겨우 12살이었음. 阮逸 注에 "李德林, 字公輔. 佐命掌軍書, 爲儀同, 頗自負"라
함. 한편 阮逸 注에 "三人知文中子賢, 來請謁見"이라 함.

【政·化】政治와 敎化. 阮逸 注에 "上正下曰政, 下從上曰化"라 함.

【聲·雅】阮逸 注에 "知音爲聲, 知德爲雅"라 함.

【文·理】阮逸 注에 "修詞爲文, 知道爲理"라 함.

【無禮】阮逸 注에 "知正人, 不知使人從"이라 함.

【無樂】阮逸 注에 "知文音, 不知和德"이라 함.

【無文】阮逸 注에 "知華辭, 不知實道"라 함.

【憂】阮逸 注에 "禮壞·樂崩·文喪, 天下可憂"라 함.

【蕩之什】《詩經》大雅 蕩之什의 序에 "召穆公傷周室大壞也. 厲王無道, 天下蕩
蕩然, 無綱紀文章, 故作是詩也"라 함. 여기서는 〈蕩篇〉을 가리킴. 原詩에 "蕩蕩
上帝, 下民之辟. 疾威上帝, 其命多辟. 天生烝民, 其命匪諶. 靡不有初, 鮮克有終.
文王曰咨, 咨女殷商. 曾是彊禦, 曾是掊克, 曾是在位, 曾是在服. 天將慆德, 女興
是力. 文王曰咨, 咨女殷商. 而秉義類, 彊禦郭懟. 流言以對, 寇攘式內. 侯作侯祝,
靡屆靡究. 文王曰咨, 咨女殷商. 女炰烋于中國, 歛怨以爲德. 不明爾德, 時無背
無側. 爾德不明, 以無陪無卿. 文王曰咨, 咨女殷商. 天不湎爾以酒, 不義從式. 旣愆
爾止, 靡明靡晦. 式號式呼, 俾晝作夜. 文王曰咨, 咨女殷商. 如蜩如螗, 如沸如羹.
小大近喪, 人尙乎由行. 內奰于中國, 覃及鬼方. 文王曰咨, 咨女殷商. 匪上帝不時,
殷不用舊. 雖無老成人, 尙有典刑. 曾是莫聽, 大命以傾. 文王曰咨, 咨女殷商. 人亦
有言, 顚沛之揭. 枝葉未有害, 本實先撥. 殷鑒不遠, 在夏后之世"라 함.

【沾襟】阮逸 注에 "哀隋將亡"이라 함.

014(1-14)
인仁의 실천

문중자가 말하였다.

"어떤 이는 편안히 여기며 이를 실행하고, 어떤 이는 이를 이익으로 여겨 실행하며, 어떤 이는 이를 두렵게 여겨 실행하니, 그 성공에 이르기는 하나로 같으나 그 덕을 생각하며 하는 일에는 멀도다."

子曰:「或安而行之, 或利而行之, 或畏而行之, 及其成功,
一也. 稽德則遠.」

【行之】자신이 실천하거나 실행에 옮겨야 할 '仁'을 지칭함. 이를 실행하면서 각기 그 이유가 다름을 뜻함. 阮逸 注에 "聖人安仁, 賢人利仁, 中人强仁"이라 함.
【稽德】'稽'는 '考'와 같음. 그것이 德임을 상고해보면 차이가 있음. 阮逸 注에 "功則同, 而聖賢中人之德異"라 함.

015(1-15)
환영桓榮의 명命

가경賈瓊이 《속서續書》를 공부하다가 환영桓榮의 명命에 이르자 이렇게 말하였다.

"양양洋洋하도다! 광명한 업적이 실로 이렇게 드러나니 능히 읍양하면서 끝을 맺지 않을 수 있겠는가?"

賈瓊習《書》至桓榮之命, 曰:「洋洋乎! 光明之業, 實監爾, 能不以揖讓終乎?」

【賈瓊】王通의 제자. 七大弟子, 즉 '七俊穎'의 하나. 中山 사람이라 함.
【書】王通의 《續書》를 가리킴. 《續書》는 王通 《續六經》의 하나로 《尚書》의 체제를 모방하여 그 뒤를 이어 찬술한 것. 〈世家〉에 《續書》 25권이 저록되어 있으며 西漢부터 晉代까지의 詔命을 모은 것. 그 책에 〈桓榮之命篇〉이 있음. 阮逸 注에 "續書有桓榮之命篇"이라 함.
【洋洋乎】'드넓다'의 뜻으로 훌륭함을 칭송할 때 쓰는 말. 《論語》 泰伯篇에 "子曰:「師摯之始, 關雎之亂, 洋洋乎盈耳哉!」"라 함.
【桓榮】인명. 자는 春卿. 東漢 光武帝 太子(劉陽, 明帝)의 스승이었음. 《後漢書》(37) 桓榮傳에 "桓榮字春卿, 沛郡龍亢人也. 少學長安, 習《歐陽尙書》, 事博士九江朱普. 貧窶無資, 常客傭以自給, 精力不倦, 十五年不窺家園. 至王莽篡位乃歸. 會朱普卒, 榮奔喪九江, 負土成墳, 因留敎授, 徒衆數百人. 莽敗, 天下亂. 榮抱其經書與弟子逃匿山谷, 雖常饑困而講論不輟, 后復客授江淮間. 建武十九年, 年六十余, 始辟大司徒府. 時, 顯宗始立爲皇太子, 選求明經, 乃擢榮弟子豫章何湯爲虎賁中郎將, 以《尙書》授太子. 世祖從容問湯本師爲誰, 湯對曰:「事沛國桓榮」帝卽召榮,

令說《尙書》, 甚善之. 拜爲議郎, 賜錢十萬, 入使授太子. 每朝會, 輒令榮於公卿前敷奏經書. 帝稱善. 曰:「得生幾晚!」會歐陽博士缺, 帝欲用榮. 榮叩頭讓曰:「臣經術淺薄, 不如同門生郎中彭閎, 揚州從事皐弘」帝曰:「兪, 往, 女諧」因拜榮爲博士, 引閎, 弘爲議郎. 車駕幸大學, 會諸博士論難於前, 榮被服儒衣, 溫恭有蘊藉, 辯明經義, 每以禮讓相厭, 不以辭長勝人, 儒者莫之及, 特加賞賜. 又詔諸生雅吹擊磬, 盡日乃罷. 后榮入會庭中, 詔賜奇果, 受者皆懷之, 榮獨擧手捧之以拜. 帝笑指之曰:「此眞儒生也.」以是愈見敬厚, 常令止宿太子宮. 積五年, 榮薦門下生九江胡憲侍講, 乃聽得出, 旦一入而已. 榮嘗寢病, 太子朝夕遣中傅問病, 賜以珍羞, 帷帳, 奴婢, 謂曰:「如有不諱, 無憂家室也.」后病愈, 復入侍進. 二十八年, 大會百官, 詔問誰可傅太子者, 群臣承望上意, 皆言太子舅執金吾原鹿侯陰識可. 博士張佚正色曰:「今陛下立太子, 爲陰氏乎? 爲天下乎? 即爲陰氏, 則陰侯可; 爲天下, 則固宜用天下之賢才.」帝稱善, 曰:「欲置傅者, 以輔太子也. 今博士不難正朕, 況太子乎?」即拜佚爲太子太傅, 而以榮爲少傅, 賜以輜車, 乘馬. 榮大會諸生, 陳其車馬, 印綬, 曰:「今日所蒙, 稽古之力也, 可不勉哉!」榮以太子經學成畢, 上疏謝曰:「臣幸得侍帷幄, 執經連年, 而智學淺短, 無以補益萬分. 今皇太子以聰睿之姿, 通明經義, 觀覽古今, 儲君副主莫能專精博學若此者也. 斯誠國家福祐, 天下幸甚. 臣師道已盡, 皆在太子, 謹使掾臣汜再拜歸道.」太子報書曰:「莊以童蒙, 學道九載, 而典訓不明, 無所曉識. 夫《五經》廣大, 聖言幽遠, 非天下之至精, 豈能與於此! 況以不才, 敢承誨命. 昔之先師謝弟子者有矣, 上則通達經旨, 分明章句, 下則去家慕鄕, 求謝師門. 今蒙下列, 不敢有辭, 願君愼疾加餐, 重愛玉體」三十年, 拜爲太常. 榮初遭倉卒, 與族人桓元卿同饑厄, 而榮講誦不息. 元卿嗤榮曰:「但自苦氣力, 何時復施用乎?」榮笑不應. 及爲太常, 元卿歎曰:「我農家子, 豈意學之爲利乃若是哉!」顯宗即位, 尊以師禮, 甚見親重, 拜二子爲郎. 榮年逾八十, 自以衰老, 數上書乞身, 輒加賞賜. 乘輿嘗幸太常府, 令榮坐東面, 設幾杖, 會百官驃騎將軍東平王蒼以下及榮門生數百人, 天子親自執業, 每言輒曰「大師在是」. 既罷, 悉以太官供具賜太常家. 其恩禮若此. 永平二年, 三雍初成, 拜榮爲五更. 每大射養老禮畢, 帝輒引榮及弟子升堂, 執經自爲下說. 乃封榮爲關內侯, 食邑五千戶. 榮每疾病, 帝輒遣使者存問, 太官, 太醫相望於道. 及篤, 上疏謝恩, 讓還爵土. 帝幸其家問起居, 入街下車, 擁經而前, 撫榮垂涕, 賜以床茵, 帷帳, 刀劍, 衣被, 良久乃去. 自是諸侯將軍大夫問疾者, 不敢復乘車到門, 皆拜床下. 榮卒, 帝親自變服, 臨喪送葬, 賜塚塋於首山之陽. 除兄子二人補四百石, 都講生八人補二百石, 其余門徒多至公卿. 子郁嗣」라 함. 한편 阮逸 注에는 "初光武立東海王强爲太子, 强讓其弟陽, 陽立, 是爲明帝. 蓋天命授陽而使榮傅之, 所以終讓成美也"라 함.

016(1-16)
북제록北齊錄

번사현繁師玄이 장차 《북제록北齊錄》을 지으려고 문중자에게 고하였더니 문중자가 이렇게 말하였다.

"구차스럽게 짓지는 말아라."

繁師玄將著《北齊錄》以告子, 子曰:「無苟作也.」

【繁師玄】 왕통의 제자. 자세한 사적은 알 수 없음. 阮逸 注에 "未見"이라 함.
【北齊錄】 北齊 시대의 역사를 정리한 것. 원래 鮮卑族 拓拔氏가 세운 北魏가 東魏와 西魏로 분열되었고, 東魏는 北齊로, 西魏는 北周로 바뀌었다가 뒤에 北周가 北齊를 멸하고 다시 북방을 통일함. 北齊는 東魏를 이어 文宣帝 高洋이 세워 鄴(지금의 河南 臨漳)을 도읍으로 하였던 나라로 550~577년까지 존속 하다가 北周에게 망하였고 北周는 다시 靜帝 때 隨國公 楊堅에게 넘어가 隨나라가 되었으며 국호를 隋로 고침. 한편 北齊에 관한 역사 기록은, 正史 《北齊書》는 당나라 때 李百藥이 쓴 것이 있음. 그 이전에는 李德林 부자가 쓴 것이 있었다 함. 阮逸 注에 "李德林父子俱有《北齊書》, 王邵有《北齊志》, 師玄 撮其要爲錄"이라 함.

017(1-17)
식경食經

월공越公이 《식경食經》을 문중자에게 보내오자 문중자가 받지 않으면서 이렇게 말하였다.

"명아주로 국을 끓여먹고 가루 죽을 먹는 것으로 나는 족하니 그런 것은 쓸모가 없다."

그리고는 〈주고酒誥〉와 〈홍범洪範〉의 삼덕三德을 써서 답장으로 보냈다.

越公以《食經》遺子, 子不受, 曰:「羹藜含糗, 無所用也.」答之以〈酒誥〉及〈洪範〉三德.

【越公】楊素. 隋나라 때의 大臣. 자는 處道(?~606). 隋 煬帝 때 司徒였으며 朝廷을 장악하고 있었음. 뒤에 尙書令에 올랐으며 먼저 越國公에 봉해졌다가 大業 2년에 다시 楚國公에 봉해짐. 그 때문에 '越公', '楚公' 등으로도 불림. 《隋書》(48)에 전이 있음.

【食經】책 이름. 원래 漢나라 때 淮南王(劉安), 盧仁宗, 崔浩 등 여러 본이 있으며 養生을 위한 음식 攝生에 관한 내용이었음.

【羹藜含糗】'藜'는 명아주 풀. 일년생 초본식물로 어린 싹을 국으로 먹을 수 있으며 대궁은 가벼워 지팡이를 만들기도 함. '糗'는 찹쌀로 밥을 하여 말린 가루. 미숫가루와 같음. 여기서는 매우 거칠고 간소한 음식을 뜻함.

【酒誥】《尙書》周書의 편명. 술을 경계한 내용임. 阮逸 注에 "酒誥云: 越小大邦用喪, 亦罔非酒惟辜"라 함.

【洪範三德】洪範은《尙書》周書 洪範篇. 三德은 作福, 作威, 玉食을 가리킴.
洪範篇에 "三德, 一曰正直, 二曰剛克, 三曰柔克, 平康正直, 彊弗友剛克, 燮友
柔克, 沈潛剛克, 高明柔克. 惟辟作福, 惟辟作威, 惟辟玉食. 臣無有作福作威
玉食. 臣之有作福作威玉食, 其害于而家, 凶于而國, 人用側頗僻, 民用僭忒"
이라 함.

018(1-18)
소인小人

문중자가 말하였다.

"소인은 격동시키지 않으면 힘쓰지 아니하고, 이익을 눈앞에 보여주지 아니하면 힘쓰지 않는다."

子曰:「小人不激不勵, 不見利不勸.」

【勵·勸】둘 모두 '힘쓰다'의 뜻. 阮逸 注에 "勵·勸, 皆勉也"라 함.

019(1-19)
치욕

정군량靖君亮이 치욕에 대하여 여쭙자, 문중자가 말하였다.
"말이 맞지 아니하고, 행동에 삼감이 없으면 치욕이니라."

靖君亮問辱, 子曰:「言不中, 行不謹, 辱也.」

【靖君亮】王通의 제자. 사적은 자세히 알 수 없음. 阮逸 注에 "門人, 未見"이라 함.
【言·行】阮逸 注에 "言·行, 榮辱之主也"라 함.

음악

문중자가 말하였다.

"변화가 아홉 번이나 되어야 왕도王道가 밝혀지려는가 보다! 그 때문에 음악이 아홉 번 바뀐 다음에야 순박한 기운이 조화를 이루게 되는 것이다."

배희裴晞가 물었다.

"무엇을 이르는 것입니까?"

문중자가 말하였다.

"무릇 음악이란 상징적으로 이루어지는 것이다. 상징적으로 이루어지는 것은 형태를 크게 하거나 그 소리를 널리 퍼뜨린다고 되는 것이 아니다. 왕도 변화의 시작과 끝을 드러내는 것이다. 그러므로 〈소韶〉가 이루어지자 우씨虞氏의 은덕이 동물과 식물에게까지 입혀졌던 것이다. 까마귀, 까치 둥지도 가히 몸을 굽혀 들여다 볼 수 있었는데 봉황인들 어찌 자신을 감출 수 있었겠는가?"

子曰:「化至九變, 王道其明乎! 故樂至九變而淳氣洽矣.」

裴晞曰:「何謂也?」

子曰:「夫樂象成者也. 象成莫大於形而流於聲. 王化
　　　始終所可見也. 故〈韶〉之成也, 虞氏之恩,
　　　被動植矣. 烏鵲之巢可俯而窺也, 鳳皇何爲
　　　而藏乎?」

【九變】阮逸 注에 "變, 變於道也. 孔子曰:「三年有成.」九成二十七年. 僅必世之
仁矣. 故曰王道明"이라 함.

【裴晞】王通의 외삼촌. 자세한 사적은 알 수 없음. 阮逸 注에 "晞, 子之舅. 傳未見"
이라 함. 상황으로 보아 왕통보다 나이가 어린 외삼촌이었을 가능성이 있으며
왕통에게 학문을 익힌 것으로 보임. 이에 따라 下待語로 해석하였음.

【象成】象徵性을 가지고 이루어지는 것임. 음악은 왕조의 성쇠를 상징적으로
보여주는 것이라는 뜻. 阮逸 注에 "象成, 功而形容其德. 一而變, 九而成, 見王
化之然"이라 함.

【韶】舜임금 때의 음악.《論語》八佾篇에 "子謂韶,「盡美矣, 又盡善也.」謂武,
「盡美矣, 未盡善也.」"라 하였고, 述而篇에는 "子在齊聞韶, 三月不知肉味, 曰:
「不圖爲樂之至於斯也!」"라 함.

【虞氏】舜임금을 가리킴. 舜은 有虞氏였음.《十八史略》(1)에 "帝舜有虞氏:
姚姓, 或曰名重華, 瞽瞍之子, 顓頊六世孫也. 父惑於後妻, 愛少子象, 常欲殺舜.
舜盡孝悌之道, 烝烝乂不格姦"이라 함.

【鳳皇】鳳凰과 같음. 태평성대가 되면 봉황이 나타난다고 하였음.《論語》
子罕篇에 "子曰:「鳳鳥不至, 河不出圖, 吾已矣夫!」"라 하였고, 集註에 "鳳, 靈鳥,
舜時來儀, 文王時鳴於岐山. 河圖, 河中龍馬負圖, 伏羲時出, 皆聖王之瑞也. 已,
止也. 張子曰:「鳳至圖出, 文明之祥. 伏羲·舜·文之瑞不至, 則夫子之文章, 知其
已矣.」"라 함. 阮逸 注에는 "引古驗今"이라 함.

021(1-21)

봉선封禪

문중자가 말하였다.

"봉선封禪의 비용은 옛날부터 그렇게 많이 들었던 것은 아니다. 한갓 천하에 자랑을 하는 것일 뿐이니 진秦, 한漢 때의 사치심 때문이었을 것이다!"

> 子曰:「封禪之費, 非古也, 徒以誇天下, 其秦·漢之侈
> 心乎!」

【封禪】천자가 泰山을 봉하면서 제사를 올리는 행사.

【費】많은 國費를 들여 행사를 치름. 阮逸 注에 "費, 費耗國用也"라 함.

【非古】阮逸 注에 "三代已前, 無此禮. 齊桓公欲封太山, 禪梁甫. 管仲言: 「七十二君須得遠方珍貢乃可封禪」 特設詞諫止耳. 非典禮所載之實"이라 함.

【秦漢之侈心】阮逸 注에 "始皇東巡上太山, 立石封祠下, 禪梁甫以頌秦德. 漢武帝 用齊人公孫卿言, 封禪登仙. 遂升中岳. 又上太山封土有玉牒, 使方士求神仙千數, 無驗而廻, 此皆夸侈以欺致誠之本"이라 함.

022(1-22)
즐거움과 슬픔

문중자가 말하였다.
"쉽게 즐거움을 느끼는 자는 틀림없이 슬픔이 많은 자요, 경솔히 베푸는 자는 틀림없이 빼앗기를 좋아하는 자이다."

子曰:「易樂者必多哀, 輕施者必好奪.」

【哀·奪】阮逸 注에 "家國皆然"이라 함.

023(1-23)
사면赦免

문중자가 말하였다.

"사면이 없는 나라는 그 형벌이 틀림없이 화평하고, 부렴이 많은 나라는 그 재물이 틀림없이 깎이고 말 것이다."

子曰:「無赦之國, 其刑必平; 多斂之國, 其財必削.」

【赦】 赦免. 阮逸 注에 "無幸免, 則不深犯"이라 함.
【斂】 賦斂. 백성으로부터 거두어들이는 세금.
【削】 나라의 재정을 마구 허비하게 됨. 阮逸 注에 "旣富侈, 則用益耗"라 함.

024(1-24)
첨렴과 탐욕

문중자가 말하였다.
"청렴한 자는 항상 즐거워 더 바랄 것이 없으나, 탐욕을 부리는 자는 항상 부족하다고 근심하게 된다."

子曰:「廉者常樂無求, 貪者常憂不足.」

【廉者】'貪者'에 상대되는 말. 청렴한 자.

025(1-25)
두여회杜如晦

문중자가 말하였다.

"두여회杜如晦가 만약 명왕明王을 만난다면 만민萬民에게 하늘과 같은 존재가 될 것이다!"

동상董常, 방현령房玄齡, 가경賈瓊이 물었다.

"무슨 뜻입니까?"

문중자가 말하였다.

"봄은 만물을 나게 하고, 여름은 자라게 해 주며, 가을은 성취시켜 주고, 겨울에는 거두어 준다. 아버지는 아버지의 할 일을 얻게 되고, 아들은 아들 된 임무를 하며, 임금은 그 임금 노릇을 하게 하고, 신하는 신하의 임무를 하게 하여 만물이 모두 그 마땅함을 얻게 되건만, 백성들은 날마다 그렇게 살면서 알지 못하고 있으니 두여회의 임무가 하늘과 같다고 말하지 않을 수 있겠느냐! 내 그를 살펴본 지 오래 되었다. 그는 눈빛이 홀연惚然하고 심신心神이 홀연忽然하니 이는 시운時運을 알고 있는 자로서 진정한 군주를 만나지 못하여 근심을 하고 있기 때문이다."

子曰:「杜如晦若逢其明王, 於萬民其猶天乎!」

董常·房玄齡·賈瓊問曰:「何謂也?」

子曰:「春生之, 夏長之, 秋成之, 冬斂之, 父得其爲父,
　　　子得其爲子, 君得其爲君, 臣得其爲臣, 萬類

咸宜, 百姓日用而不知者, 杜氏之任, 不謂其猶
天乎! 吾察之久矣. 目光惚然, 心神忽然, 此其
識時運者, 憂不逢眞主以然哉!」

【杜如晦】자는 克明(585~630). 唐 太宗의 貞觀 名臣. 원래 王通의 제자로서
隋末 滏陽尉의 낮은 벼슬이었으나 唐兵이 關中으로 들어오자 李世民에게 도움
으로 주어 陝東道大行臺司勳郎中이 되었으며 太宗이 즉위하자 尙書右僕射에
오름. 정책 결정에 과감하여 흔히 "房謀杜斷"이라 하였음. 《舊唐書》(66)와
《新唐書》(96)에 전이 있음. 《貞觀政要》任賢篇에 "杜如晦, 京兆萬年人也.
武德初, 爲秦王府兵曹參軍, 俄遷陝州總管府長史. 時府中多英俊, 被外遷者衆,
太宗患之. 記室房玄齡曰:「府僚去者雖多, 蓋不足惜. 杜如晦聰明識達, 王佐才也.
若大王守藩端拱, 無所用之; 必欲經營四方, 非此人莫可.」 太宗自此彌加禮重,
寄以心腹, 遂奏爲府屬, 常參謀帷幄. 時軍國多事, 剖斷如流, 深爲時輩所服. 累除
天策府從事中郎, 兼文學館學士, 隱太子之敗, 如晦與玄齡功第一, 遷拜太子右
庶子. 俄遷兵部尙書, 進對蔡國公, 實對一千三百戶. 貞觀二年, 以本官檢校侍中.
三年, 拜尙書右僕射, 兼知吏部選事, 仍與房玄齡共掌朝政. 至於臺閣規模, 典章
文物, 皆二人所定, 甚獲當時之譽, 時稱『房·杜』焉"이라 함. 阮逸 注에는 "杜如晦,
字克明, 唐太宗時, 朝廷典章文物, 皆杜所定"이라 함.

【董常】자는 履常. 원래 河南 사람으로 孔子에게 顔回가 있듯이 王通에게
안회와 같은 존재로 알려져 있음. 왕통보다 일찍 죽음.

【房玄齡】자는 喬(579~648). 혹 이름이 喬이며 자가 玄齡이라고도 함). 역시
王通의 제자이며 唐 太宗 貞觀 명신. 濟州 臨淄(지금의 山東 淄博) 출신으로 貞觀
원년(627) 中書令이 되었으며 3년(629) 尙書左僕射가 되어 梁國公에 봉해졌음.
10여 년 간 재상직에 있으면서 많은 업적을 쌓았음.《舊唐書》(66)와《新唐書》
(96)에 전이 있음. 《貞觀政要》任賢篇에 "房玄齡, 齊州臨淄人也. 初仕隋, 爲隰
城尉, 坐事除名, 徙上郡. 太宗徇地渭北, 玄齡杖策謁於軍門, 太宗一見, 便如舊識,
署渭北道行軍記室參軍. 玄齡旣遇知己, 遂罄竭心力. 是時, 賤寇每平, 衆人競求
金寶, 玄齡獨先收人物, 致之幕府, 及有謀臣猛將, 與之潛相申結, 各致死力. 累授
秦王府記室, 兼陝東道大行臺考功郎中. 玄齡在秦府十餘年, 恆典管記. 隱太子·
巢剌王以玄齡及杜如晦爲太宗所親禮, 甚惡之, 譖之於高祖, 由是與如晦並遭

驅斥. 及隱太子將有變也, 太宗召玄齡·如晦, 令衣道士服, 潛引入閣謀議. 及事平, 太宗入春宮, 擢拜太子左庶子. 貞觀元年, 遷中書令. 三年, 拜尙書左僕射, 監脩國史, 封梁國公, 實封一千三百戶. 旣總任百司, 虔恭夙夜, 盡心竭力, 不欲一物失所. 聞人有善, 若已有之. 明達吏事, 飾以文學, 審定法令, 意在寬平. 不以求備取人, 不以己長格物, 隨能收敍, 無隔疏賤. 論者稱爲良相焉. 十三年, 加太子少師. 玄齡自以一居端揆十有五年, 頻抗表辭位, 優詔不許. 十六年, 進拜司空, 仍總朝政, 依舊監脩國史. 玄齡復以年老請致仕, 太宗遣使謂曰:「國家久相任使, 一朝忽無良相, 如失兩手. 公若筋力不衰, 無煩此讓. 自知衰謝, 當更奏聞.」玄齡遂止. 太宗又嘗追思王業之艱難, 佐命之匡弼, 乃作〈威鳳賦〉以自喩, 因賜玄齡, 其見稱類如此"라 함.

【賈瓊】王通의 제자. 七大弟子, 즉 '七俊穎'의 하나. 中山 사람이라 함.

【猶天】阮逸 注에 "用元跡物, 自化天也. 太宗治平, 歲斷死罪二十餘人, 幾乎刑厝, 粟斗三文, 行道千里, 不齎糧, 王道成矣. 非如天之效歟!"라 함.

【目光】눈빛. 眼光.

【惚然】아래의 '忽然'과 같음. 凡常치 않음을 뜻함. 혹 憂愁에 찬 모습. 阮逸注에 "恍惚, 憂貌"라 함.

【心神】마음의 神明함.

【不逢眞主】眞主는 太宗을 염두에 두고 한 말임. 阮逸 注에 "知隋運亡, 又未遇太宗, 所以恍忽憂也"라 함.

〈房玄齡〉《三才圖會》

026(1-26)
순舜임금의 오악五嶽 순수

숙념叔恬이 말하였다.

"순임금은 한해에 오악五嶽을 순수하였으나 나라의 비용을 허비하지 않았고, 백성들은 힘들게 여기지 않았으니 어찌 그렇습니까?"

문중자가 말하였다.

"이는 다른 이유 때문이 아니다. 군사나 호위를 적게 하였고 징세의 요구를 적게 하였기 때문이다."

叔恬曰:「舜一歲而巡五嶽, 國不費而民不勞, 何也?」
　子曰:「無他道也. 兵衛少而徵求寡也.」

【叔恬】 王凝. 王通의 아우이며 王績의 형. 자는 叔恬. 太原縣令에 올라 그 때문에 太原府君으로도 부름. 唐 太宗 貞觀 초에 監察御史에 올랐다가 侯君集의 사건에 연루되어 姑蘇令으로 좌천되기도 함. 뒤에 벼슬을 버리고 낙향하여 王通의 《六經》과 《文中子(中說)》를 정리함. 대체로 隋나라 開皇 초에 태어난 것으로 보이며 죽은 해는 알려지지 않음.

【舜】 고대 五帝의 하나. 有虞氏. 堯에게 천하를 선양받아 다스렸으며 뒤에 禹에게 선양함.

【巡】 巡狩. 고대 천자가 영내 각 지역을 巡狩함.《尙書》舜典에 "歲二月, 東巡守至于岱宗, 柴, 望秩于山川, 肆覲東后, 協時月正日, 同律度量衡, 修五禮, 五玉,

三帛, 二生, 一死, 贄, 如五器, 卒乃復. 五月南巡守, 至于南岳, 如岱禮. 八月西
巡守, 至于西岳, 如初. 十有一月朔巡守, 至于北岳, 如西禮, 歸, 格于藝祖, 用特.
五載一巡守, 羣后四朝, 敷奏以言, 明試以功, 車服以庸"이라 함.

【五嶽】고대 제왕이 숭배하여 제사를 지내던 산으로 漢宣帝 때에는 泰山을 東嶽,
華山(陝西省)을 西嶽, 天柱山(霍山, 安徽省)을 南嶽, 恒山(河北省)을 北嶽, 嵩山
(河南省)을 中嶽으로 삼았었음. 그러나 隋代에는 衡山(湖南省)을 南嶽으로 고쳤
으며 明代에는 恒山(山西省)을 北嶽으로하였음. 阮逸 注에 "書稱四嶽, 此言五.
擧成數歟"라 함.

【徵求】세금이나 노역을 요구함. 백성에게 과도한 부담을 지움. 阮逸 注에 "簡則
用省"이라 함.

027(1-27)
서리黍離

문중자가 말하였다.

"왕의 다스리는 나라에 〈왕풍王風〉이 있으니 천자와 제후가 평등하다는 것인가? 누가 그렇게 한 것인가? 유왕幽王의 죄이다. 그 때문에 왕풍은 〈서리黍離〉편으로 시작되는 것이니 이에 아악의 도가 시들고 만 것이다."

子曰:「王國之有風, 天子與諸侯夷乎? 誰居乎? 幽王之罪也. 故始之以《黍離》, 於是雅道息矣.」

【王國】 천자가 다스리는 나라. 《詩》에 각 제후국의 민요를 모은 國風이 있으며 그 중 王風은 천자의 나라 민요를 말함. 이를 제후들 민요와 동등하게 놓음으로써 마치 그 권위가 같은 것으로 착각하게 되었음을 말함. 阮逸 注에 "黍離列於國風"이라 함.

【夷】 '平'과 같음. 평등함. 같음. 阮逸 注에 "夷, 等也"라 함.

【誰居】 '누가 그렇게 처리하였는가?'의 뜻. 阮逸 注에 "居音姬禮, 記曰何居"라 함.

【幽王】 西周 말 마지막 천자. 姬宮涅. 褒姒에게 빠져 申后와 태자까지 폐하고 포사 소생을 후계로 삼으려 하자 申侯와 西戎이 합세하여 幽王을 공격, 驪山에서 죽임. 이리하여 西周는 망하고 宜臼(東周 平王)가 다시 洛邑으로 천도하여 명맥을 이음. 이때부터 東周라 칭함. 阮逸 注에 "幽王, 惑褒姒. 廢申后, 申侯殺之, 周遂微"라 함.

【黍離】《詩經》王風의 첫 번째 시. 序에 "黍離, 閔宗周也. 周大夫行役, 至于宗周, 過故宗廟宮室, 盡爲禾黍. 閔周室之顚覆, 彷徨不忍去, 而作是詩也"라 하였으며 원문에는 "彼黍離離, 彼稷之苗. 行邁靡靡, 中心搖搖. 知我者, 謂我心憂. 不知我者, 謂我何求. 悠悠蒼天, 此何人哉! 彼黍離離, 彼稷之穗. 行邁靡靡, 中心如醉. 知我者, 謂我心憂. 不知我者, 謂我何求. 悠悠蒼天, 此何人哉! 彼黍離離, 彼稷之實. 行邁靡靡, 中心如噎. 知我者, 謂我心憂. 不知我者, 謂我何求. 悠悠蒼天, 此何人哉!"라 함.

028(1-28)
오행五行과 사령四靈

문중자가 말하였다.

"오행五行이 서로 침해하지 않으면 왕자王者가 예禮를 제정하였고, 사령
四靈이 길러지면 왕자는 악樂을 지었다."

子曰:「五行不相沴, 則王者可以制禮矣. 四靈爲畜, 則王
　　者可以作樂矣.」

【五行】 金, 木, 水, 火, 土의 운행과 질서. 천지자연의 相互 作用을 상징적으로
　　지칭한 것.《莊子》大宗師 "陰陽之氣有沴"의 釋文에 "沴, 云陵亂也"라 함.
【沴】 음은 反切로 閭計反 '려'로 읽음. 惡氣나 妖氣가 해침. 질서를 어그러뜨림.
【制禮】 阮逸 注에 "治臻皇極, 則五行各敍, 故禮行皇極也"라 함.
【四靈】 고대 태평시대의 靈物로 여겼던 龍, 龜, 麟, 鳳.
【作樂】 阮逸 注에 "仁及飛走, 則龜龍隣鳳在沼藪. 故樂形仁聲也"라 함.

029(1-29)
공자묘孔子廟

문중자가 공자묘孔子廟를 둘러보고 나와서 이렇게 노래하였다.

"위대하도다! 임금은 임금답고, 신하는 신하다우며, 아버지는 아버지답고, 아들은 아들다우며, 형은 형답고, 아우는 아우다우며, 지아비는 지아비답고, 아내는 아내답게 된 것은 공자의 힘이로다. 그것은 태극과 덕을 합하게 하였고 신명한 도가 아울러 실행되는 것이로다!"

왕효일王孝逸이 여쭈었다.

"선생님의 말씀대로라면 너무 적은 것이 아닙니까?"

문중자가 말하였다.

"그대는 〈백규白圭〉의 시를 세 번 외웠다는 것을 알지 못하는가? 천지가 나를 낳았지만 나를 능히 길러주지는 못하며, 부모가 나를 길러주지만 능히 나를 성취시켜주지는 못한다. 나를 성취시켜주는 것은 공자 선생님이다. 도란 천지나 부모에게만 있는 것이 아니라 공자 선생님에게도 통한다. 끝이 없는 은혜를 받았는데 그대는 윤상을 어그러뜨리는구나!"

왕효일은 재배하며 사과하였으며 종신토록 감히 어떤 사안을 품평하지 않았다.

子游孔子之廟, 出而歌曰:「大哉乎! 君君臣臣, 父父子子, 兄兄弟弟, 夫夫婦婦, 夫子之力也. 其與太極合德, 神道並行乎!」

王孝逸曰:「夫子之道, 豈少是乎?」

　　子曰:「子未三復〈白圭〉乎? 天地生我而不能鞠我,
　　　　父母鞠我而不能成我, 成我者, 夫子也. 道不
　　　　啻天地父母, 通於夫子, 受罔極之恩, 吾子
　　　　汩彝倫乎!」

孝逸再拜謝之, 終身不敢臧否.

【孔子之廟】孔子를 모신 祠堂. 漢代 이후에는 각 君國마다 孔子廟를 세워
儒學을 장려하였음. 阮逸 注에 "漢已後, 君國立孔子祠"라 함.

【君君臣臣】《論語》顏淵篇에 "齊景公問政於孔子. 孔子對曰:「君君, 臣臣, 父父,
子子.」公曰:「善哉! 信如君不君, 臣不臣, 父不父, 子不子, 雖有粟, 吾得而
食諸?」"라 함.

【太極】우주 만물의 原形. 태극이 兩儀(陰陽)를 낳고 兩儀가 四象을, 사상이
八卦를, 팔괘가 64괘를 낳아 우주가 형성되었다고 보았음.

【王孝逸】文中子 王通의 제자. 구체적 사적은 알려져 있지 않음. 阮逸 注에 "孝逸,
未見"이라 함.

【夫子】阮逸 注에 "夫子, 謂文中子也"라 함.

【三復白圭】《論語》先進篇에 "南容三復白圭, 孔子以其兄之子妻之"라 하였으며,
《大戴禮記》衛將軍文子篇에도 "獨居思仁, 公言言義, 其聞詩也. 一日三復白圭
之玷; 是南宮縚之行也. 夫子信其仁, 以爲異姓"이라 한 고사를 인용한 것.
한편 白圭는《詩經》大雅 抑篇의 구절로 "白圭의 흠은 갈아서 없앨 수 있지만,
우리는 말을 잘못하면 거두어들일 수 없네"라는 뜻임. 원문은 "質爾人民, 謹爾
侯度, 用戒不虞. 愼爾出話, 敬俺威儀, 無不柔嘉. 白圭之玷, 尙可磨也. 斯言之玷,
不可爲也"라 함.

【鞠】길러줌.《詩經》小雅 蓼莪에 "父兮生我, 母兮鞠我"라 함.

【不啻】'…에만 그치는 것이 아님'의 뜻. '啻'는 '但, 只'와 같음.《尙書》泰誓에
"不啻若自出其口"라 함.

【罔極】끝이 없음. 흔히 부모의 은혜를 지칭하는 말로 쓰임.《詩經》小雅 蓼莪에
"欲極之德, 昊天罔極"이라 함.

【汨】 湮沒시킴. 빠뜨림. 어그러뜨림.《尙書》洪範에 "我聞在昔, 鮌陻洪水, 汨陳
其五行"이라 함.

【彝倫】 천지 자연의 常倫. 常道. 역시《尙書》洪範에 "我不知其彝倫攸叙"라 함.

【臧否】 착함(훌륭함)과 그렇지 못함. 본래 善과 惡의 뜻이나 優劣, 品評, 褒貶
등의 뜻으로 널리 쓰임.《左傳》宣公 12년 傳의 釋文에 "執事順成爲臧, 逆爲否"
라 하였으며,《文選》西京賦에 "街談巷議, 彈射臧否, 剖析毫釐, 擘肌分理"라 함.

030(1-30)
무언의 교화

위정韋鼎이 뵙기를 청하자 문중자는 세 번을 만나면서 아무 말은 하지 않은 채 공공恭恭한 태도를 보이며 마치 부족한 듯이 하는 것이었다.

위정이 나와 문인에게 이렇게 말하였다.

"선생님께서 조정에서 뜻을 얻었다면 무언의 교화와 불살의 엄함을 보이셨을 텐데."

韋鼎請見, 子三見而三不語, 恭恭若不足.
鼎出謂門人曰:「夫子得志於朝廷, 有不言之化·不殺
之嚴矣.」

【韋鼎】당시의 어떤 인물이거나 이름난 사람. 구체적인 사적은 알 수 없음.
阮逸 注에 "韋鼎, 未見"이라 함.
【不言之化】아무 말이 없으나 저절로 교화가 됨. 阮逸 注에 "不言, 謂目擊道存"
이라 함. 《論語》陽貨篇에 "子曰:「予欲無言.」子貢曰:「子如不言, 則小子何
述焉?」子曰:「天何言哉? 四時行焉, 百物生焉, 天何言哉?」"라 한 경지를 말함.
【不殺之嚴】肅殺의 위엄을 보이지 않아도 엄하게 여김. 阮逸 注에 "不得其言,
而得其志"라 함.

031(1-31)
양호羊祜와 육손陸遜

양소楊素가 문중자에게 말하였다.

"천자께서 변방을 잘 방어할 자를 찾으시되 제가 듣기로 오직 어진 자만이 어진 자를 알아본다 하였는데 감히 선생님께 여쭙습니다."

문중자가 말하였다.

"양호羊祜와 육손陸遜은 어진 자이니 가히 시킬 수 있겠지요."

양소가 말하였다.

"그들은 이미 죽고 없는 사람인데 어찌 다시 시킬 수 있겠습니까?"

문중자가 말하였다.

"지금 그대는 능히 양호나 육손의 일을 해내면 가할 뿐이오. 만약 그렇게 하지 못한다면 널리 그런 인물을 구한다 한들 무슨 이익이 되겠소? 내(通)가 듣기로 '가까운 자는 즐겁게 여기도록 하고 먼데 사람은 찾아오게 하면 된다'라 하였으니 절충折衝도 준조樽俎에서 처리하면 될 일인데 하필 변방까지 임해야 되겠소?"

楊素謂子曰:「天子求善御邊者, 素聞惟賢知賢, 敢問夫子?」

子曰:「羊祜·陸遜, 仁人也, 可使.」

素曰:「已死矣, 何可復使?」

子曰:「今公能爲羊·陸之事, 則可. 如不能, 廣求
何益? 通聞『邇者悅, 遠者來』, 折衝樽俎
可矣, 何必臨邊也?」

【楊素】隋나라 때의 大臣. 자는 處道(?~606). 隋 煬帝 때 司徒였으며 朝廷을 장악하고 있었음. 뒤에 尙書令에 올랐으며 먼저 越國公에 봉해졌다가 大業 2년에 다시 楚國公에 봉해짐. 그 때문에 '越公', '楚公' 등으로도 불림. 《隋書》(48)에 傳이 있음.

【羊祜】西晉 때의 인물. 자는 叔子(221~278). 羊續의 손자이며 司馬師 羊皇后의 아우. 司馬昭가 권력을 독점하자 이에 좇아 中書侍郎, 給事中, 黃門郎, 秘書監 등의 직책을 담당하면서 荀勗과 더불어 국가 기밀을 관장함. 晉나라가 되면서 中軍將軍, 散騎常侍 등을 거쳐 尙書左僕射, 衛將軍 등을 역임함. 晉 武帝가 吳나라를 멸하고자 羊祜를 荊州軍事都督을 맡기자 "祜率營兵出鎭南夏, 開設庠序, 綏懷遠近, 甚得江漢之心. 與吳人開布大信, 降者欲去皆聽之"라 하여 荊州를 지키면서 吳나라 백성에게 잘해주어 오나라 사람들이 그들 羊公이라 불렀음. 선정을 베풀고 그가 죽자 백성들이 罷市를 할 정도였다 함. 그의 碑廟는 杜預가 〈墮淚碑〉라 불렀음. 《老子傳》이 있으며 《晉書》(34)에 전이 있음. 한편 阮逸 注에는 "祜字叔子, 晉欲平吳, 以祜督荊州. 祜綏懷吳人, 吳之降者, 欲去, 則聽之"라 함.

【陸遜】자는 伯言(183~245). 吳나라 上將軍, 右都護를 지낸 인물. 嘉禾 5년(236) 孫權을 따라 陸遜이 北征에 나섰을 때 石陽에서 포로 천여 명을 잡자 "其所生得, 皆加營護, 不令兵士干擾侵侮. 若亡其妻子者, 卽給衣糧, 厚加慰勞, 發遣令還. 或有感慕相携而歸者"라 하였음. 《三國志》(58)에 전이 있음. 阮逸 注에 "遜字伯言, 爲吳大將軍, 攻晉襄陽, 獲生口, 卽還之"라 함.

【邇者悅】《論語》子路篇에 "葉公問政. 子曰:「近者說, 遠者來.」"라 하였고, 《韓非子》難三에는 「葉公子高問政於仲尼. 仲尼曰:『政在悅近而來遠』子貢問曰:『何也?』仲尼曰:『葉, 都大而國小, 民有背心; 故曰政在悅近而來遠』.」이라 함.

【折衝】敵의 진영을 돌격하여 무너뜨리는 전술. 阮逸 注에 "折, 橫也; 衝, 直也. 麾兵橫直"이라 함. 여기서는 직접 전투를 벌여 적을 쳐부수는 것. 이에 상대하여 쓰는 말이 흔히 '廟堂之計', 혹 '樽俎之間'임. 《呂氏春秋》召類篇에 "夫脩之于廟堂之上, 而折衝乎千里之外者, 其司城子罕之謂乎"라 함.

【樽俎】잔치를 뜻함. 여기서는 외교술을 펴서 전쟁을 미리 막음을 뜻함. 《新序》雜事(1)에 "夫不出于樽俎之間, 而知千里之外, 其晏子之謂也"라 함.

032(1-32)
삼강三綱과 오상五常

문중자의 집에는 육경六經이 모두 갖추어져 있었으며, 조복朝服과 제기祭器는 남으로부터 빌려 쓰지 않았다. 그러면서 이렇게 말하였다.

"삼강三綱과 오상五常이 여기에서 나오는 것이다."

子之家六經畢備, 朝服祭器不假.
曰:「三綱五常, 自可出也.」

【六經】원래는 『易』, 『詩』, 『書』, 『禮』, 『樂』, 『春秋』를 가리킴. 여기서는 儒家의 經典을 모두 갖추어놓았음을 말함.

【朝服祭器不假】조복과 제기는 남의 것을 빌려 쓰지 않음. 《禮記》王制에 "大夫祭器不假. 祭器未成, 不造燕器"라 함. 阮逸 注에 "正家以正天下"라 함.

【三綱五常】三綱과 五倫. 三綱은 君爲臣綱, 父爲子綱, 夫爲婦綱을 말하며 五倫은 孟子가 말한 父子有親, 君臣有義, 夫婦有別, 長幼有序, 朋友有信을 가리킴.

033(1-33)
소찬素餐

문중자가 말하였다.

"하는 일 없이 밥만 축내는 자들, 천하가 모두 이와 같으니 왕도王道가 어디로부터 흥발하겠는가?"

子曰:「悠悠素餐者, 天下皆是, 王道從何而興乎?」

【悠悠素餐】 하는 일 없이 밥만 축냄.《詩經》魏風 伐檀에 "坎坎伐檀兮, 寘之河之干兮, 河水淸且漣猗. 不稼不穡, 胡取禾三百廛兮. 不狩不獵, 胡瞻爾庭有縣貆兮. 彼君子兮, 不素餐兮. 坎坎伐輻兮, 寘之河之側兮, 河水淸且直猗. 不稼不穡, 胡取禾三百億兮. 不狩不獵, 胡瞻爾庭有縣特兮. 彼君子兮, 不素食兮. 坎坎伐輪兮, 寘之河之漘兮, 河水淸且淪猗. 不稼不穡, 胡取禾三百囷兮. 不狩不獵, 胡瞻爾庭有縣鶉兮. 彼君子兮, 不素飧"이라 하였고, 注에 "伐檀, 刺貪也. 在位貪鄙, 無功而受祿, 君子不得進仕爾"라 함. 阮逸 注에 "隋多無功食祿"이라 함.

034(1-34)
칠대七代의 군주들

문중자가 말하였다.

"칠대七代의 군주들은 모두가 전투에 뛰어난 이들이었다."

子曰:「七制之主, 其人可以卽戎矣.」

【七制之主】 西漢의 高祖(劉邦), 文帝(劉恒), 武帝(劉徹), 宣帝(劉詢)와 東漢의 光武帝
(劉秀), 明帝(劉莊), 章帝(劉炟) 등 7명의 군주를 가리킴. 阮逸 注에 "《續書》有七制,
皆漢之賢君, 立文武之功業者. 高祖, 孝文, 孝武, 孝宣, 光武, 孝明, 孝章是也"라 함.
【卽戎】 전투에 뛰어남. 전투에 참가함.

〈漢 明帝〉《三才圖會》

035(1-35)
동상董常이 죽자

동상董常이 죽자 문중자는 침문寢門 밖에서 곡을 하고 절을 하며 조문을 받았다.

董常死, 子哭於寢門之外, 拜而受弔.

【董常】 자는 履常. 원래 河南 사람으로 孔子에게 顔回가 있듯이 王通에게 안회와 같은 존재로 알려져 있음. 왕통보다 일찍 죽음.

【寢門】 침실의 문. 안치된 시신을 차마 볼 수가 없었던 것. 阮逸 注에 "不可視, 猶子也, 哭寢, 則太親; 不可視, 猶朋友也, 哭於野, 則太疎. 故折中於寢門之外" 라 함.

【拜而受弔】 '弔'는 '吊'와 같음. 喪事나 혹은 재앙을 입은 자에게 위로와 애도를 표함. '受'는 자신이 아끼던 제자가 죽자 다른 이의 애도를 대신 받아준 것. 阮逸 注에 "知生者弔, 彼弔我失其助, 故拜之"라 함.

036(1-36)
위개衛玠와 완적阮籍

배희裴晞가 물었다.

"위개衛玠는 '남이 기대에 미치지 못하면 정으로써 용서해야 하며, 맞지 않은 뜻으로 간섭하면 이치로써 이를 털어버려야 한다'라 하였는데 어떻습니까?"

문중자가 말하였다.

"관대한 것이다."

배희가 말하였다.

"어짊입니까?"

문중자가 말하였다.

"모르겠다."

"완사종阮嗣宗은 남과 말을 나눌 때면 현원玄遠한 담론에 이르게 되면 일찍이 남을 품평한 적이 없다 하였는데 어떻습니까?"

문중자가 말하였다.

"신중한 것이다."

배희가 물었다.

"어짊입니까?"

문중자가 말하였다.

"모르겠다."

裴晞問曰:「衛玠稱『人有不及, 可以情恕; 非意相干,
　　　　可以理遣.』何如?」

子曰:「寬矣.」

　日:「仁乎?」

子曰:「不知也.」

　　「阮嗣宗與人談則及玄遠未嘗臧否人物,

　　何如?」

子曰:「愼矣.」

　日:「仁乎?」

子曰:「不知也.」

【裴晞】 王通의 외삼촌. 자세한 사적은 알 수 없음. 상황으로 보아 왕통보다
　나이가 어린 외삼촌이었을 가능성이 있으며 왕통에게 학문을 익힌 것으로
　보임. 이에 따라 下待語로 해석하였음.
【衛玠】 자는 叔寶(287~313). 安邑 사람으로 玄談에 능하였음. 어릴 때는 虎라
　부름. 衛瓘의 손자이며 衛恒의 아들.《老莊》에 조예가 깊었음. 어려서 王澄,
　王玄, 王濟와 함께 이름을 날려 "王家三子, 不如衛家一兒"라 하였음. 中原大亂
　때 남으로 피난하여 王敦에게 발탁됨. 太子洗馬를 지냈으며 王承과 더불어
　'中興第一名士'로 불림.《晉書》(36)에 전이 있음.
【遣】 털어버림. 놓아줌. 阮逸 注에 "玠, 字叔寶, 善談玄理, 有情恕理遣之論"이라 함.
【阮嗣宗】 阮籍. 자는 嗣宗(210~263). 陳留 尉氏人. 阮瑀의 아들. 老莊에 밝았
　으며 거문고, 바둑, 시문 등에 능하였음. 步兵校尉를 역임하여 흔히 阮步兵
　이라 불림. '竹林七賢' 중의 하나. 〈豪傑詩〉, 〈詠懷詩〉, 〈達莊論〉, 〈大人先生傳〉
　등이 있으며《三國志》(21),《晉書》(49)에 전이 있음.
【玄遠】 魏晉시대 玄學의 발달로 현묘한 이치를 밝히고자 유행하였던 토론.
【臧否】 착함(훌륭함)과 그렇지 못함. 본래 善과 惡의 뜻이나 優劣, 品評, 褒貶
　등의 뜻으로 널리 쓰임.《左傳》宣公 12년 傳의 釋文에 "執事順成爲臧, 逆爲否"
　라 함.

037(1-37)
능경凌敬

문중자가 말하였다.

"용서함이여! 능경凌敬이 남의 고아를 마치 자신의 아들처럼 여긴 것이
이런 것이로다."

子曰:「恕哉! 凌敬視人之孤猶己也.」

【凌敬】 인명. 王通의 제자. 구체적인 사적은 알 수 없음. 阮逸 注에 "凌敬, 未見"
이라 함.
【人之孤猶己】《孟子》梁惠王(上)에 "老吾老, 以及人之老; 幼吾幼, 以及人之幼,
天下可運於掌"을 말함. 阮逸 注에 "以己心爲人之心曰恕. 孟子曰「幼吾幼, 以及
人之幼」, 是恕也"라 함.

038(1-38)
강개剛介

문중자가 말하였다.

"어진 자를 나는 보지 못하였으니 지혜로운 자를 볼 수 있는 것으로 가하다. 지혜로운 자를 보지 못하였으니 의로운 자를 볼 수 있는 것으로 가하다. 만약 볼수 없는 것이 필연이라면 강개剛介한 자는 볼 수 있을까? 그러나 강剛한 자는 쉽게 부러지게 될 것이요, 개介한 자는 세속과 다른 짓을 하게 될 것이다."

子曰:「仁者, 吾不得而見也, 得見智者斯可矣; 智者吾 不得而見也, 得見義者斯可矣. 如不得見必也. 剛介乎? 剛者好斷, 介者殊俗.」

【剛介】 剛은 '딱딱함'. '介'는 '질김, 耿直함, 홀로 강함'의 뜻.
【殊俗】 '殊'는 '異'와 같음. 세속에 영합하지 않거나 혹 상식과 전혀 다른 행동을 하여 어울리지 못하는 유형. 阮逸 注에 "剛必果, 介自異"라 함.

039(1-39)
지덕至德과 요도要道

설수薛收가 지덕至德과 요도要道에 대하여 여쭈었다.

문중자가 말하였다.

"지덕이란 도의 근본이리라! 요도란 덕의 실천이리라! 《예禮》에 이르지 않았느냐? '지덕은 도의 근본'이라고. 《역易》에 말하지 않았느냐? '도의 신비함을 드러내니 덕이 운행된다'라고 한 말을.'

薛收問至德要道.

子曰:「至德, 其道之本乎! 要道, 其德之行乎!《禮》不
云乎?『至德爲道本.』《易》不云乎?『顯道神
德行.』」

【薛收】文中子 王通의 제자. 자는 伯襃(592~612). 隋나라 때 河東 汾陰縣 출신
으로 隋나라 內史侍郎 薛道衡의 아들. 수나라 大業 때 秦王府의 記室 房玄齡
이 그를 秦王(李世民)에게 추천하여 秦王府主簿가 되어 判陝東道大行臺金部
郎中에 오름. 隋나라가 망한 뒤 天策府記室參軍에 올랐으며 汾陰縣男의 봉
호를 받음. 武德 6년 本官兼文學館學士가 되었으며 武德 7년에 생을 마침.
《舊唐書》(72)와 《新唐書》(98)에 전이 있음.
【道之本·德之行】阮逸 注에 "行成德, 德成道, 德行成身, 道施天下"라 함.

【禮】《周禮》地官 師氏에 "師氏, 掌以徽詔王. 以三德敎國子: 一曰至德以爲道本,
二曰敏德以爲行本, 三曰孝德以知逆惡. 敎三行: 一曰孝行以親父母, 二曰友行
以尊賢良, 三曰順行以事師長. 居虎門之左司王朝"라 함.

【易】《周易》繫辭傳(上)에 "顯道神德行, 是故可與酬酢, 可與祐神矣. 子曰:「地變
化之道者, 其知神之所爲乎?」"라 함.

040(1-40)
역易

문중자가 말하였다.
"위대하도다, 신이여! 스스로 만들어내도다. 지극하도다,《역易》이여, 신이 하는 일을 알았도다!"

子曰:「大哉神乎! 所自出也. 至哉《易》也, 其知神之所爲乎!」

【所自出】그 자신에게서 만들어냄. 生成滅熄을 자유롭게 함. 阮逸 注에 "本諸身曰自出"이라 함.
【神之所爲】신이 하는 바. 신이 하는 바의 작위. 阮逸 注에 "無體則無方"이라 함.

041(1-41)
의義와 이利

문중자가 말하였다.

"나는 의義를 좋아하기를 마치 이利를 좋아하듯 하는 자를 아직 보지 못하였다."

子曰:「我未見嗜義, 如嗜利者也.」

【嗜】嗜好의 줄인 말. 좋아함.
【嗜義·嗜利】阮逸 注에 "和而有宜曰義, 反是曰利"라 함.

042(1-42)
우묘禹廟의 비석

문중자가 운중雲中 성城에 올라 용문관龍門關을 바라보면서 이렇게
말하였다.

"장엄하도다! 산하山河의 험고함이여."

가경賈瓊이 말하였다.

"이미 장엄하다면 거기에 무엇을 더 보태야 합니까?"

문중자가 말하였다.

"이를 지키되 도로써 해야지."

그리고 내려와 우묘禹廟에 숙소를 정하면서 그곳 비석의 머리를 보면서
이렇게 말하였다.

"선군先君 헌공獻公께서 지으신 것이다. 그 문장이 전아하고 통달하구나."

子登雲中之城, 望龍門之關, 曰:「壯哉! 山河之固.」

賈瓊曰:「旣壯矣, 又何加焉?」

子曰:「守之以道.」

降而宿于禹廟, 觀其碑首曰:「先君獻公之所作也,

其文典以達.」

【雲中】漢나라 때 雲中郡. 唐나라 때 延州였음. 阮逸 注에 "漢雲中郡, 唐延州"라 함.

【龍門】지금의 하남 낙양 남쪽. 阮逸 注에 "河中有龍門縣"이라 함.

【賈瓊】王通의 제자. 七大弟子, 즉 '七俊穎'의 하나. 中山 사람이라 함.

【守之以道】阮逸 注에 "險不可恃"라 함.

【禹廟】禹임금을 모신 사당.

【獻公】구체적으로 알 수 없음. 禹임금 사당 碑文을 지은 사람. 阮逸 注에 "文未見"이라 함.

043(1-43)
유효표劉孝標의 글

문중자가 유효표劉孝標의 〈절교론絶交論〉을 보고 이렇게 말하였다.

"안타깝도다! 임공任公을 들어 헐뜯다니. 임공은 이 때문에 사람을 알아보는 이라고 말할 수 없게 된 것이다."

그리고 〈변명론辯命論〉을 보고는 이렇게 말하였다.

"인도人道를 폐기시켰구나."

子見劉孝標〈絶交論〉曰:「惜乎! 擧任公而毁也. 任公
　　　　　　於是乎不可謂知人矣.」
　　見〈辯命論〉曰:「人道廢矣.」

【劉孝標】南朝 梁나라 때의 문인이며 학자. 이름은 峻(462~521). 집이 가난하였으나 남의 책을 있는 대로 빌려 보아 '書淫'이라 칭해졌음. 荊州戶曹參軍을 지냈으며 뒤에 東陽 紫巖山에서 강학하여 죽은 뒤 문인들이 '玄請先生'이라는 시호를 지어 불렀음.《梁書》(50) 文學列傳(下) 劉峻傳이 있음.《世說新語》註釋으로 널리 알려짐.
【絶交論】劉孝標의 문장 제목. 阮逸 注에 "劉峻, 字孝標. 性率多毁時, 任方死, 有子東里, 冬衣葛裘, 孝標作〈絶交論〉, 以譏任公之友. 然又彰任公不知人耳"라 함.

【任公】任昉. 南朝 梁나라 때 樂安 博昌 사람으로 자는 彦昇. 宋나라 때 丹陽尹
主簿를 지냈으며 齊나라가 들어서자 太學博士에 오름. 다시 蕭衍(梁武帝)이
들어서자 驃騎記室參軍이 됨. 그 뒤 黃門侍郎, 秘書監 등을 거쳐 新安太守에
올랐으며 당시 문장이 뛰어나 沈約과 병칭하여 '任筆沈詩'라 불릴 정도였음.
《任彦昇集》輯佚本이 전함.《梁書》(14)와《南史》(59)에 傳이 있음.
【辯命論】劉孝標의 글. 管輅의 예를 들어 운명에 대한 변론을 편 글. 阮逸 注에
"峻又有〈辯命論〉. 言管輅才高不遇, 乃謂:「窮達由天, 殊不由人.」是不知命, 廢人
道也"라 함.

044(1-44)
제갈량諸葛亮

문중자가 말하였다.
"제갈량諸葛亮이 죽지 않았다면 예악禮樂이 흥해졌을 텐데!"

子曰:「使諸葛亮而無死, 禮樂其有興乎!」

【諸葛亮】 자는 孔明(191~234). 한말 陽都人. 은거하여 스스로 밭을 갈며 자신을
管仲과 樂毅에 비교하여 사람들이 그를 臥龍先生이라 불렀음. 뒤에 蜀漢
劉備의 三顧草廬로 불려가 天下三分之策을 정하고 유비를 도와 荊州와 益州를
차지하여 吳, 蜀, 魏 三國 鼎立을 이루었음. 유비의 유촉에 의해 그 아들 劉禪을
도와 〈出師表〉를 쓰고 북벌을 시도했으나 五丈原에서 생을 마침. 죽은 뒤
武鄕侯에 봉해졌으며 시호는 忠武.《三國志》(35)에 전이 있음. 阮逸 注에 "孔明言:
「普天之下, 莫非漢民.」志在天下, 非蜀而已. 亮未死, 必可功成治定"이라 함.

045(1-45)
악의론樂毅論과 무귀론無鬼論

문중자가 〈악의론樂毅論〉을 읽고 이렇게 말하였다.

"어질도다! 악의樂毅여, 만물을 길러내는 용도를 잘 간직하였구나. 지혜롭도다! 하후태초夏侯太初여, 그 감추어진 것을 잘도 드러내어 폈구나."

그리고 〈무귀론無鬼論〉을 읽고 이렇게 말하였다.

"사람을 모르는데 어찌 귀신의 일을 알 수 있으랴?"

子讀〈樂毅論〉曰:「仁哉! 樂毅, 善藏其用. 智哉! 太初,
善發其蘊.」
讀〈無鬼論〉曰:「未知人, 焉知鬼?」

【樂毅論】夏侯太初가 戰國시대 樂毅를 주제로 쓴 글. 뒤에 王羲之의 글씨로도
유명함. 樂毅는 전국시대 燕나라 장수로 齊나라를 공격하여 70여 개 성을 함락
시키면서 卽墨과 莒를 남겨두었던 仁義를 찬양한 글.《史記》樂毅田單列傳 참조.
【太初】三國時代 인물. 夏侯玄. 자는 泰初(太初, 209~254). 夏侯尙의 아들로
일찍이 능력을 인정받아 약관에 散騎黃門侍郎이 되었음. 曹爽을 보좌하여
中護軍이 되어 인재를 선발하였음. 뒤에 征西將軍이 되어 司馬氏가 曹爽을
주벌하여 정권을 쥐자 大鴻臚가 되었다가 太常에 올랐으나 李豐, 張緝 등이
司馬師를 없애고 하후현을 세우려는 모의가 발각되어 하후현도 이에 함께
주살됨. 淸言과 玄風에 뛰어나 당시 玄學의 영수로 추앙받았음. 저술에 〈樂毅論〉,
〈張良論〉, 〈本無肉刑論〉 등이 유명함.《三國志》(9)에 전이 있음.

【無鬼論】阮瞻(혹 阮脩)의 글. 阮瞻은 西晉 永嘉 때 太子舍人으로 세상에 귀신은 없다는 지론을 굳게 고집하였으며 그로 인해 〈無鬼論〉을 지음. 이에 따른 고사는 널리 전하고 있음.《搜神記》(16)에 "阮瞻字千里, 素執無鬼論, 物莫能難. 每自謂此理足以辨正幽明. 忽有客通名詣瞻, 寒溫畢, 聊談名理. 客甚有才辨. 瞻與之言良久, 及鬼神之事, 反復甚苦. 客遂屈. 乃作色曰:「鬼神古今聖賢所共傳, 君何得獨言無? 卽僕便是鬼.」於是變爲異形, 須臾消滅. 瞻默然, 意色太惡. 歲餘, 病卒"이라 함.《晉書》(49) 阮瞻傳을 볼 것.

【未知人, 焉知鬼】《論語》先進篇에 "季路問事鬼神. 子曰:「未能事人, 焉能事鬼?」曰:「敢問死.」曰:「未知生, 焉知死?」"를 원용하여 말한 것.

卷二 〈천지편天地篇〉

　본편은 첫 구절 "天地之心"의 '天地'를 제목으로 삼은 것이다. 총 57장으로 分章하였다.

　〈敍篇〉에 "古先聖王俯仰二儀, 必合其德, 故次之以〈天地篇〉"이라 하였다.

〈魚紋彩陶盆〉 1995 西安 반파 출토

046(2-1)
원방圓方

문중자가 말하였다.

"둥근 것은 잘 움직이고, 네모진 것은 조용하다. 거기에서 천지의 중심을 보도다!"

子曰:「圓者動, 方者靜, 其見天地之心乎!」

【天地之心】阮逸 注에 "天圓動, 地方靜, 人動靜之中也. 中也者, 心可見矣"라 함.

047(2-2)
지자智者와 인자仁者

문중자가 말하였다.
"지혜로운 자는 즐거워하니 존속하고 있는 만물 때문에 그런 것이리라!
어진 자는 장수하니 나를 잊음이 그렇게 하는 것이리라!"

子曰:「智者樂, 其存物之所爲乎! 仁者壽, 其忘我之
　　　所爲乎!」

【智者·仁者】《論語》雍也篇에 "子曰:「知者樂水, 仁者樂山. 知者動, 仁者靜.
　知者樂, 仁者壽.」"라 함.
【存物】阮逸 注에 "物之所存, 我從而利之, 故樂"이라 함.
【忘我】阮逸 注에 "我忘厥功, 物將自化, 故壽"라 함.

048(2-3)
제자들에 대한 품평

문중자가 말하였다.

"요의姚義는 맑으면서 장엄하고, 이정李靖은 은혜로우면서 과단성이 있고, 두위竇威는 지혜로우면서 넓고, 설수薛收는 트였으면서 엄숙하고, 가경賈瓊은 명석하면서 굳세고, 두엄杜淹은 성실하면서 매섭고, 방현령房玄齡은 의지가 있으면서 치밀하고, 위징魏徵은 곧으면서 끝까지 해내고, 온대아溫大雅는 깊으면서 넓고, 진숙달陳叔達은 간약하면서도 올곧다. 만약 이들이 때를 만난다면 경상卿相이 되기에 전혀 손색이 없으나 예악禮樂을 아직 제대로 갖추지 못하였다."

> 子曰:「義也, 淸而莊; 靖也, 惠而斷; 威也, 知而博; 收也,
> 曠而肅; 瓊也, 明而毅; 淹也, 誠而厲; 玄齡, 志而密;
> 徵也, 直而遂; 大雅, 深而弘; 叔達, 簡而正. 若逢
> 其時, 不減卿相, 然禮樂則未備.」

【義】姚義. 太山 사람으로 王通의 門人이며 '七俊穎'의 第一人者. 事迹은 자세히 알 수 없음. 阮逸 注에 "姚義, 傳末見. 淸潔而端莊"이라 함.

【靖】李靖(571~649). 王通의 제자. 자는 藥師. 雍州 三原 사람으로 뒤에 唐 太宗 李世民의 貞觀 명신이며 당시 최고의 병법가로서 능력을 발휘함. 兵部尙書를 거쳐 尙書右僕射에 있었으며, 군사학에 뛰어나 태종과 병법을 토론하여 유명한

병법서《李衛公問對》를 저술함.《舊唐書》(67)와《新唐書》(93)에 전이 있음. 阮逸 注에 "李靖, 本名藥師. 其舅韓擒虎, 伏其善論兵, 惠物而勇斷"이라 함. 한편 《貞觀政要》任賢篇에 "李靖, 京兆三原人也. 大業末, 爲馬邑郡丞. 會高祖爲太原留守, 靖觀察高祖, 知有四方之志. 因自鎖上變, 詣江都. 至長安, 道塞不通而止. 高祖克京城, 執靖, 將斬之, 靖大呼曰:「公起義兵除暴亂, 不欲就大事, 而以私怨斬壯士乎?」太宗亦加救靖, 高祖遂捨之. 武德中, 以平蕭銑·輔公祐功, 歷遷揚州大都督府長史. 太宗嗣位, 召拜刑部尚書. 貞觀二年, 以本官檢校中書令. 三年, 轉兵部尚書, 爲代州道行軍總管, 進擊突厥定襄城, 破之. 突厥諸部落俱走磧北, 北擒隋齊王暕之子楊道政, 及煬帝蕭后, 送於長安. 突利可汗來降, 頡利可汗僅以身遁. 太宗謂曰:「昔李陵提步卒五千, 不免身降匈奴, 尙得名書竹帛. 卿以三千輕騎, 深入虜庭, 剋復定襄, 威振北狄, 實古今未有, 足報往年渭水之役矣.」以功進封代國公. 此後, 頡利可汗大懼, 四年, 退保鐵山, 遣使入朝謝罪, 請奉國內附. 又以靖爲定襄道行軍總管, 往迎頡利. 頡利雖外請降, 而心懷疑貳. 詔遣鴻臚卿唐儉·攝戶部尚書將軍安修仁慰諭之. 靖謂副將張公謹曰:「詔使到彼, 虜必自寬, 乃選精騎齎二十日糧, 引兵自白道襲之」公謹曰:「旣許其降, 詔使在彼, 未宜討擊.」靖曰:「此兵機也, 時不可失.」遂督軍疾進. 行至

〈李靖〉《三才圖會》

〈韓擒虎〉《三才圖會》

陰山, 遇其斥候千餘帳, 皆俘以隨軍. 頡利見使者甚悅, 不虞官兵至也. 靖前鋒乘霧而行, 去其牙帳七里, 頡利始覺, 列兵未及成陣, 單馬輕走, 虜衆因而潰散. 斬萬餘級, 殺其妻隋義成公主, 俘男女十餘萬, 斥土界自陰山至於大漠, 遂滅其國. 尋獲頡利可汗於別部落, 餘衆悉降. 太宗大悅, 顧謂侍臣曰:「朕聞主憂臣辱, 主辱臣死. 往者國家草創, 突厥强梁, 太上皇以百姓之故, 稱臣於頡利, 朕未嘗不痛心疾首, 志滅匈奴, 坐不安席, 食不甘味. 今者暫動偏師, 無往不捷, 單于稽顙, 恥其雪乎!」群臣皆稱萬歲. 尋拜靖光祿大夫·尙書右僕射, 賜實封五百戶. 又爲西海道行軍大總管, 征吐谷渾, 大破其國. 改封衛國公. 及靖身亡, 有詔許墳塋制度依漢衛·霍故事, 築闕象突厥內燕然山·吐谷渾內磧石二山, 以旌殊績"이라 함.

【威】竇威. 자는 文蔚. 扶風人. 竇熾의 아들이며 竇后의 從兄. 秘書郞을 지냈으며 隋 煬帝 大業 때 內史舍人에 올라 많은 직언을 하였음. 李淵이 불러 丞相府의

司錄參軍으로 삼아 唐初 제도를 마련함. 시호는 靖.《舊唐書》(61)와《新唐書》
(95)에 전이 있음. 阮逸 注에 "竇威字文蔚, 竇后從兄也. 和容而博識"이라 함.

【收】薛收(592~612). 文中子 王通의 제자. 자는 伯襃. 隋나라 때 河東 汾陰縣
출신으로 隋나라 內史侍郎 薛道衡의 아들. 수나라 大業 때 秦王府의 記室
房玄齡이 그를 秦王(李世民)에게 추천하여 秦王府主簿가 되어 判陝東道大行
臺金部郎中에 오름. 隋나라가 망한 뒤 天策府記室參軍에 올랐으며 汾陰縣男의
봉호를 받음. 武德 6년 本官兼文學館學士가 되었으며 武德 7년에 생을 마침.
《舊唐書》(72)와《新唐書》(98)에 전이 실려 있음. 阮逸 注에 "薛收, 體曠而志肅"
이라 함.

【瓊】賈瓊. 王通의 제자. 七大弟子, 즉 '七俊穎'의 하나. 中山 사람이라 함. 阮逸
注에 "賈瓊, 通明而果毅"라 함.

【淹】杜淹(?~628). 자는 執禮. 隋 開皇 때 隋 文帝의 미움을 받아 유배를 당하였
다가 雍州司馬 高孝基의 추천으로 承奉郎에 올랐다가 御史中丞에 이름. 唐나라가
들어서자 御史大夫를 거쳐 吏部尙書에 오름. 貞觀 2년에 졸함.《舊唐書》(66)와
《新唐書》(96)에 전이 있음. 阮逸 注에 "杜淹, 字執禮, 隋, 隱太白山來學於子. 誠慤
而威厲"라 함. 〈文中子世家〉를 짓기도 하였음.

【玄齡】房玄齡(579~648). 자는 喬(혹 이름이 喬이며 자가 玄齡이라고도 함). 역시
王通의 제자이며 唐 太宗 貞觀 명신. 濟州 臨淄(지금의 山東 淄博) 출신으로 貞觀
원년(627) 中書令이 되었으며 3년(629) 尙書左僕射가 되어 梁國公에 봉해졌음.
10여 년 간 재상직에 있으면서 많은 업적을 쌓았음.《舊唐書》(66)와《新唐書》
(96)에 전이 있음. 阮逸 注에 "房喬, 字玄齡. 隋彦謙之子也. 志精而用密"이라 함.

【徵】魏徵(580~643). 자는 玄成. 王通의 제자이며 貞觀 최고 名臣. 唐 太宗
李世民을 직언으로 보필한 것으로 유명함. 北周 靜帝 大象 2년(580) 襄國郡 鉅

鹿縣에서 태어나 어릴 때 고아가 되어 隋나라 말 떠돌
다가 道士라 속이고 李密의 瓦崗軍과 竇建德의 河北
義軍에 들어가 공을 세움. 태종이 즉위하여 諫議大夫와
尙書右丞을 겸하였음. 다시 貞觀 3년(629)에 秘書監이
되어 국정에 참여하였으며 7년(633) 侍中이 되어 鄭國公
에 봉해졌으며 17년(643) 병으로 長安에서 죽음. 시호는
文貞. 昭陵 곁에 묻혔음.《舊唐書》에 太宗과의 관계에
대하여 "討論政術, 往復應對, 凡數十萬言"이라 함.《舊
唐書》(71)와《新唐書》(97)에 전이 있음. 阮逸 注에 "魏徵,

〈魏徵〉《三才圖會》

字玄成, 直道而遂行"이라 함. 한편《貞觀政要》任賢篇에 "魏徵, 鉅鹿人也, 近徙
家相州之內黃. 武德末, 爲太子洗馬. 見太宗與隱太子陰相傾奪, 每勸建成早爲
之謀. 太宗旣誅隱太子, 召徵責之曰:「汝離間我兄弟, 何也?」衆皆爲之危懼.
徵慷慨自若, 從容對曰:「皇太子若從臣言, 必無今日禍.」太宗爲之斂容, 厚加
禮異, 擢拜諫議大夫. 數引之臥內, 訪以政術得失. 徵雅有經國之才, 性又抗直,
無所屈撓. 太宗每與之言, 未嘗不悅. 徵亦喜逢和己之主, 竭其力用. 又勞之曰:
「卿所諫前後二百餘事, 皆稱朕意, 非卿忠誠奉國, 何能若是?」三年, 累遷祕書藍,
參預朝政, 深謀遠算, 多所弘益. 太宗嘗謂曰:「卿罪重於中鉤, 我任卿逾於管仲,
近代君臣相得, 寧有似我於卿自乎?」六年, 太宗幸九成宮, 宴近臣. 長孫無忌曰:
「王珪・魏徵, 往事息隱, 臣見之若讎, 不謂今者又同此宴.」太宗曰:「魏徵往者
實我所讎, 但其盡心所事, 有足嘉者. 朕能擢而用之, 何慚古烈? 徵每犯顔切諫,
不許我爲非, 我所以重之也.」徵再拜曰:「陛下導臣使言, 臣所以敢言. 若陛下不
受臣言, 臣亦何敢犯龍鱗, 觸忌諱也?」太宗大悅, 各賜錢十五萬. 七年, 代王珪
爲侍中, 累封鄭國公. 尋以疾乞辭所職, 請爲散官. 太宗曰:「朕拔卿於讎虜之中,
任卿以樞要之職, 見卿之非, 未嘗不諫. 公獨不見金之在鑛, 何足貴哉? 良冶鍛
而爲器, 便爲人所寶. 朕方自比於金, 以卿爲良工. 卿雖有疾, 未爲衰老. 豈得便
爾耶?」徵乃止. 後復固辭, 聽解侍中, 授以特進, 仍知門下省事. 十二年, 太宗
以誕皇孫, 詔宴公卿, 帝極歡, 謂侍臣曰:「貞觀以前, 從我平定天下, 周旋艱險,
玄齡之功無所與讓. 貞觀之後, 盡心於我, 獻納忠讜, 安國利人, 成我今日功業,
爲天下所稱者, 惟魏徵而已. 古之名臣, 何以加之?」於是親解佩刀以賜二人.
庶人承乾在春宮, 不修德業. 魏王泰寵愛日隆, 內外庶寮, 咸有疑議. 太宗聞而惡之,
謂侍臣曰:「當今朝臣, 忠謇無如魏徵, 我遣傅皇太子, 用絶天下之望.」十七年,
遂授太子太師, 知門下事如故. 徵自陳有疾, 太宗謂曰:「太子, 宗社之本, 須有
師傅, 故選中正, 以爲輔弼. 知公疹病, 可臥護之.」徵乃就職. 尋遇疾. 徵宅內先
無正堂, 太宗時欲營小殿, 乃輟其材爲造, 五日而就. 遣中使賜以布被素褥, 遂其
所尙. 後數日, 薨. 太宗親臨慟哭, 贈司空, 諡曰文貞. 太宗親爲製碑文, 復自書於石.
特賜其家食實封九百戶. 太宗後嘗謂侍臣曰:「夫以銅爲鏡, 可以正衣冠; 以古
爲鏡, 可以知興替; 以人爲鏡, 可以明得失. 朕常保此三鏡, 以防己過. 今魏徵殂逝,
遂亡一鏡矣!」因泣下久之. 乃詔曰:「昔惟魏徵, 每顯予過. 自其逝也, 雖過莫彰.
朕豈獨有非於往時, 而皆是於玆日? 故亦庶僚苟順, 難觸龍鱗者歟! 所以虛己外求,
披迷內省. 言而不用, 朕所甘心. 用而不言, 誰之責也? 自斯已後, 各悉乃誠. 若有
是非, 直言無隱.」이라 함.

【大雅】溫大雅. 당나라 幷州 祁縣 사람으로 자는 彦宏. 아우 大臨(溫彦博), 大有
　(溫彦將)와 함께 이름을 날림. 唐 高祖 李淵이 기병하자 그를 機務에 참여시켰
　으며 吏部尙書를 거쳐 黎國公에 봉해짐.《大唐創業起居注》를 지었으며《舊
　唐書》(61)와《新唐書》(91)에 전이 있음. 阮逸 注에 "溫大雅, 字彦弘. 量深而寬弘"
　이라 함.

【叔達】陳叔達(?~635). 자는 子聰. 陳 宣帝의 16번째 아들. 陳나라 때 義陽王에
　봉해졌으며 隋나라 大業 때 內史舍人을 거쳐 鋒郡通導에 오름. 李淵이 鋒郡에
　이르렀을 때 적극 호응하여 丞相府主簿에 올랐으며 武德 4년 侍中을 거쳐 貞觀
　때 禮部尙書에 오름.《陳書》(28),《南史》(65),《舊唐書》(61),《新唐書》(100)에 전이
　있음. 阮逸 注에 "陳叔達, 字子聰. 陳宣帝之幼子也. 簡靜中正"이라 함.

【禮樂未備】阮逸 注에 "靖·彦博皆爲僕射, 威爲內史令, 淹爲御史大夫, 玄齡爲
　司空, 徵爲太師, 大雅·叔達, 皆爲尙書. 是皆卿相也. 然各有二德, 而未成全才,
　故曰禮樂未備"라 함.

049(2-4)
안회와 같은 동상董常

혹자가 물었다.

"동상董常은 어떤 사람입니까?"

문중자가 말하였다.

"그는 움직이면 권형權衡을 잡고, 조용히 있을 때에는 달성達性에 이르는 자이니 안회顏回와 같은 경지라 할 것이다!"

或曰:「董常何人也?」

子曰:「其動也權, 其靜也至. 其顏氏之流乎!」

【董常】 자는 履常. 원래 河南 사람으로 孔子에게 顏回가 있듯이 王通에게 안회와 같은 존재로 알려져 있음. 왕통보다 일찍 죽음.

【權】 權衡. 세상일에 평형을 맞춤. 혹 權變의 뜻으로도 쓰임. 사물의 변화에 대해 잘 대처함. 機變과 같음. 阮逸 注에 "權, 變才也"라 함.

【至】 자신의 본성을 닦는 경지에 이름. 達性의 경지에 이름. 阮逸 注에 "至, 極性也"라 함.

【顏氏】 孔子 제자 顏淵. 顏回. '不遷怒, 不二過'라 하였으며 공자가 가장 아꼈던 제자. 阮逸 注에 "動之微者, 其庶幾乎? 靜之極者, 其屢空乎?"라 함.

050(2-5)
산도山濤

숙념叔恬이 말하였다.

"산도山濤는 이부상서吏部尙書가 되어 어진 이를 선발하고 좋은 말을 올렸지만 당시 사람들은 이를 모르고 있었지요. 그가 죽은 다음 천자가 그가 올렸던 주문奏文을 조정에 보여준 연후에야 여러 재인들이 모두 산도가 추천하여 조정에 들어온 이들임을 알게 되었다 합니다. 어찌 된 일입니까?"

문중자가 말하였다.

"치밀한 것이지."

숙념이 물었다.

"어짊입니까?"

문중자가 말하였다.

"나로서는 알지 못하겠다."

叔恬曰:「山濤爲吏部, 拔賢進善, 時無知者, 身歿之後, 天子出其奏于朝, 然後知群才皆濤所進, 如何?」

子曰:「密矣.」

曰:「仁乎」?

子曰:「吾不知也.」

【叔恬】 王凝. 王通의 아우이며 王績의 형. 자는 叔恬. 太原縣令에 올라 그 때문에 太原府君으로도 부름. 唐 太宗 貞觀 초에 監察御史에 올랐다가 侯君集의 사건에 연루되어 姑蘇令으로 좌천되기도 함. 뒤에 벼슬을 버리고 낙향하여 王通의 《六經》과 《文中子(中說)》를 정리함. 대체로 隋나라 開皇 초에 태어난 것으로 보이며 죽은 해는 알려지지 않음.

【山濤】 자는 巨源(205~283). 河內 懷縣 사람. 三國 魏나라 때 趙國相을 거쳐 尙書吏部郎을 지냈으며, 晉나라가 들어서자 10여 년 동안 吏部尙書를 역임함. 竹林七賢의 하나. 老莊에 심취하였으며 술을 좋아하였음. 嵇康, 阮籍, 呂安 등과 친하였음. 《世說新語》 任誕篇 참조. 《晉書》(43)에 전이 있음. 阮逸 注에 "山濤, 字巨源, 爲吏部曲選十餘年, 天下稱爲得士"라 함.

【天子】 晉 武帝 司馬炎을 가리킴.

【密】 阮逸 注에 "吏非吏, 隱非隱, 是密而已"라 함.

051(2-6)
이밀李密

이밀李密이 문중자를 뵙고 병법에 대하여 토론을 벌였다.

문중자가 말하였다.

"예禮, 신信, 인仁, 의義로써 하는 것이라면 내 토론을 할 수 있지만 고孤, 허虛, 사詐, 역力으로써 하는 것이라면 함께 담론을 펼 수 없소."

李密見子而論兵.

子曰:「禮·信·仁·義, 則吾論之; 孤·虛·詐·力, 吾不
　　　　與也.」

【李密】자는 玄邃(玄邃)(532~618), 혹은 法主. 그 선조는 遼東 襄平 사람이나
뒤에 京兆 長安으로 옮겨 살았음. 어려서 독서를 좋아하여, 구산(緱山)의 包愷를
스승으로 모시고자 소를 타고 떠나면서 소뿔에 《漢書》를 걸어두고 읽으면서
갔다 함. 上柱國 蒲山公 李寬의 아들로 隋나라 大業 9년 楊玄德의 봉기군에
참가하였다가 포로가 되었으며, 뒤에 다시 도망하여 대업 12년 瓦崗軍에게 투신
하여 봉기군의 수령이 되어 군주로 추대되어 魏公으로 불렸으나 다시 唐에
불만을 품고 맞섰다가 피살됨. 《三字經》에 "如負薪, 如掛角, 身雖勞, 猶苦卓"
이라 함. 《舊唐書》(53)와 《新唐書》(84)에 전이 있음. 阮逸 注에 "密字法主, 襲爵
爲公. 與楊玄感謀亂, 自謂能兵"이라 함.

【孤虛詐力】모두 병법 용어로 온갖 상황과 술수를 동원하여 전쟁을 치르기에
이러한 책략들이 필요한 것임. 阮逸 注에 "孤虛, 兵家之術"이라 함.

052(2-7)
위진魏晉 시대의 시詩

이백약李伯藥이 문중자를 뵙고 시詩를 논하고자 하였지만 문중자가 대답을 하지 않는 것이었다.

이백약이 물러나와 설수薛收에게 이렇게 말하였다.

"내 위로는 응양應瑒, 유정劉楨을 진술하고 아래로는 심약沈約과 사조謝朓를 진술하여 사성팔병설四聲八病說과 강유청탁剛柔淸濁을 나누어 각기 그럴 만한 단서端緒와 차례를 구분하되, 음은 마치 훈지塤篪와 같다고 하였지만 선생님께서는 응답을 하지 않으시니 내가 아직 그에 통달하지 못했기 때문인가요?"

설수薛收가 말하였다.

"내 일찍이 선생님께 시에 대한 논의를 들은 적이 있습니다. 위로는 삼강三綱을 밝히고 아래로는 오상五常하여 이에 존망存亡의 상징이 되고, 득실得失을 변별할 수 있다고 말입니다. 그 때문에 소인들은 노래를 불러 당시의 풍속을 고하고, 군자는 시를 지어 자신의 뜻을 펴 보이며, 성인은 이를 채집하여 그 변화를 살펴보는 것이라 하였습니다. 지금은 영영營營히 말류末流를 향해 내닫는 것을 선생님께서는 고통스러워하시는 것입니다. 대답을 하지 않으셨다면 그 이유가 있을 것입니다."

李伯藥見子而論詩, 子不答.

伯藥退謂薛收曰: 「吾上陳應·劉, 下述沈·謝, 分四聲

八病, 剛柔清濁, 各有端序, 音若塤箎, 而夫
子不應, 我其未達歟?」

薛收曰:「吾嘗聞夫子之論詩矣. 上明三綱, 下達五常,
於是徵存亡, 辯得失. 故小人歌之, 以貢其俗;
君子賦之, 以見其志; 聖人采之, 以觀其變.
今子營營馳騁乎末流是夫子之所痛也. 不答
則有由矣.」

【李伯藥】 다른 모든 기록에는 '李百藥'으로 되어 있으며《唐才子傳》에 "百藥,
字重規, 定州人. 幼多病, 祖母以「百藥」名之. 七歲能文. 襲父德林爵"라 하여 '百藥'
으로 짓게 된 유래까지 있어 '百藥'이 정확한 것으로 보고 있음. 자는 仲規
(重規. 565~648). 安平人. 李德林의 아들. 詩文에 능하였으며 隋나라 때 吏部員
外郎으로서 五禮, 律令을 제정하는 일에 참여하기도 하였음. 뒤에 建安郡丞에
올랐다가 唐나라가 들어서자 中書舍人을 거쳐 散騎常侍를 역임함. 貞觀 때에는
歷史 編纂에 참여하였으며 아버지가 지은《齊史》를 근거로 다른 기록을
참작, 7년의 시간을 거쳐《北齊書》50권을 지음. 시호는 康으로《舊唐書》(72)와
《新唐書》(102) 및《全唐詩》등에 많은 기록이 있음. 阮逸 注에는 "伯藥, 字仲規,
德林子也. 論南朝詩"라 함.
【應·劉】 阮逸 注에 "魏應璩·劉公幹"이라 하였으나 應瑒과 劉公幹(劉楨)이어야
함. 이들은 모두 建安七子의 하나이며 동시대 인물. 應璩는 應瑒의 아우이며
생졸연대가 190~152년으로 맞지 않음.《全唐詩》(699) 韋莊〈過樊川舊居〉에
"應劉去後苔生閣, 嵇阮來時雪滿頭"라 하는 등 당시에 흔히 '應劉'라 했을 경우
應瑒와 劉楨을 가리키는 것임. 應瑒(?~217)은 삼국 魏나라 汝南 사람. 자는
德璉. 曹操 때 丞相掾을 지냈으며 五官中郎將文學에 오름.《應德璉集》輯佚本이
있음.《三國志》魏志(21)에 傳이 있음. 한편 劉楨(?~215)은 자는 公幹. 東漢末의
저명한 시인으로 孔融, 王粲, 陳琳, 阮瑀, 徐幹, 應瑒과 더불어「建安七子」로
불림. 漢 獻帝 建安 16년(211), 曹丕가 五官中郎將이 되자 유정은 '文學으로
발탁됨. 文集 4권이 있었다 하나 전하지 않으며 明代 張溥의《漢魏百三家集》에

《劉公幹集》輯佚本이 있음. 建安 20년(215)에 병으로 죽었으며《三國志》(21)
魏書에 傳이 있음.

【沈·謝】阮逸 注에 "沈約·謝靈運"이라 하였으나 謝는 '謝朓'여야 함. 두 사람은
모두 四聲八病說을 주장한 永明體 시인들로 비록 謝靈運의 영향을 받았으나
함께 묶어 거론하지는 않음. 沈約(441~512, 혹 513년)은 자는 休文. 吳興 武康
(지금의 浙江省 武康縣) 사람. 어려서 고아가 되었으며 好學博通하여 宋, 齊, 梁
三代에 걸쳐 侍中, 丹陽尹, 建昌侯 등을 거쳐 光祿大夫가 됨. 시호는 隱侯.《梁書》
(13)와《南史》(57)에 전이 있음. 유명한《四聲譜》를 지었으며 「四聲八病說」을
제창하기도 함. 그 외에 史書에 밝아《晉書》(110권),《宋書》(100권),《齊紀》(20권),
《高祖紀》(14권),《邇言》(10권),《諡例》(10권),《宋文章志》(30권),《文集》(100권)을
지었으나《宋書》외에는 모두 佚失되었음. 嚴可均의《全梁文》에《沈約文》
8권이 있음. 謝朓는 자는 玄暉. 南朝 齊나라의 유명한 시인.《詩品》中品에
"齊吏部謝朓詩, 其源出於謝混. 微傷細密, 頗在不倫. 一章之中, 自有玉石. 然奇
章秀句, 往往警遒. 足使叔源失步, 明遠變色. 善自發詩端, 而末篇多躓, 此意銳
而才弱也. 至爲後進士子之所嗟慕. 朓亟與余論詩, 感激頓挫過其文"이라 함.

【四聲八病】이는 沈約의 聲律說을 말한 것임. 그의 「四聲八病說」에서 四聲은
平上去入, 八病을 平頭, 上尾, 蜂腰, 鶴膝, 大韻, 小韻, 旁紐, 正紐로서 五言詩
한 편 내에 제2字와 제5자는 同聲을 피한다는 것 등의 이론임. 阮逸 注에 "四聲,
韻起. 自沈約; 八病, 未詳"이라 함.

【剛柔】南朝 시대 詩의 성격에 관한 품평 이론.《宋書》謝靈運傳에 "民稟天地
之靈, 含五常之德, 剛柔迭用, 喜慍分情, 夫志動於中, 則歌詠外發"이라 함.
阮逸 注에 "語健爲剛, 旨遠爲柔"라 함.

【淸濁】흔히 四聲에서 淸音과 濁音의 구별을 통한 시의 造句를 뜻하나 여기서는
優劣의 다른 말로 쓰였음. 鍾嶸의《詩品》中品 序에 "嶸今所錄, 止乎五言. 雖然,
網羅今古, 詞文殆集, 輕欲辨彰淸濁, 掎摭病利, 凡百二十人. 預此宗流者, 便稱
才子. 至斯三品升降, 差非定制, 方申變裁, 請寄知者爾"라 함. 阮逸 注에 "標逸
則淸, 質實則濁"이라 함.

【塤篪】원래 '塤'은 흙을 구워 만든 악기. '篪'는 '箎'(지)의 가차. '箎'는 笆와
같으며 대나무로 만든 것대. 여기서는 각기 剛柔와 淸濁의 다른 음을 내는
차이가 있음을 뜻함. 阮逸 注에 "塤, 土音, 剛而濁; 篪, 竹音, 柔而淸.《周禮》小師:
掌塤, 銳上平底, 六竅; 篪, 橫吹, 七孔"이라 함.

【薛收】文中子 王通의 제자. 자는 伯襃(592~612). 隋나라 때 河東 汾陰縣 출신

으로 隋나라 內史侍郞 薛道衡의 아들. 수나라 大業 때 秦王府의 記室 房玄齡이 그를 秦王(李世民)에게 추천하여 秦王府主簿가 되어 判陜東道大行臺金部郞中에 오름. 隋나라가 망한 뒤 天策府記室參軍에 올랐으며 汾陰縣男의 봉호를 받음. 武德 6년 本官兼文學館學士가 되었으며 武德 7년에 생을 마침. 《舊唐書》(72)와 《新唐書》(98)에 전이 실려 있음.

【三綱】儒家의 기본 덕목. 君爲臣綱, 父爲子綱, 夫爲婦綱을 뜻함. 阮逸 注에 "風化, 夫婦三綱之首也; 吟詠, 情性五常之本也"라 함.

【五常】五倫과 같음. 《孟子》滕文公(上)에 "人之有道也, 飽食煖衣, 逸居而無敎, 則近於禽獸. 聖人有憂之; 使契爲司徒, 敎以人倫: 父子有親, 君臣有義, 夫婦有別, 長幼有序, 朋友有信"이라 함.

【存亡·得失】阮逸 注에 "歌綠竹, 則知衛風; 歌板屋, 則知秦俗. 鄭六經餞韓宣子, 宣子曰:「吾以知鄭志.」"라 함.

【貢】阮逸 注에 "貢, 告也"라 함.

【采之】'采'는 '探'와 같음. 采詩官을 두어 시를 채집하여 民情을 알아봄. 阮逸 注에 "設采詩官"이라 함.

【營營】어떠한 일에 매달려 연련함.

【末流】阮逸 注에 "齊梁, 文弊之末也"라 함.

053(2-8)
학學과 문文

문중자가 말하였다.

"배움이라는 것이 널리 외우는 것을 두고 하는 말이겠느냐? 반드시 할 일이란 도道를 꿰뚫는 것이다. 글이라는 것이 한갓 짓는 것을 두고 하는 말이겠느냐? 반드시 할 일이란 의義를 해결하는 것이다."

子曰:「學者, 博誦云乎哉? 必也, 貫乎道. 文者, 苟作云乎哉? 必也, 濟乎義.」

【云乎哉】 '…을 두고 하는 말이겠는가?'의 어기 의문 종결 표현법.《論語》陽貨篇에 "子曰:「禮云禮云, 玉帛云乎哉? 樂云樂云, 鐘鼓云乎哉?」"라 함.

【貫乎道】《論語》里仁篇에 "子曰:「參乎! 吾道一以貫之.」曾子曰:「唯.」子出, 門人問曰:「何謂也?」曾子曰:「夫子之道, 忠恕而已矣.」"라 함.

【濟】 해결함. 관통함. 터득함. 阮逸 注에 "學·文, 本爲道義"라 함.

054(2-9)
설도형薛道衡

내사內史 설도형薛道衡이 문중자를 장안長安에서 뵙고 물러나와 아들 설수薛收에게 이렇게 말하였다.

"〈하도河圖〉·〈낙서洛書〉가 모두 여기에 있구나. 너는 가서 모시되 놓침이 없도록 하라."

內史薛公見子於長安, 退謂子收曰:「〈河圖〉·〈洛書〉
盡在是矣, 汝往事之無失也.」

【內史薛公】薛道衡(540~609). 薛收의 아버지. 隋나라 때 河南 汾陰縣 사람으로 자는 玄卿. 薛孝通의 아들이며 詩文에 뛰어나 당시 이름이 높았음. 北齊 때 《五禮》의 편찬에 참여하였으며 隋나라가 들어서자 內史侍郎을 지냈음. 煬帝에게 미움을 받아 뒤에 살해되고 말았음. 《薛司隷集》 輯佚本이 전함. 《北史》(36)와 《隋書》(57)에 전이 있음. 阮逸 注에 "薛道衡, 時爲內史侍郎. 知文中子聖人, 謂八卦九疇, 盡則之矣"라 함.
【河圖·洛書】古代 河水에서 그림이 나오고, 洛水에서 書가 나온 것으로, 흔히 河圖洛書를 지칭함. 모두가 聖王之瑞를 뜻함. 《周易》 繫辭傳(上)에 "河出圖, 洛出書, 聖人則之"라 하였으며, 《書經》의 洪範九疇의 근원이 되는 그림과 符號임. 《韓詩外傳》(5)에 "孔子曰:「關雎至矣乎! 夫關雎之人, 仰則天, 俯則地, 幽幽冥冥, 德之所藏. 紛紛沸沸, 道之所行. 如神龍變化, 斐斐文章. 大哉! 關雎

之道也. 萬物之所繫, 群生之所懸命也. 河洛出書圖, 麟鳳翔乎郊. 不由關雎之道, 則關雎之事, 將奚由至矣哉! 夫六經之策, 皆歸論汲汲, 蓋取之乎關雎. 關雎之事 大矣哉! 馮馮翊翊, 『自東自西, 自南自北, 無思不服』子其勉强之, 思服之. 天地 之間, 生民之屬, 王道之原, 不外此矣.」라 함.

055(2-10)
사士

문중자가 말하였다.

"선비로써 옷도 제대로 없고, 먹을 것도 적으면서 도를 즐거워하는 자를
나는 아직 보지 못하였다."

子曰:「士有靡衣鮮食而樂道者, 吾未之見也.」

【靡】 '無'와 같음. 雙聲互訓.《詩經》大雅 蕩에 "靡不有初, 鮮克有終"이라 함.
【未之見】 阮逸 注에 "奢, 罕德"이라 함.

056(2-11)
위징魏徵과 왕응王凝

문중자가 위징魏徵에게 말하였다.

"너와 왕응王凝은 모두가 하늘이 내린 곧은 사람이다. 위징 너는 일을 끝까지 해내는 데에 능하고, 왕응은 빼어나니 만약 둘이 함께 이 시대에 행동을 편다면 쓰임이 있을 것이다."

子謂魏徵曰:「汝與凝皆天之直人也. 徵也, 遂; 凝也, 挺.
若並行於時, 有用捨焉.」

【魏徵】 자는 玄成(580~643). 王通의 제자이며 貞觀 최고 名臣. 唐 太宗 李世民을
직언으로 보필한 것으로 유명함. 北周 靜帝 大象 2년(580) 襄國郡 鉅鹿縣에서
태어나 어릴 때 고아가 되어 隋나라 말 떠돌다가 道士라 속이고 李密의 瓦崗
軍과 竇建德의 河北義軍에 들어가 공을 세움. 태종이 즉위하여 諫議大夫와
尙書右丞을 겸하였음. 다시 貞觀 3년(629)에 秘書監이 되어 국정에 참여하였고
7년(633) 侍中이 되어 鄭國公에 봉해졌으며 17년(643) 병으로 長安에서 죽음.
시호는 文貞. 昭陵 곁에 묻혔음.《舊唐書》에 太宗과의 관계에 대하여 "討論政術,
往復應對, 凡數十萬言"이라 함.《舊唐書》(71)와《新唐書》(97)에 전이 있음.
【凝】 王凝. 王通의 아우이며 王績의 형. 자는 叔恬. 太原縣令에 올라 그 때문에
太原府君으로도 부름. 唐 太宗 貞觀 초에 監察御史에 올랐다가 侯君集의
사건에 연루되어 姑蘇令으로 좌천되기도 함. 뒤에 벼슬을 버리고 낙향하여

王通의 《六經》과 《文中子(中說)》를 정리함. 대체로 隋나라 開皇 초에 태어난 것으로 보이며 죽은 해는 알려지지 않음.

【邃·挺】阮逸 注에 "邃, 果行也; 挺, 謂挺特"이라 함.

【用捨】'捨'는 '施'와 같음. 서로에게 施行하여 長短點이 보완됨. 雙聲互訓. 阮逸 注에 "邃, 行; 挺, 執"이라 함.

057(2-12)
왕응王凝

문중자가 이정李靖에게 말하였다.

"왕응王凝이 이 시대에 용납된다면 왕도王道의 법이 뒤틀리지 않을 것이다."

子謂李靖曰:「凝也, 若容於時, 則王法不撓矣.」

【李靖】571~649. 王通의 제자. 자는 藥師. 雍州 三原 사람으로 뒤에 唐 太宗 李世民의 貞觀 명신이며 당시 최고의 병법가로서 능력을 발휘함. 兵部尙書를 거쳐 尙書右僕射에 있었으며, 군사학에 뛰어나 태종과 병법을 토론하여 유명한 병법서 《李衛公問對》를 저술함. 《舊唐書》(67)와 《新唐書》(93)에 전이 있음. 《貞觀政要》任賢篇에 "李靖, 京兆三原人也. 大業末, 爲馬邑郡丞. 會高祖爲 太原留守, 靖觀察高祖, 知有四方之志. 因自鎖上變, 詣江都. 至長安, 道塞不通 而止. 高祖克京城, 執靖, 將斬之, 靖大呼曰:「公起義兵除暴亂, 不欲就大事, 而以私怨斬壯士乎?」太宗亦加救靖, 高祖遂捨之. 武德中, 以平蕭銑·輔公祏功, 歷遷揚州大都督府長史. 太宗嗣位, 召拜刑部尙書. 貞觀二年, 以本官檢校中書令. 三年, 轉兵部尙書, 爲代州道行軍總管, 進擊突厥定襄城, 破之. 突厥諸部落俱走 磧北, 北擒隋齊王暕之子楊道政, 及煬帝蕭后, 送於長安. 突利可汗來降, 頡利可 汗僅以身遁. 太宗謂曰:「昔李陵提步卒五千, 不免身降匈奴, 尙得名書竹帛. 卿以 三千輕騎, 深入虜庭, 剋復定襄, 威振北狄, 實古今未有, 足報往年渭水之役矣.」 以功進封代國公. 此後, 頡利可汗大懼, 四年, 退保鐵山, 遣使入朝謝罪, 請奉國 內附. 又以靖爲定襄道行軍總管, 往迎頡利. 頡利雖外請降, 而心懷疑貳. 詔遣鴻 臚卿唐儉·攝戶部尙書將軍安修仁慰諭之. 靖謂副將張公謹曰:「詔使到彼, 虜必

自寬, 乃選精騎賚二十日糧, 引兵自白道襲之.」公謹曰:「旣許其降, 詔使在彼, 未宜討擊.」靖曰:「此兵機也, 時不可失.」遂督軍疾進. 行至陰山, 遇其斥候千餘帳, 皆俘以隨軍. 頡利見使者甚悅, 不虞官兵至也. 靖前鋒乘霧而行, 去其牙帳七里, 頡利始覺, 列兵未及成陣, 單馬輕走, 虜衆因而潰散. 斬萬餘級, 殺其妻隋義成公主, 俘男女十餘萬, 斥土界自陰山至於大漠, 遂滅其國. 尋獲頡利可汗於別部落, 餘衆悉降. 太宗大悅, 顧謂侍臣曰:「朕聞主憂臣辱, 主辱臣死. 往者國家草創, 突厥強梁, 太上皇以百姓之故, 稱臣於頡利, 朕未嘗不痛心疾首, 志滅匈奴, 坐不安席, 食不甘味. 今者暫動偏師, 無往不捷, 單于稽顙, 恥其雪乎!」群臣皆稱萬歲. 尋拜靖光祿大夫·尙書右僕射, 賜實封五百戶. 又爲西海道行軍大總管, 征吐谷渾, 大破其國. 改封衛國公. 及靖身亡, 有詔許墳塋制度依漢衛·霍故事, 築闕象突厥內燕然山·吐谷渾內磧石二山, 以旌殊績"이라 함.

【不撓】'撓'는 뒤틀림. 어그러짐. 阮逸 注에 "不撓, 曲"이라 함.

058(2-13)
임지任智

이정李靖이 여쭈었다.

"꾀에 맡기면 어떻습니까?"

문중자가 말하였다.

"인仁을 자신의 임무로 삼아야 한다. 소인은 꾀에 맡기다가 인을 위배하여 적賊이 되고, 군자는 꾀에 맡기다가 인을 위배하여 난을 짓게 되는 것이다."

李靖問:「任智如何?」

子曰:「仁以爲己任, 小人任智而背仁爲賊, 君子任智而背仁爲亂.」

【仁以爲己任】《論語》泰伯篇에 "曾子曰:「士不可以不弘毅, 任重而道遠. 仁以爲己任, 不亦重乎? 死而後已, 不亦遠乎?」"라 함.

【賊】《孟子》梁惠王(下)에 "賊仁者謂之賊, 賊義者謂之殘"이라 함.

【亂】阮逸 注에 "攻異端, 害也"라 함.

059(2-14)
중장자광仲長子光

설수가 여쭈었다.

"중장자광仲長子光은 어떤 사람입니까?"

문중자가 말하였다.

"하늘이 낸 사람이지."

설수가 물었다.

"무엇을 하늘이 낸 사람이라 이릅니까?"

문중자가 말하였다.

"한 눈으로 살펴보기에 작도다! 그 때문에 사람에 속하는 것이다. 그러나 넓고 크도다! 홀로 능히 하늘의 뜻을 성취시킬 수 있는 것이니라."

薛收問:「仲長子光何人也?」

　子曰:「天人也.」

　收曰:「何謂天人?」

　子曰:「眇然小乎, 所以屬於人. 曠哉大乎! 獨能成
　　　　 其天.」

【仲長子光】 자는 不耀. 王通의 문인. 河東에서 활동하여 이름을 날렸으며 王績의 〈仲長先生傳〉이 있음. 阮逸 注에 "子光, 字不耀. 遊于河東, 人問者書,《老》·《易》

二字爲對. 王績有〈仲長先生傳〉"이라 함.

【薛收】文中子 王通의 제자. 자는 伯襃(592~612). 隋나라 때 河東 汾陰縣 출신
　　으로 隋나라 內史侍郞 薛道衡의 아들. 수나라 大業 때 秦王府의 記室 房玄齡이
　　그를 秦王(李世民)에게 추천하여 秦王府主簿가 되어 判陝東道大行臺金部
　　郞中에 오름. 隋나라가 망한 뒤 天策府記室參軍에 올랐으며 汾陰縣男의
　　봉호를 받음. 武德 6년 本官兼文學館學士가 되었으며 武德 7년에 생을 마침.
　　《舊唐書》(72)와《新唐書》(98)에 전이 실려 있음.

【眇然】한 눈으로 보아 매우 작아 보임.

【成其天】阮逸 注에 "以形言之, 則人; 以道言之, 則天《禮》曰:「安則久, 久則天」"
　　이라 함.

060(2-15)
군자의 서恕

가경賈瓊이 군자의 도에 대하여 여쭈었다.

문중자가 말하였다.

"반드시 먼저 서恕일 것이다!"

가경이 말하였다.

"감히 서에 대한 설명을 여쭙습니다."

문중자가 말하였다.

"아들이 되어서는 그 부모 마음으로 자신의 마음을 삼고, 아우가 되어서는 형의 마음으로 자신의 마음을 삼아 이를 미루어 천하에 통달한다면 이것이 옳은 것이니라."

賈瓊問君子之道.

子曰:「必先恕乎!」

　曰:「敢問恕之說.」

子曰:「爲人子者以其父之心爲心; 爲人弟者, 以其兄
　　　之心爲心, 推而達之於天下, 斯可矣.」

【賈瓊】王通의 제자. 七大弟子, 즉 '七俊穎'의 하나. 中山 사람이라 함.

【恕】《論語》衛靈公篇에 "子貢問曰:「有一言而可以終身行之者乎?」子曰:「其『恕』乎! 己所不欲, 勿施於人.」"이라 하였고,《中庸》(13)에도 "忠恕違道不遠: 施諸己而不願, 亦勿施於人"이라 함.

【爲心】《論語集註》에 "子能以父母之心爲心則孝矣"라 함.

【達之於天下】阮逸 注에 "至孝近王, 至悌近霸, 推王道於天下, 可謂君子"라 함.

061(2-16)
군자와 소인

문중자가 말하였다.

"군자의 배움은 도道에 나가고, 소인의 배움은 이利로 나가는구나."

子曰:「君子之學進於道, 小人之學進於利.」

【進】 그곳에 목적을 두고 학문을 함.
【道】 阮逸 注에 "濟天下"라 함.
【利】 阮逸 注에 "營一身"이라 함.

062(2-17)
초공楚公의 난

초공楚公의 난이 일어나자 그가 사신을 보내어 문중자를 불렀다.

문중자는 가지 않으면서 그 사신에게 이렇게 말하였다.

"나를 위해 초공에게 이렇게 사양해 주시오. 천하가 무너져 혼란에 빠졌는데 왕공王公이 피나는 성의로써 하지 않고서는 능히 안정을 구할 수 없을뿐더러 도道로써 하지 않고서는 해낼 수도 없으며 재앙이 먼저 닥쳐올 것이오."

楚難作, 使使召子.

子不往, 謂使者曰:「爲我謝楚公, 天下崩亂, 非王公血
誠不能安苟, 非其道無爲禍先.」

【楚難作】楚는 楚公. 楊玄感이 楚國公이었으며, 그는 이때에 李密과 모의하여 黎陽에서 반란을 일으키고 文中子를 자신의 편으로 끌어들이고자 그를 부른 것임. 阮逸 注에 "楊玄感襲封楚國公, 擧黎陽叛, 故曰難作"이라 함.

【血誠】나라를 걱정하는 憂國衷情. 《晉書》謝玄傳에 "臣之微身, 復何足惜! 區區血誠, 憂國實深"이라 함.

【禍先】阮逸 注에 "非應天順人, 則禍己"라 함.

063(2-18)
왕도王道와 패도霸道

이밀李密이 왕도王道와 패도霸道의 책략을 질문하였다.

문중자가 말하였다.

"천하로써 백성 한 사람의 목숨과 바꿀 수 없는 것이다."

이밀이 나가자 문중자는 가경에게 이렇게 말하였다.

"천하를 어지럽힐 자는 틀림없이 이 사람일 것이다. 남의 재앙을 행복으로 여기고 화란禍亂을 생각하며, 강함을 좋아하면서 이기기를 바라고 있으니 신명神明께서 틀림없이 동조해주지 않을 것이다."

李密問王霸之略.

　　　子曰:「不以天下易一民之命.」

李密出, 子謂賈瓊曰:「亂天下者, 必是夫也, 幸災而念禍,

　　　　愛强而願勝, 神明不與也.」

【李密】자는 玄邃(玄邃)(532~618), 혹은 法主. 그 선조는 遼東 襄平 사람이나 뒤에 京兆 長安으로 옮겨 살았음. 어려서 독서를 좋아하여, 구산(緱山)의 包愷를 스승으로 모시고자 소를 타고 떠나면서 쇠뿔에 《漢書》를 걸어두고 읽으면서 갔다 함. 上柱國 蒲山公 李寬의 아들로 隋나라 大業 9년 楊玄德의 봉기군에 참가하였다가 포로가 되었으며, 뒤에 다시 도망하여 대업 12년 瓦崗軍에게 투신

하여 봉기군의 수령이 되고 군주로 추대되어 魏公으로 불렸으나 다시 唐에
불만을 품고 맞섰다가 피살됨.《三字經》에 "如負薪, 如掛角, 身雖勞, 猶苦卓"
이라 함.《舊唐書》(53)와《新唐書》(84)에 전이 있음.

【王霸】王道와 霸道. 儒家에서는 德行仁政을 베푸는 것을 王道, 假仁武政을
행하는 것을 霸道라 함.

【一民之命】아주 하찮은 백성 하나의 생명. 阮逸 注에 "一民, 至細也. 不可以天下
之大, 輕小民之命"이라 함.

【賈瓊】王通의 제자. 七大弟子, 즉 '七俊穎'의 하나. 中山 사람이라 함.

【神明不與】阮逸 注에 "竟叛伏誅"라 함.

064(2-19)
동복童僕

문중자는 평소 집에 있을 때에는 비록 어린 아이라 할지라도 반드시 스스럼없이 친히 대하며, 사람을 부릴 때에는 비록 동복童僕일지라도 반드시 용모를 가다듬었다.

子居家, 雖孩孺必狎; 其使人也, 雖童僕, 必斂容.」

【孩孺】 어린 아이.
【狎】 스스럼없이 친히 대함. 위엄을 내세우지 않음. 阮逸 注에 "不威"라 함.
【童僕】 僮僕과 같음. 종. 하인. 어린 하인.
【斂容】 얼굴 표정이나 옷차림을 단정하게 함. 거만함을 부리지 않음. 阮逸 注에 "不慢"이라 함.

065(2-20)

지명知命

문중자가 말하였다.

"나는 명命을 아는 자를 보지 못하였다."

子曰:「我未見知命者也.」

【命】 운명. 숙명. 하늘이 자신에게 준 명령이나 임무. 《論語》 爲政篇에 "五十而
知天命"이라 하였고, 子罕篇 "子罕言利與命與仁"의 何晏 《論語集解》에 "利者,
義之和也; 命者, 天之命也; 仁者, 行之盛也: 寡能及之, 故希言也"라 함. 한편
阮逸 注에는 "命, 天命也. 德合於天, 而心復於性. 是謂之知命. 孔子五十而知天命,
孟子曰:「盡其心則知性, 知性則知天.」 易曰:「窮理盡性, 以至於命.」 是則命, 非性,
無能知者. 文中子歎知性者, 尙少, 故曰「未見知命者」也"라 함.

066(2-21)
유도자有道者

문중자가 말하였다.

"이익을 향해 나가지 않으며, 손해를 피하지 않으며, 억지로 사귀지 않으며, 구차하게 거절하지 않는 일 등은 오직 도道를 가진 자만이 능히 그렇게 할 수 있으리라."

子曰: 「不就利, 不違害, 不强交, 不苟絶, 惟有道者能之」

【違害】 손해가 난다고 해서 의에 위배되는 일을 하지는 않음. 違는 避와 같음.
【苟絶】 구차스러운 이유를 들어가면서 거절함. 阮逸 注에 "四者, 惟義所在"라 함.

067(2-22)
궁경躬耕

문중자가 몸소 농사를 짓자 어떤 이가 물었다.

"힘들지 않으십니까?"

문중자가 말하였다.

"한 사나이라도 농사를 짓지 않으면 혹 굶주림을 당할 수 있을 뿐만 아니라 게다가 서인庶人들의 직무입니다. 직무를 잃는 자는 하늘과 땅 사이에 도망할 곳이 없거늘 내 어찌 도망할 수 있겠습니까?"

　子躬耕, 或問曰:「不亦勞乎?」
　子曰:「一夫不耕, 或受其饑, 且庶人之職也, 亡職者,
　　　罪無所逃天地之間, 吾得逃乎?」

【躬耕】직접 농사를 지음. 諸葛亮 〈出師表〉에 "臣本布衣, 躬耕於南陽"이라 하였고, 중국 속담에 "拾穗雖利, 不如躬耕"이라 함.

【庶人之職】阮逸 注에 "舜在畎畝, 志存天下. 聖賢躬耕, 蓋職其俗"이라 함.

【逃】阮逸 注에 "不仕則農, 四民何逃?"라 함.

068(2-23)
예서藝黍

　문중자가 기장을 가꾸어 그 수확한 것을 옮겨 말렸는데 한 해에 몇 섬이 되지 않는 것이었으나 이로써 술을 빚어 제사, 관례, 혼례, 빈객을 접대할 때 사용하였다.
　그리고 그러한 예禮를 치르면 그것으로 그쳤다.
　문중자의 집에는 그러한 예를 치르기 위한 술이 끊어진 적이 없었다.

　子藝黍登場, 歲不過數石, 以供祭祀·冠婚·賓客之酒也.
　成禮則止.
　子之室酒不絶.

【藝黍】기장을 심고 가꿈.《詩經》唐風 鴇羽에 "王事靡盬, 不能藝黍稷"이라 함.
【登場】곡물을 수확한 다음 이를 말리기 위해 曬場으로 옮김.
【酒不絶】阮逸 注에 "用有節, 禮不闕"이라 함.

069(2-24)
장례

설방사薛方士가 장례에 대하여 여쭈었다.

문중자가 말하였다.

"가난한 자는 수족手足을 염斂하면 되고, 부자라면 관곽棺槨을 갖추면 된다. 봉분과 묘역에 대한 제한은 넓이가 정해져 있는 것은 아니며 좋은 농토에 묘를 쓰지는 않는다. 옛날에는 죽은 자로 인해 살아 있는 자가 상해를 입지 않으며 후한 장례로써 예를 삼지는 않았다."

薛方士問葬.

子曰:「貧者斂手足, 富者具棺槨, 封域之制無廣也, 不居 良田. 古者不以死傷生, 不以厚爲禮.」

【薛方士】구체적으로 알 수 없음. 阮逸 注에 "方士, 未見"이라 함.

【斂】'殮'과 같음. 장례 절차의 하나. 大斂과 小斂이 있으며 小斂은 죽은 이에게 壽衣를 입히는 것이며 大斂은 入棺을 가리킴.

【棺槨】內棺外槨. 두 겹의 관을 사용하였으며 안쪽 널은 棺, 바깥 널은 槨이라 함. '槨'은 '椁'과 같음. 阮逸 注에 "孔子謂子路曰:「斂手足, 形而葬.」 顔回有棺無槨" 이라 함.

【封域】封墳과 墓域. 혹 墓域. 阮逸 注에 "古不封不樹. 孔子謂:「不可不誌也. 故 封之.」 後代因有丈尺之制"라 함.

【厚爲禮】阮逸 注에 "帝王陵, 惟漢文及唐太宗無珍寶, 盜不發"이라 함.

070(2-25)
귀신을 섬기는 도리

진숙달陳叔達이 귀신을 섬기는 도리에 대하여 여쭈었다.

문중자가 말하였다.

"공경은 하되 멀리 하는 것이다."

이번에는 제祭에 대하여 여쭈었다.

문중자가 말하였다.

"어찌 제만 그렇겠는가? 또한 사祀도 그렇다. 제가 있고, 향享이 있어 이 세 가지는 다르다. 옛 선대 성인들이 삼재三才의 오묘함을 접하기 위한 것이다. 이 세 가지 설에 통달하면 이르지 못할 것이 없게 된다."

진숙달은 고개를 숙였다.

陳叔達問事鬼神之道.

子曰:「敬而遠之.」

問祭.

子曰:「何獨祭也? 亦有祀焉. 有祭焉, 有享焉, 三者不同,
　　　古先聖人所以接之奧也. 達玆三者之說, 則無
　　　不至矣.」

叔達俛其首.

【陳叔達】자는 子聰(?~635). 南朝 陳 宣帝의 16번째 아들. 陳나라 때 義陽王에 봉해졌으며 隋나라 大業 때 內史舍人을 거쳐 鋒郡通導에 오름. 李淵이 鋒郡에 이르렀을 때 적극 호응하여 丞相府主簿에 올랐으며 武德 4년 侍中을 거쳐 貞觀 때 禮部尙書에 오름.《陳書》(28),《南史》(65),《舊唐書》(61),《新唐書》(100)에 전이 있음.

【敬而遠之】《論語》雍也篇에 "樊遲問知. 子曰:「務民之義, 敬鬼神而遠之, 可謂 知矣.」問仁. 曰:「仁者先難而後獲, 可謂仁矣.」"라 함. 阮逸 注에는 "敬, 謂不敢 無之; 遠, 謂不敢有之"라 함.

【祭·祀·享】阮逸 注에 "《周禮》: 祭天曰祀, 祭地曰祭, 祭宗廟曰享. 異其名, 言神 道幽奧, 禮宜分也. 分而接之, 則配天而天人統和"라 함.

【三才】天地人을 가리킴. 阮逸 注에 "祭多名, 不出三才之奧耳"라 함.

【俛其首】阮逸 注에 "因問祭, 得天人之道, 故俛首思之甚"이라 함.

071(2-26)
왕맹王猛

문중자가 말하였다.

"왕맹王猛에게는 군자로서의 세 가지 덕이 있었다. 윗사람을 섬김에는 치밀하였고, 아랫사람을 접함에는 온유하였으며, 일에 임해서는 단호하였다."

子曰:「王猛有君子之德三焉: 其事上也密, 其接下也溫,
其臨事也斷.」

【王猛】자는 景略(325~375). 東晉 五胡十六國 중 前秦의 北海 劇縣 사람. 어려서 가난하였으나 공부를 좋아하였으며 특히 병법에 밝았음. 華陽山에 은거하고 있을 때 苻堅의 부름을 받고 마치 劉備와 諸葛亮처럼 돈독한 관계가 됨. 뒤에 苻堅이 즉위하자 中書侍郎이 되어 중임을 맡았으며 죽음에 이르렀을 때 부견에게 晉나라와 대적하지 말 것을 권유하였으나 부견은 이를 듣지 않고 淝水之戰을 일으켰다가 패하고 말았음. 《晉書》(114)와 《南史》(24)에 傳이 있음. 阮逸 注에 "猛, 字景略. 爲苻堅相, 議赦而靑擁泄之, 密矣; 兵至鄴, 而遠近恬然. 溫矣. 先黜尸素, 然後擧賢, 斷矣"라 함.

072(2-27)
소작蘇綽

어떤 이가 소작蘇綽에 대하여 물었다.
문중자가 말하였다.
"뛰어난 인물이지."
다시 물었다.
"그의 도는 어떠합니까?"
문중자가 말하였다.
"전국戰國 시대에 태어나 행동했다면 강한 모습을 보일 수 있었겠지만 태평 시대에 행동한다면 난을 일으킬 자이지."
이번에는 우홍牛弘에 대하여 물었다.
문중자가 말하였다.
"후덕한 사람이지."

或問蘇綽.
　　　子曰:「俊人也.」
　　　　日:「其道何如?」
　　　子曰:「行於戰國可以强, 行於太平則亂矣.」
問牛弘, 子曰:「厚人也.」

【蘇綽】자는 令綽. 後周 文帝 때 尙書가 되어 나라 機密을 관장함. 算術에
능하였으며 法家(申不害, 韓非子)의 학문에 뛰어났었음. 이에 법치를 강하게
주장하여 그 때문에 正道가 아니므로 태평시대에 난을 일으킬 자라 한 것임.
《周書》(23)와 《北史》(63)에 전이 있음. 阮逸 注에 "蘇綽, 字令綽, 後周文帝時,
爲尙書, 掌機密, 長於筭術·申韓之學, 厚於用法, 非正道, 故云太平則亂"이라 함.
【牛弘】隋 文帝 때 재상을 지낸 인물. 자는 里仁. 말을 더듬었다 함.《隋書》(49)와
《北史》(72)에 전이 있음. 阮逸 注에 "牛弘, 字里仁. 隋文時作相, 善勑, 而口不能言,
時稱其質重, 故曰厚人"이라 함.

073(2-28)
출처出處

문중자가 농사짓는 일을 구경하고 있었다.

그 때 위징魏徵, 두엄杜淹, 동상董常이 이르렀다.

문중자가 말하였다.

"각자 가진 뜻을 말해보겠느냐?"

위징이 말하였다.

"원컨대 명왕明王을 섬겨 나가서는 충성을 다하고 물러서는 허물으로 보완하고 싶습니다."

두엄이 말하였다.

"원컨대 명왕의 법을 집행하여 천하에 억울한 사람이 없도록 하고 싶습니다."

동상이 말하였다.

"원컨대 성인의 도를 이 시대에 실행하여 저常 또한 출처出處에 아무일이 없었으면 합니다."

문중자가 말하였다.

"훌륭하도다! 나는 동상의 의견에 허여한다."

子觀田.

魏徵·杜淹·董常至.

子曰:「各言志乎?」

徵曰:「願事明王, 進思盡忠, 退思補過.」

淹曰:「願執明王之法, 使天下無冤人.」

常曰:「願聖人之道行於時, 常也無事於出處.」

子曰:「大哉! 吾與常也.」

【魏徵】 자는 玄成(580~643). 王通의 제자이며 貞觀 최고 名臣. 唐 太宗 李世民
에게 직언으로 보필한 것으로 유명함. 北周 靜帝 大象 2년(580) 襄國郡 鉅鹿縣
에서 태어나 어릴 때 고아가 되어 隋나라 말 떠돌다가 道士라 속이고 李密의
瓦崗軍과 寶建德의 河北義軍에 들어가 공을 세움. 태종이 즉위하여 諫議大夫와
尙書右丞을 겸하였음. 다시 貞觀 3년(629)에 秘書監이 되어 국정에 참여하였
으며 7년(633) 侍中이 되어 鄭國公에 봉해졌으며 17년(643) 병으로 長安에서
죽음. 시호는 文貞. 昭陵 곁에 묻혔음.《舊唐書》에 太宗과의 관계에 대하여
"討論政術, 往復應對, 凡數十萬言"이라 함.《舊唐書》(71)와《新唐書》(97)에 전이
있음.《貞觀政要》 등에 그의 일화가 널리 실려 있음.

【杜淹】 자는 執禮(?~628). 隋 開皇 때 隋 文帝의 미움을 받아 유배를 당하였다가
雍州司馬 高孝基의 추천으로 承奉郎에 올랐다가 御史中丞에 이름. 唐나라가
들어서자 御史大夫를 거쳐 吏部尙書에 오름. 貞觀 2년에 졸함.《舊唐書》(66)와
《新唐書》(96)에 전이 있음.〈文中子世家〉를 지은 인물임.

【董常】 자는 履常. 원래 河南 사람으로 孔子에게 顏回가 있듯이 王通에게
안회와 같은 존재로 알려져 있음. 왕통보다 일찍 죽음.

【盡忠補過】 阮逸 注에 "直而遂, 好諫"이라 함.

【無冤人】 阮逸 注에 "誠而厲, 常好平刑"이라 함.

【出處】 일상생활을 뜻함.

【與】 許與함. 同調함. 같은 뜻임. 阮逸 注에 "可與權, 可與至其道, 入性命矣"라 함.

074(2-29)
돌아가리로다!

문중자가 장안長安에 있을 때 이렇게 말하였다.

"돌아가리로다! 지금 이단異端을 좋아하여 경솔하게 나서는 자들이 마구 지어내고 있으니 거기에서 취할 바가 없구나."

子在長安, 曰:「歸來乎! 今之好異, 輕進者率然而作,
　　無所取焉.」

【長安】隋나라 당시의 도읍. 지금의 陝西 西安 長安市.
【異】異端. 자신들의 특이함을 드러내기에 열중함. 阮逸 注에 "仁壽四年(604),
　在長安, 謁文帝見公卿, 異端輕率, 文辭不根道義, 苟媚其主, 使無所取治焉, 遂歸"
　라 함.

075(2-30)
육경六經

문중자가 강絳에 있을 때, 정원程元이라는 자가 설수薛收를 통해서 오자, 문중자가 그와 더불어 육경六經에 대하여 말을 나누었다.

정원이 물러나와 설수에게 이렇게 말하였다.

"선생님께서 이륜彝倫을 지어 실으심으로써 황극皇極을 하나로 바로잡으셨군요. 선생님이 아니셨더라면 나는 도를 잃고 잘못된 견해에 빠질 뻔하였습니다."

子在絳, 程元者因薛收而來, 子與之言六經.

元退謂收曰:「夫子載造彝倫, 一匡皇極, 微夫子吾其
　　　　　失道左見矣.」

【絳】隋나라 때 絳州. 지금의 山西 翼城縣, 혹 侯馬市라고도 함.

【程元】王通의 문인. 구체적으로는 알 수 없음. 阮逸 注에 "元, 門人, 未見"이라 함.

【薛收】文中子 王通의 제자. 자는 伯襃(592~612). 隋나라 때 河東 汾陰縣 출신으로 隋나라 內史侍郞 薛道衡의 아들. 수나라 大業 때 秦王府의 記室 房玄齡이 그를 秦王(李世民)에게 추천하여 秦王府主簿가 되어 判陝東道大行臺金部郞中에 오름. 隋나라가 망한 뒤 天策府記室參軍에 올랐으며 汾陰縣男의 봉호를 받음. 武德 6년 本官兼文學館學士가 되었으며 武德 7년에 생을 마침. 《舊唐書》(72)와 《新唐書》(98)에 전이 실려 있음.

【六經】고대 孔子가 정리한 六經. 즉《易》,《詩》,《書》,《禮》,《樂》,《春秋》의 儒家 경전. 여기서는 이를 모방하여 王通이 정리한《續經》을 가리킴.

【載造】〈續經〉을 지어 글로 실어놓음.

【彛倫】천지 자연의 常倫. 常道. 역시《尙書》洪範에 "我不知其彛倫攸叙"라 함.

【皇極】帝王의 統治 準則.

【微】'~이 아니었더라면'의 否定假定型 문장을 구성함.

【左見】잘못된 견해. 阮逸 注에 "晉尙虛言, 至南朝淫靡, 左道變雅, 天下遂亂, 〈續經〉旣造, 人文乃正"이라 함.

076(2-31)
모명慕名

문중자가 말하였다.
"대체로 명예만을 부러워하여 짓는 일은 내 하지 않았다."

子曰:「蓋有慕名而作者, 吾不爲也.」

【慕名】 명예나 명분만을 사모하고 부러워함. 阮逸 注에 "虛名失實"이라 함.

077(2-32)
수나라의 망징亡徵

숙념叔恬이 말하였다.

"문중자의 교화가 막 흥하려 하는 때에 마침 수隋나라가 계세季世를 당하였고, 황가皇家는 아직 만들어지지 않았구나! 장차 패하고 있는 자는 내 그들이 이를 사용하지 못함을 불쌍히 여기고, 장차 흥하려는 자는 내 그 모습을 보지 못함을 안타깝게 여기도다. 그 뜻이 근면하고 그 말이 징험이 있으니 그 일은 창생蒼生을 마음으로 삼은 것이리라!"

> 叔恬曰:「文中子之敎典, 其當隋之季世, 皇家之未造乎!
> 　　將敗者吾傷其不得用, 將興者吾惜其不得見,
> 　　其志勤, 其言徵, 其事以蒼生爲心乎!」

【叔恬】王凝. 王通의 아우이며 王績의 형. 자는 叔恬. 太原縣令에 올라 그 때문에 太原府君으로도 부름. 唐 太宗 貞觀 초에 監察御史에 올랐다가 侯君集의 사건에 연루되어 姑蘇令으로 좌천되기도 함. 뒤에 벼슬을 버리고 낙향하여 王通의 《六經》과 《文中子(中說)》를 정리함. 대체로 隋나라 開皇 초에 태어난 것으로 보이며 죽은 해는 알려지지 않음.
【季世】末世. 隋나라가 막 기울어가고 있는 시기. 阮逸 注에 "隋敗"라 함.
【皇家】皇室. 당나라를 정통으로 여겨 唐나라가 아직 國基를 잡지 못한 때임을 말함. 阮逸 注에 "唐興"이라 함.
【蒼生】일반 백성은 다음 세대까지 이어 唐나라의 태평성대를 享有할 수 있음. 阮逸 注에 "時門人千數, 至卿相者十餘人, 蓋蒼生受賜多矣"라 함.

078(2-33)
칠제七制

문중자文中子가 말하였다.

"이제二帝 삼왕三王은 내 직접 볼 수가 없으니 양한兩漢을 버리고 장차 어디로 갈 것인가? 크도다! 칠제七制의 군주여. 그들은 인의仁義와 공서公恕로써 천하를 통치하였도다! 그들의 노역은 간단하였고, 형벌은 맑아 군자는 그 도를 즐거워하고, 소인은 그 생업을 간직하였으며 4백년간 천하에 두 가지 마음을 가진 자가 없었으니 사람의 마음을 하나로 묶었기 때문이었던가? 끝맺음을 예악으로 하였으니 이는 삼왕의 일이었다."

文中子曰:「二帝三王, 吾不得而見也. 捨兩漢將安之乎?
　　　　 大哉! 七制之主, 其以仁義公統天下乎!
　　　　 其役簡, 其刑淸, 君子樂其道, 小人懷其生,
　　　　 四百年間天下無二志, 其有以結人心乎?
　　　　 終之以禮樂, 則三王之擧也.」

【二帝三王】구체적으로 어떤 군주를 지칭하는지 알 수 없음.

【七制之主】西漢의 高祖(劉邦), 文帝(劉恒), 武帝(劉徹), 宣帝(劉詢)와 東漢의 光武帝(劉秀), 明帝(劉莊), 章帝(劉炟) 등 7명의 군주를 가리킴. 앞의 阮逸 注에 《續書》有七制, 皆漢之賢君, 立文武之功業者. 高祖, 孝文, 孝武, 孝宣, 光武, 孝明, 孝章是也"라 함.

【仁義公恕】仁과 義. 그리고 公과 恕. 阮逸 注에 "仁若文帝, 感緹縈去肉刑; 義若武帝, 殺鉤弋, 防后族之亂; 公若明帝, 不許管陶求郎; 恕若章帝, 勑楚王徙者是也"라 함.

【役簡】노역을 간단히 줄임. 阮逸 注에 "仁也"라 함.

【刑淸】형벌을 맑게 처리함. 阮逸 注에 "義也"라 함.

【樂其道】군자는 자신이 지향하는 도를 즐겁게 여김. 阮逸 注에 "公也"라 함.

【懷其土】소인은 자신의 생업에 필요한 토지를 편안히 여김. 阮逸 注에 "恕也"라 함.

【四百年】阮逸 注에 西漢 高祖부터 東漢 말 獻帝까지의 기간. "高祖至獻帝, 四百一十六年"이라 함.

【禮樂】阮逸 注에 "禮樂者, 王道淳則擧, 漢雜霸道, 故不及三代"라 함.

〈漢 章帝〉《三才圖會》

079(2-34)
잡박雜駁해진 왕도王都

문중자가 말하였다.

"왕도王道가 잡박雜駁해진 지 오래 되었으니 《예禮》와 《악樂》이 바로 잡히지 않겠는가? 대의大義가 심하게 황무荒蕪해졌으니 《시詩》와 《서書》가 다시 이어지지 않겠는가?"

> 子曰:「王道之駁久矣,《禮》·《樂》可以不正乎? 大義之蕪甚矣,《詩》·《書》可以不續乎?」

【王道】 三代(夏, 殷, 周) 초기의 三王(禹, 湯, 文武)의 덕치를 뜻함.
【駁】 '駮'으로도 표기하며 잡박함. 뒤얽혀 제 기능을 하지 못함.
【大義】 고대 儒家의 孔子가 六經에서 밝히고자 했던 仁義禮智 등 덕목.
【正】 王通 자신이 《禮論》과 《樂論》을 지었음을 정당화한 것. 阮逸 注에 "《禮論》·《樂論》, 所以正之"라 함.
【續】 역시 王通 자신이 지은 《續詩》와 《續書》를 정당화한 것. 阮逸 注에 "《續詩》·《續書》, 所以明之"라 함.

080(2-35)
당우唐虞와 하상夏商

문중자가 말하였다.

"당唐과 우虞의 도는 곧고 위대하였다. 그 때문에 읍양揖讓으로써 끝을 맺은 것이다. 반드시 성인聖人이 있어야만 이어받았으니 꼭 법으로 정할 필요가 있었겠는가! 그러나 그 도가 너무 우활하여 후세에 공식이 될 수 없었다. 하夏와 상商의 도는 곧으면서 간략하였다. 그 때문에 추방追放과 시해弑害로써 끝을 맺었다. 반드시 성인이 있어야 고통받던 백성들을 위무할 수 있었으니 꼭 내가 해야 하는 것이겠는가! 그러나 그 도 역시 너무 광활하여 아래를 제압할 수가 없었다. 만약 나를 등용하는 자가 있다면 나는 주공周公이 한 방법으로써 하리라!"

子曰:「唐·虞之道, 直以大, 故以揖讓終焉. 必也有聖人承之, 何必定法! 其道甚闊, 不可格於後. 夏·商之道, 直以簡, 故以放弒終焉. 必也有聖人撫之, 何必在我! 其道亦曠, 不可制於下. 如有用我者, 吾其爲周公所爲乎!」

【唐虞】堯임금과 舜임금. 帝堯 陶唐氏의 시대와 帝舜 有虞氏의 시대.
【揖讓】堯舜시대까지는 '禪讓'시대로 천하를 公으로 보아 '公天下'의 방법으로 이어갔음을 뜻함.

【定法】 정해진 규정이 없음. 阮逸 注에 "以聖承聖, 何其常法之有?"라 함.

【格於後】 阮逸 注에 "後若無聖, 安能格及?"이라 함.

【夏商】 夏나라 禹王과 商(殷)나라 湯王. 하나라 우왕은 비록 舜으로부터 禪讓을 받았으나 禹가 益에게 선양하였음에도 禹의 아들 啓는 益을 추방하고 첫 '世襲' 王朝를 열어 '家天下'의 시대가 시작되었음. 또한 그 뒤 商나라부터는 前代의 末王을 暴君으로 몰아 弑害하거나 追放하고 나라를 탈취하는 시대가 계속됨.

【放弑】 追放하거나 弑害함. 夏나라 末王 桀이 商湯에게, 商나라 末王 紂가 武王에게 추방되거나 시해되어 왕조가 바뀌는 역사 공식을 말함. 阮逸 注에 "湯直伐桀, 簡也"라 함.

【撫之】 前代의 末王은 백성을 학대한 것으로 공식화하여 다음 開國君主는 그 백성들을 慰撫한 것으로 美化함.

【不可制於下】 阮逸 注에 "下若有姦臣, 則無君之心, 難制矣"라 함.

【周公】 周나라 文王(姬昌)의 아들이며 武王(姬發)의 아우. 이름은 姬旦.《周禮》를 저술하여 周나라 문물제도를 완성, 나라의 기틀을 마련함. 魯(曲阜)나라에 封을 받아 魯나라 시조가 됨. 武王이 죽고 武王의 아들 成王(姬誦)이 어린 나이에 즉위하자 7년간 攝政함. 儒家에서 聖人으로 추앙함.《史記》周本紀 및 魯周公世家 참조. 阮逸 注에 "可以承則承, 可以扶則扶, 此周公之爲"라 함.

081(2-36)
주공周公과 중니仲尼

문중자가 한가히 있을 때 동상董常과 두위竇威가 곁에 모시고 있었다.
문중자가 말하였다.

"내 천 년 이전을 보건대 성인으로서 윗자리에 있었던 자로서 주공周公
만한 이가 없었다. 그의 치도는 하나로써 큰 제도를 갖추어 경영하여
후세 정치하는 이들이 그것만 붙들고 따라가면 되도록 하였다. 내 천 년
이후를 보건대 중니仲尼 같은 분이 없었다. 그의 도는 하나로 통일하되
크게 분명함을 짓고 서술하여 뒤의 문물을 닦는 자는 이를 근거로 절중
折中하기만 하면 된다. 천 년 후에 주공의 사적을 펴 보인 자를 나는 볼
수 없었고, 천 년 후에 중니의 업적을 이어서 펴 보인 자로서 나는 양보
할 수 없다."

子燕居, 董常·竇威侍.
子曰:「吾視千載已上, 聖人在上者, 未有若周公焉. 其道
則一, 而經制大備, 後之爲政, 有所持循. 吾視千
載而下, 未有若仲尼焉. 其道則一, 而述作大明,
後之修文者, 有所折中矣. 千載而下, 有申周
公之事者, 吾不得而見也; 千載而下, 有紹宣
尼之業者, 吾不得而讓也.」

【燕居】편안하고 한가하게 있음. 아무 일 없이 편한 상태를 뜻함.《論語》述而
　篇에 "子之燕居, 申申如也, 夭夭如也"의 集註에 "燕居, 閒暇無事之時"라 함.

【董常】자는 履常. 원래 河南 사람으로 孔子에게 顔回가 있듯이 王通에게
　안회와 같은 존재로 알려져 있음. 왕통보다 일찍 죽음.

【威】竇威. 자는 文蔚, 竇熾의 아들이며 竇后의 從兄. 秘書郎을 지냈으며 隋 煬帝
　大業 때 內史舍人에 올라 많은 직언을 하였음. 李淵이 불러 丞相府의 司錄參軍
　으로 삼아 唐初 제도를 마련함. 시호는 靖.《舊唐書》(61)와《新唐書》(95)에
　전이 있음.

【經制大備】阮逸 注에 "一謂堯舜湯武一歸于道也.《公羊傳》曰:「周公何以不之魯?
　欲天下之一乎周也.」大備, 謂設官分職, 制禮作樂也.《禮》曰: 禮器是謂大備.
　大備, 盛德也"라 함.

【述作大明】述은《詩》,《書》 등을 서술한 것. 作은《春秋》를 지은 것. 공자의
　업적을 뜻함. 阮逸 注에 "謂「吾道一以貫之」, 是也. 述《詩》·《書》, 作《春秋》, 所以
　明周公也. 禮曰: 述者之爲明"이라 함.

【折中】折衷과 같음. 중간을 취하여 필요한 것을 제공받음.

【不讓】王通이 자신의 학문 업적에 대하여 자신감을 가지고 한 말.《論語》衛靈
　公篇에 "子曰:「當仁, 不讓於師.」"라 함.

082(2-37)
좌망坐忘

문중자가 말하였다.

"동상董常은 거의 좌망坐忘의 경지에 이르렀도다! 조용한 모습으로 이치를 증명하려 들지 않아도 족히 쓰임대로 되는구나. 그러나 더 깊이 생각하면 혹 더욱 묘한 경지에 오를 수도 있을 텐데."

子曰:「常也, 其殆坐忘乎! 靜不證理而足用焉, 思則
　　或妙.」

【常】董常. 王通 제자. 前出.
【坐忘】物我兩忘의 경지. 멍하니 앉아 담백하며 욕심도 없이 편안한 경지.《莊子》
　　大宗師篇에 "顔回曰:「回益矣.」仲尼曰:「何謂也?」曰:「回忘禮樂矣.」曰:「可矣,
　　猶未也.」他日, 復見, 曰:「回益矣.」曰:「何謂也?」曰:「回忘仁義矣.」曰:「可矣,
　　猶未也.」他日, 復見, 曰:「回益矣.」曰:「何謂也?」曰:「回坐忘矣.」仲尼蹴然曰:
　　「何謂坐忘?」顔回曰:「墮肢體, 黜聰明, 離形去知, 同於大通, 此謂坐忘.」仲尼曰:
　　「同則無好也, 化則無常也. 而果其賢乎! 丘也請從而後也.」"이라 함.
【靜】阮逸 注에 "靜則本性也, 本性則不待外徵物理, 而後致用也. 如此則當其無
　　有證之用"이라 함.
【或妙】阮逸 注에 "謂幾微也. 知幾其神, 神妙萬物, 不思而得. 坐忘是也. 董生雖
　　不證理, 而未能無思, 故曰「思則或妙」, 以解上文「其殆」之義"라 함.

083(2-38)
이정李靖과 위징魏徵

이정李靖이 성인聖人의 도에 대하여 여쭈었다.

문중자가 말하였다.

"말미암을 바가 없이는 역시 '저기'에 이를 수 없다."

문인이 물었다.

"위징魏徵은 그런 경지에 이르렀다고도 하고 혹자는 아직 아니라고도 하니 저로서는 의혹스럽습니다."

문중자가 말하였다.

"위징은 '여기'에서 떠났으며 아직 '저기'에도 이르지 못하였다."

혹자가 다시 저기彼에 대한 설명을 여쭈었다.

문중자가 말하였다.

"저기라는 것은 도의 방향이다. 꼭 이르겠다고 해도 이를 수 없는 경지이리라!"

동상은 이를 듣고 기꺼워하였으나 문인들은 알아들을 수 없었다.

동상이 말하였다.

"선생님의 도란 만물과 더불어 다가왔다가 만물과 더불어 떠나가는 것이며, 오는 곳도 없고 가는 곳도 볼 수 없는 것이다."

李靖問聖人之道.

　子曰:「無所由亦不至於彼.」

門人曰:「徵也至, 或曰: 未也. 門人惑.」

　子曰:「徵也, 去此矣而未至於彼.」

或問彼之說.

　子曰:「彼, 道之方也, 必也無至乎!」

董常聞之, 悅, 門人不達.

董常曰:「夫子之道, 與物而來, 與物而去, 來無所從,
　　　去無所視.」

【李靖】571~649. 王通의 제자. 뒤에 唐 太宗 李世民의 貞觀 명신이며 당시
　최고의 병법가로서 능력을 발휘함. 兵部尙書를 거쳐 尙書右僕射에 있었으며,
　군사학에 뛰어나 태종과 병법을 토론하여 유명한 병법서《李衛公問對》를
　저술함.《舊唐書》(67)와《新唐書》(93)에 전이 있음.《貞觀政要》등에 그의
　일화가 널리 전함.
【去此至彼】阮逸 注에 "已離中賢之見, 然未至上哲之性"이라 함.
【道之方】阮逸 注에 "達者無方, 未達者迷焉. 故設之以方, 使趨於彼也"라 함.
【無至乎】阮逸 注에 "待至彼然後見道, 亦未爲達者也. 猶一隅以知三隅, 是亦有
　隅也. 大方無隅, 而神無方, 聖人與神道並行, 無所至, 無不至"라 함.
【董常】자는 履常. 원래 河南 사람으로 孔子에게 顔回가 있듯이 王通에게
　안회와 같은 존재로 알려져 있음. 왕통보다 일찍 죽음.
【門人不達】阮逸 注에 "若房魏尙未至彼, 安能無至? 故不達"이라 함.
【與物而去】阮逸 注에 "致知在格物, 格物然後知至, 是以來而應之. 若與俱來,
　去則忘之; 若與俱去, 道之應物. 如是無方, 非至賾惟幾妙乎! 萬物則安能通其
　去來哉!"라 함.
【去無所視】阮逸 注에 "去來旣通, 則何有來? 何有去?"라 함.

084(2-39)
설수薛收의 감탄

설수薛收가 말하였다.
"크도다! 선생님의 도여, 하나일 뿐이로다."

薛收曰:「大哉! 夫子之道, 一而已矣.」

【薛收】文中子 王通의 제자. 자는 伯褒(592~612). 隋나라 때 河東 汾陰縣 출신
으로 隋나라 內史侍郞 薛道衡의 아들. 수나라 大業 때 秦王府의 記室 房玄齡이
그를 秦王(李世民)에게 추천하여 秦王府主簿가 되어 判陝東道大行臺金部
郎中에 오름. 隋나라가 망한 뒤 天策府記室參軍에 올랐으며 汾陰縣男의
봉호를 받음. 武德 6년 本官兼文學館學士가 되었으며 武德 7년에 생을 마침.
《舊唐書》(72)와 《新唐書》(98)에 전이 실려 있음.
【一而已矣】《論語》里仁篇에 "子曰:「參乎! 吾道一以貫之」曾子曰:「唯.」子出,
門人問曰:「何謂也?」曾子曰:「夫子之道, 忠恕而已矣.」"라 함. 阮逸 注에는
"無所來去, 混然圓神, 若大衍之一, 不可得而見"이라 함.

085(2-40)
정원程元과 동상董常

문중자가 정원程元에게 말하였다.

"너와 동상董常은 어떠냐?"

정원이 말하였다.

"감히 동상을 바라볼 수도 없습니다. 동상이라면 도덕道德도 잊는 경지요, 저는 인의仁義에 뜻을 두고 있습니다."

문중자가 말하였다.

"동상은 그렇다 하고 너는 인의에 대하여 아직 급히 굴지도 않고 있지. 동상은 저쪽의 경지에 이른 바가 있을 정도로다!"

子謂程元曰:「汝與董常何如?」

程元曰:「不敢企常. 常也, 遺道德; 元也, 志仁義.」

子曰:「常則然矣, 而汝於仁義未數數然也, 其於彼有所至乎!」

【程元】 王通의 문인, 제자. 구체적으로는 알 수 없음.

【企】 '望'과 같음. 《論語》 公冶長篇에 "子謂子貢曰:「女與回也孰愈?」 對曰:「賜也 何敢望回? 回也聞一以知十, 賜也聞一以知二.」 子曰:「弗如也; 吾與女弗如也.」" 라 함.

【遺道德】'遺'는 '버리다. 잊다'의 뜻. 阮逸 注에 "遺, 猶忘也. 大道而無所道, 德高
  而無所德, 是忘矣"라 함.
【志仁義】阮逸 注에 "志求仁則仁, 志求義則義, 無志則無得, 是志矣"라 함.
【有所至】阮逸 注에 "由專至一隅故也"라 함.

086(2-41)

동상董常

문중자가 말하였다.

"동상董常은 때에 맞추어 염려를 하는 자이며, 그 나머지는 움직이거나 조용히 있을 때에 가끔 염려를 하는 자들이지."

子曰:「董常時有慮焉, 其餘則動靜慮矣.」

【董常】자는 履常. 원래 河南 사람으로 孔子에게 顔回가 있듯이 王通에게 안회와 같은 존재로 알려져 있음. 왕통보다 일찍 죽음.

【時】해당하는 때에 이름. '때에 맞게 생각함'의 뜻. 阮逸 注에 "時, 時中也. 雖未能不思而得, 不勉而中, 然思則或妙, 慮必時中"이라 함.

【慮】'思'와 달리 미리 대비하여 깊이 생각함.

【其餘】董常 이외의 제자들. 程元, 薛收, 房玄齡, 魏徵 등을 가리킴.《論語》雍也篇에 "子曰:「回也, 其心三月不違仁, 其餘則日月至焉而已矣.」"라 함.

【動靜】일상생활.《周易》艮卦 象傳에 "時止則止, 時行則行, 動靜不失其時, 其道光明"이라 함. 阮逸 注에는 "其餘程薛房魏輩, 慮非時中, 然會其有動靜, 則慮之已. 猶顔回三月不違仁, 其餘日月至焉而已"라 함.

087(2-42)
설수薛收

문중자가 말하였다.
"효성스럽도다! 설수薛收여. 행동은 유명幽明에 빚을 질 일이 없구나."
문중자는 이날 조문과 제사를 치렀으면 종일토록 웃음을 보이지 않았다.

子曰:「孝哉! 薛收. 行無負於幽明.」
子於是日弔祭, 則終日不笑.

【薛收】阮逸 注에 "收父道衡, 非辜見戮, 收遁於首陽筆, 以勉此行, 全幽明矣"라 함.
【幽明】저승과 이승. 아버지가 돌아가시기 전이나 돌아가신 뒤에도 전혀 누를
끼치지 않음.
【不笑】阮逸 注에 "哀未忘"이라 함.

088(2-43)
왕은王隱

어떤 자가 왕은王隱에 대하여 여쭙자 문중자가 말하였다.

"민첩한 사람이지. 그의 그릇됨은 명석하고 그 재주는 풍부하며 그의 학문은 넉넉하도다."

혹자가 그의 도를 물었다.

문중자가 말하였다.

"지은 글이 많지만 경제는 천박하여 그의 도는 칭할 만한 것이 없다."

或問王隱, 子曰:「敏人也, 其器明, 其才富, 其學瞻.」

或問其道.

子曰:「述作多而經制淺, 其道不足稱也.」

【王隱】 자는 處叔. 西都(洛陽, 西晉)의 옛 문물제도를 많이 알고 있었으며 그것을 바탕으로 《晉書》(王隱晉書)를 지었으나 문체가 잡박하여 널리 전하지 못함. 《晉書》(82)에 전이 있음. 阮逸 注에 "隱, 字處叔, 多知西都舊章, 撰《晉書》, 文體泥漫, 義不可解, 世不甚傳"이라 함.

【經制】 일을 바르게 처리하는 기준.

【不足稱】 阮逸 注에 "器謂才學而已. 若加之識, 則三長具, 可以知道矣"라 함.

089(2-44)
역대 사학가史學家

　　문중자는 진수陳壽를 두고 "《사史》에 뜻을 두고 대의大義에 의거하고 이단異端을 깎아버렸다"라고 하였고, 범녕范甯에 대해서는 "《춘추春秋》에 뜻을 두고 성인의 경전을 징험하여 많은 전傳은 힐난하였다"라고 하였다.

　　문중자가 말하였다.

　　"진수로 하여금 역사를 아름답게 쓰지 못하도록 영향을 준 것은 사마천司馬遷과 반고班固의 죄이며, 범녕으로 하여금 《춘추》를 진미盡美하게 여기지 못하도록 한 것은 유흠劉歆과 유향劉向의 죄이다."

　　배희裴晞가 물었다.

　　"무슨 뜻입니까?"

　　문중자가 말하였다.

　　"역사가 진실을 잃은 것은 사마천과 반고로부터 시작되었으니, 기록만 번잡하고 성인의 뜻은 적게 실은 것이요, 춘추의 본뜻을 잃게 된 것은 유흠과 유향으로부터 시작된 것이니 성인의 경經을 버리고 전傳에만 매달린 것이다."

　　子謂陳壽有志於史, 依大義而削異端. 謂范甯有志於春秋, 徵聖經而詰衆傳.
　　　子曰:「使陳壽不美於史, 遷·固之罪也. 使范甯不盡美於春秋, 歆·向之罪也.」

裴晞曰:「何謂也?」

　子曰:「史之失自遷·固始也, 記繁而志寡; 春秋之
　　　失自歆·向始也, 棄經而任傳.」

【陳壽】자는 承祚(233~297). 晉나라 때 西巴 漢安 사람으로 學者이며 歷史著
述家. 처음 고향의 譙周를 스승으로 학문을 배워 뒤에 三國 蜀의 令史가 되었
다가 晉나라가 들어서자 著作郎, 御史治書에 오름. 正史《三國志》와《益都耆
舊傳》등을 남김.《晉書》(82)에 전이 있으며 "時人稱其善叙事, 有良史之才"라
하였음. 阮逸 注에 "壽, 字承祚, 著《三國志》, 善叙事. 初王沈撰《魏書》, 韋耀續
成之, 壽乃具吳蜀三國, 變史稱之, 大抵簡略, 存其大義"라 함.
【史】《史記》와《漢書》를 가리킴. 陳壽가 이 두 사서에 영향을 받아《三國志》를
쓰면서 성인의 도는 무시한 채 기록함.
【范甯】范寧으로도 표기하며 자는 武子(339~401). 晉 順陽人. 어려서 학문에
전념하였으며 王弼과 何晏 등의 玄學을 적극 반대하여 그들을 桀·紂에 해당한
다고 폄훼하였음. 처음 餘杭令을 시작으로 豫章太守에 올랐으며 지방의 敎學에
힘썼음. 江州刺史 王凝之의 탄핵을 입어 면직되기도 하였음. 著書에《春秋穀
梁傳集解》가 있음.《晉書》(75)에 전이 있음. 阮逸 注에 "范甯, 字武子, 爲《穀梁
集解》. 謂《左氏》失誣,《公羊》失俗,《穀梁》失短, 皆詰正於道耳"라 함.
【春秋】공자의《春秋》는 六經의 하나이며 그 아래 단계로『三傳』, 즉《左傳》,
《公羊傳》,《穀梁傳》에 있음. 이러한 傳에 대하여 劉向과 劉歆이 각기 중시하는
것이 달라 그에 영향을 받아 范甯이《穀梁傳集解》를 쓰면서 성인 본래의 도를
잃게 되었다는 주장.
【遷·固】《史記》의 저자 司馬遷과《漢書》의 저자 班固. 阮逸 注에 "《史記》雜黃
老之道, 壯姦雄之詞;《漢書》又模範紀傳, 愈加文飾, 是史筆之罪也"라 함.
【歆向】劉歆과 그의 아버지 劉向. 阮逸 注에 "劉向理《穀梁》, 劉歆好《左氏》, 各守
一家, 而不能貫聖經之本, 是古學之罪也"라 함.
【記繁志寡】阮逸 注에 "但務廣記, 而不原聖人敎化之志"라 함.
【棄經任傳】阮逸 注에 "但爭衆傳, 而不原聖人權衡之法"이라 함.

090(2-45)
구사九師와 삼전三傳

문중자가 말하였다.

"대체로 구사九師가 흥하면서 《역易》의 도가 쇠미해졌고, 삼전三傳이 지어지면서 《춘추春秋》가 산란하게 된 것이다."

가경賈瓊이 말하였다.

"무엇을 이르는 것입니까?"

문중자가 말하였다.

"흑백黑白이 서로 위배하고 있으니 능히 쇠미해지지 않을 수가 있겠느냐? 시비是非가 서로를 어지럽히고 있으니 능히 산란해지지 않을 수가 있겠느냐? 그 때문에 《제시齊詩》,《한시韓詩》,《모시毛詩》,《정전鄭箋》은 《시詩》의 말末이요,《대대례기大戴禮記》,《소대례기小戴禮記》는 《예禮》의 쇠퇴가 되고 말았다. 《서書》는 고문본古文本과 금문본今文本으로 잔폐되었고,《시》는 《제시》와 《노시魯詩》에서 본의를 잃고 말았음을 너는 아느냐?"

가경이 말하였다.

"그렇다면 스승도 없고 전하는 것도 없어졌으니 그래서야 되겠습니까?"

문중자가 말하였다.

"신께서 이를 밝혀 사람에게 존속시켜주셨다. 진실로 그 사람이 아니라면 도는 헛되이 행해지는 것이니 반드시 해야 할 일이라면 전傳은 폐기시킬 수 없다는 것이다."

子曰：「蓋九師興而《易》道微, 三傳作而《春秋》散.」

賈瓊曰：「何謂也?」

子曰：「白黑相渝, 能無微乎? 是非相擾, 能無散乎?
故齊·韓·毛·鄭,《詩》之末也; 大戴, 小戴,
《禮》之衰也.《書》殘於古今,《詩》失於齊·
魯, 汝知之乎?」

賈瓊曰：「然則無師無傳可乎?」

子曰：「神而明之, 存乎其人. 苟非其人, 道不虛行,
必也傳又不可廢也.」

【九師】漢나라 때 淮南王 劉安이《易》에 밝은 9명의 학자를 불러 이를 바탕으로
《道訓》20편을 지음. 이를《九師易》이라 함. 阮逸 注에 "淮南王聘九人明《易》者,
撰《道訓》二十篇, 號《九師易》"이라 함.

【三傳】孔子가 찬한《春秋》經文에 左丘明이《左傳》을, 公羊高가《公羊傳》을,
穀梁赤(穀梁喜)이《穀梁傳》을 지어 이를『春秋三傳』이라 하며 모두 十三經에
列入됨. 阮逸 注에 "公羊高, 穀梁喜, 左丘明, 皆孔子門人"이라 함.

【賈瓊】王通의 제자. 七大弟子, 즉 '七俊穎'의 하나. 中山 사람이라 함.

【黑白相渝】'渝'는 '위배하다, 배척하다'의 뜻. 阮逸 注에 "黑白渝正色"이라 함.

【是非相擾】'擾'는 '뒤흔들어 어지럽히다'의 뜻. 阮逸 注에 "是非擾正道"이라 함.

【齊詩】漢代까지《詩》는 今文 三家詩(齊, 魯, 韓)와 古文《毛詩》등 4종류가 전해
지고 있었음. 그 중《齊詩》는 齊나라 臨淄 지역에서 읽히던 것으로 轅固生으로
부터 전해졌으며 그는 韓 景帝 때 博士에 올랐으며 다시 이것이 后蒼에게로
이어짐. 이《齊詩》는 魏나라 때 없어지고 지금은 전하지 않음. 한편《魯詩》는
魯나라 曲阜 지역에서 읽히던 詩로 申培公으로부터 전수되었음. 申培公은
荀子의 再傳弟子이며 漢 景帝 때 博士에 오름. 이 역시 晉나라 때 없어지고
지금은 전하지 않음. 阮逸 注에 "齊轅固生治詩爲博士, 齊人宗之. 魯申公漢初
爲儒學, 魯人宗之, 於是有齊魯詩"라 함.

【韓詩】燕(지금의 北京)에서 읽히던 시로 韓嬰에 의해 전수되었으며 韓嬰은 漢 文帝 때 詩博士에 오름. 이《韓詩》는 北宋 때 없어졌으며 지금은 外傳(《韓詩外傳》)만 남아 있음.

【毛詩】이는 古文經의 발달로 나타난 것이며 趙나라 邯鄲 사람 毛亨(大毛公)이 전한 것으로 그는 子夏로부터 전해 받은 것이라 하였으며《毛詩故訓傳》 30권을 지어 같은 趙나라 사람 毛萇(小毛公)에게 전해 주었음. 이것이 오늘날의 《詩經》임. 阮逸 注에 "后蒼所傳爲齊詩, 漢嬰所傳爲韓詩, 毛鄭詩, 毛萇注, 鄭玄 箋也"라 함.

【鄭箋】《毛詩》는 漢 平帝 때 學官에 올랐으나 民間에 유행하다가 鄭玄이《毛詩 故訓傳》을 근거로 '箋'을 짓게 되자 크게 성행하게 되었으며 唐 太宗 때 孔穎達이 『五經正義』를 지을 때 鄭玄의《毛傳鄭箋》을 표준으로 삼아 오늘에 이르게 된 것임.

【大戴禮記】五經의《禮記》를 한나라 때 戴德(大戴)이《古禮》204편을 85편으로 줄였으며 戴聖(小戴)이 다시 49편으로 줄여 두 종류가 전해왔음. 그 중 戴德이 정리한 것을《大戴禮記》라 하며 지금도 전하고 있음.

【小戴禮記】小戴(戴聖)가《大戴禮記》를 바탕으로 49편으로 줄여 정리한 것으로 《小戴禮記》라고도 하며 지금의《禮記》가 바로 이것임. 阮逸 注에 "二戴, 因曲 臺記論於石渠, 成禮記. 戴德號大戴, 戴聖號小戴"라 함.

【古文本】漢나라 武帝 말 魯의 恭王이 궁실을 넓히고자 孔子 舊宅을 헐다가 벽에서《尙書》,《禮記》,《論語》,《孝經》등이 쏟아져 나왔는데 모두가 蝌蚪體 (籕文, 大篆)의 옛 글씨로 되어 있어 이를 古文經이라 함.

【今文本】秦始皇의 焚書坑儒로 책이 모두 사라지고 漢나라가 들어서서 儒學을 근간으로 통치 이념을 삼았으나 책을 구할 수 없어, 惠帝 때 '挾書禁法의 폐지', 文帝 때 '開獻書之路' 등의 정책을 폈으나 역시 구할 수 없었음. 이에 유학의 발흥지 齊魯地域(지금의 山東)에 사람을 보내어 師弟 간에 외우고 있던 자료 들을 당시 통용되던 글자 隸書體로 받아 적어 복원하여 이를 今文經이라 함. 阮逸 注에는《尙書》의 문제를 들어 "孔安國家藏科斗尙書, 以今文易之. 劉歆 別得古本, 奏立古文尙書"라 함.

【詩失於齊魯】이는 오류임. "論失於齊魯"여야 함.《論語》의 문제를 거론한 것임. 北宋 때 유행한《文中子》의 註釋本은 阮逸本과 龔鼎臣本 두 종류가 있었으며 龔氏本에는 "論失於齊魯"로 되어 있음.《論語》는 劉向의《別錄》에 "魯人所學,

謂之《魯論》; 齊人所學, 謂之《齊論》; 孔壁所得, 謂之《古論》"이라 하여 세 종류가
있었으며, 앞의 두 종류는 今文, 《古論》은 古文이었음. 오늘날의 《論語》는
《魯論》을 근거로 漢나라 때 張禹의 손을 거쳐 鄭玄의 注를 何晏이 集解를 더한
것이 뒤에 邢昺의 疏를 거쳐 『十三經注疏本』이 되었으며, 南宋 朱熹가 당시
까지의 註釋을 모아 《論語集註》를 냄으로써 정리되었음.

【存乎其人】阮逸 注에 "聖性神受, 天縱無師"라 함.

【道不虛行】阮逸 注에 "人能弘道"라 함.

【傳不可廢】阮逸 注에 "傳之在師, 得之在己; 所傳有限, 所得無窮. 故周公師天下,
仲尼自得之. 仲尼師萬世, 仲淹自得之, 皆神契其道. 不盡由師明矣. 孟子曰:「君子
之深造於道也.」 欲其自得之, 自得之, 則居之安; 居之安, 則取諸左右, 逢其源,
然學不可無師, 而得之不由師也"라 함.

091(2-46)
칠대七代의 손익

문중자가 숙념叔恬에게 말하였다.

"너는 《속시續詩》를 공부하지 않겠느냐? 그렇게 하지 않으면 칠대七代의 손익을 살피면서 끝내 만연懣然해지고 말 것이다."

子謂叔恬曰:「汝不爲《續詩》乎? 則其視七代損益終懣然也」

【叔恬】王凝. 王通의 아우이며 王績의 형. 자는 叔恬. 太原縣令에 올라 그 때문에 太原府君으로도 부름. 唐 太宗 貞觀 초에 監察御史에 올랐다가 侯君集의 사건에 연루되어 姑蘇令으로 좌천되기도 함. 뒤에 벼슬을 버리고 낙향하여 王通의 《六經》과 《文中子(中說)》를 정리함. 대체로 隋나라 開皇 초에 태어난 것으로 보이며 죽은 해는 알려지지 않음.

【續詩】王通 《續六經》의 하나로 《詩經》의 체제를 모방하여 그 뒤를 이어 찬술한 것. 〈世家〉에 《續詩》10권이 저록되어 있으며 晉, 宋, 北魏, 西魏, 北周, 隋 6대의 작품을 化, 政, 訟, 嘆 4부분으로 나누고, 시의 표현법에 따라 다시 美, 勉, 傷, 惡, 誡 5가지 유형으로 나누었다 함.

【七代】七制之主를 가리킴. 西漢의 高祖(劉邦), 文帝(劉恒), 武帝(劉徹), 宣帝(劉詢)와 東漢의 光武帝(劉秀), 明帝(劉莊), 章帝(劉炟) 등 7명의 군주를 가리킴. 阮逸 注에 "《續書》有七制, 皆漢之賢君, 立文武之功業者. 高祖, 孝文, 孝武, 孝宣, 光武, 孝明, 孝章是也"라 함.

【損益】흥망성쇠의 상황과 정치 득실의 내용.

【懣然】'懣'은 '昏'과 같음. 阮逸 注에 "懣, 昏也"라 함.

092(2-47)
속시續詩

문중자가 《속시續詩》에 대하여 이렇게 말하였다.

"가히 풍유諷諭를 얻을 수 있고, 가히 통달할 수 있으며, 가히 시원함을 느낄 수 있고, 가히 홀로 있을 수 있으며, 나가서는 제悌할 수 있고 들어와서는 효孝할 수 있으며 치란의 사정을 많이 살펴볼 수 있느니라."

子謂《續詩》:「可以諷, 可以達, 可以蕩, 可以獨處, 出則悌, 入則孝, 多見治亂之情.」

【諷·達】阮逸 注에 "諷, 時政; 達, 下情"이라 함.

【蕩】蕩蕩함. 시원함. 阮逸 注에 "蕩, 滌鬱結"이라 함. 《論語》述而篇에 "子曰: 「君子坦蕩蕩, 小人長戚戚.」"이라 함.

【獨處】阮逸 注에 "獨處, 無邪"라 함.

【出則悌, 入則孝】《論語》學而篇에 "子曰: 「弟子, 入則孝, 出則弟, 謹而信, 汎愛衆, 而親仁. 行有餘力, 則以學文.」"이라 함. 한편 《論語》陽貨篇에는 "子曰: 「小子! 何莫學夫詩? 詩, 可以興, 可以觀, 可以群, 可以怨. 邇之事父, 遠之事君; 多識於鳥獸草木之名.」"이라 함. 阮逸 注에는 "上四德備矣, 則孝悌動天地, 感鬼神"이라 함.

【治亂】阮逸 注에 "治之情樂, 亂之情哀"라 함.

093(2-48)
선생님의 말솜씨

문중자文中子가 말하였다.
"나는 선생님의 신분이니 내 말은 통하면 될 뿐이다."

文中子曰:「吾師也, 詞達而已矣.」

【吾師】왕통 자신이 선생님의 신분으로 가르치고 있음을 뜻함.
【詞達】《論語》衛靈公篇에 "子曰:「辭達而已矣.」"라 함. 阮逸 注에는 "聖人不煩文, 惟達意而已"라 함.

094(2-49)
양웅揚雄과 장형張衡

어떤 이가 양웅揚雄과 장형張衡에 대하여 물었다.
문중자가 말하였다.
"옛날의 진기振奇한 인물들이지. 그 생각은 고통스러웠고, 그 말은 힘들었다."
그가 물었다.
"그들의 도는 어떻습니까?"
문중자가 말하였다.
"정靖하였지."

或問揚雄·張衡.
子曰:「古之振奇人也. 其思苦, 其言艱.」
　日:「其道何如?」
子曰:「靖矣.」

【揚雄】 자는 子雲(B.C.53~A.D.18). '楊雄'으로도 표기하며 蜀郡 成都 사람. 西漢때
賦家, 哲學家. 〈甘泉賦〉,〈羽獵賦〉 등과 《太玄經》,《方言》,《倉頡訓纂》 등의
저술이 있음.《漢書》(87)에 전이 있음. 阮逸 注에 "揚雄, 作《太玄經》及《倉頡訓纂》.
沈黙精思, 好學奇字"라 함.

【張衡】後漢 때 사람. 字는 平子. 〈二京賦〉를 지음.《五經》에 밝았으며 그 밖에 天文, 陰陽, 曆算 등에 뛰어난 재질을 보였음. 安帝 때 郎中에 올라 太史令이 됨. 順帝 때 侍中을 거쳐 永和 初에 河間相이 됨. 월식과 일식을 정확하게 계산하였음. 문장에도 뛰어나 〈東京賦〉, 〈西京賦〉, 〈應間賦〉, 〈思玄賦〉 등을 지었으며《張河間集》집일본이 있음.《後漢書》(89)에 전이 있음. 阮逸 注에 "張衡,《行渾天》及《地動儀》, 如揚雄之學, 大抵好奇多艱苦"라 함.

【振奇】두 사람 모두 기이한 글자나 기이한 사물에 대하여 관심을 보여 스스로 고통을 당함.

【言艱】그들의 말은 논리가 깊어 제대로 알아볼 수 없고, 자신들도 표현을 제대로 해내지 못함.

【靖】기초를 다짐. 기초만을 닦음. 阮逸 注에 "艱苦而奇, 未足適變, 蓋守靖而已"라 함.

〈揚雄〉《三才圖會》

095(2-50)
허물

문중자가 말하였다.

"허물을 짓고도 문식文飾하지 않으며, 남의 침범을 받고도 비교比校하지 않으며, 공을 세우고도 자랑하지 않는다면 그런 사람은 군자로다!"

子曰:「過而不文, 犯而不校, 有功而不伐, 君子人哉!」

【文】잘못을 덮고자 文飾함. 掩飾함.《論語》微子篇에 "子夏曰:「小人之過也, 必文.」"이라 함.

【犯而不校】'較'와 같음. 比較하거나 맞섬.《論語》泰伯篇에 "曾子曰:「以能問於 不能, 以多問於寡; 有若無, 實若虛, 犯而不校. 昔者吾友嘗從事於斯矣.」"라 함.

【伐】자랑함. 자신의 공으로 내세움.

096(2-51)
비방

문중자가 말하였다.

"나는 비방을 받고도 기꺼워하며, 칭찬을 듣고는 두려워하는 자를 아직
보지 못하였다."

子曰:「我未見見謗而喜, 聞譽而懼者.」

【聞譽】 자신을 칭찬해주는 말. 이를 들으면 오히려 두려워해야 함.《孟子》公孫丑
(上)에 "孟子曰:「子路, 人告之以有過則喜. 禹聞善言則拜. 大舜有大焉: 善與人同.
舍己從人, 樂取於人以爲善. 自耕稼陶漁, 以至爲帝, 無非取於人者. 取諸人以爲善,
是與人爲善者也. 故君子莫大乎與人爲善.」"이라 함.

097(2-52)
관인법觀人法

문중자가 말하였다.

"부유할 때는 그가 무엇을 주는가를 살펴보고, 가난할 때는 무엇을 취하는가를 보고, 현달하였을 때는 무엇을 좋아하는가를 보고, 궁할 때는 무엇을 하는가를 보면 된다."

> 子曰:「富觀其所與, 貧觀其所取, 達觀其所好, 窮觀其
> 　　所爲, 可也.」

【觀其所與】《說苑》臣術篇에 "李克曰:「君不察故也, 可知矣, 貴視其所擧, 富視其所與, 貧視其所不取, 窮視其所不爲, 由此觀之, 可知矣.」"라 하였고,《韓詩外傳》(3)에도 "李克曰:「夫觀士也, 居則視其所親, 富則視其所與, 達則視其所擧, 窮則視其所不爲, 貧則視其所不取. 此五者足以觀矣.」"하였으며《淮南子》氾論訓 및《文子》上義篇에도 역시 "故論人之道, 貴則觀其所擧, 富則觀其所施, 窮則觀其所不受, 賤則觀其所不爲, 貧則觀其所不取"라 함. 그 외《史記》魏世家에도 "李克曰:「君不察故也, 居視其所親, 富視其所與, 達視其所擧, 窮視其所不爲, 貧視其所不取, 五者足以定之矣, 何待克哉!」"라 하였고,《十八史略》(1)에도 "文侯謂李克曰:「先生嘗敎寡人. 家貧思良妻. 國亂思良相. 今所相. 非魏成則翟璜. 二子何如?」克曰:「居視其所親. 富視其所與. 達視其所擧. 窮視其所不爲. 貧視其所不取. 五者足以定之矣. 子夏・田子方・段干木, 成所擧也, 乃相成.」"이라 하는 등 널리 알려진 구절임. 阮逸 注에 "與貧則仁, 與姦則賊"이라 함.

【所取】阮逸 注에 "取於義則安, 取於利則危"라 함.

【所好】阮逸 注에 "好賢則治, 好佞則亂"이라 함.

【所爲】阮逸 注에 "爲善則生, 爲樂則死"라 함.

【可也】阮逸 注에 "四者, 可以知人, 不須多察"이라 함.

098(2-53)
위魏나라 효문제孝文帝

어떤 자가 위魏나라 효문제孝文帝에 대하여 묻자 문중자가 말하였다.
"가히 더불어 교화를 흥성하게 할 수 있는 분이지."

或問魏孝文, 子曰:「可與興化.」

【魏孝文】北魏의 군주. 獻文帝 拓拔弘의 아들이며 宣武帝 拓拔恪(元恪)의 아버지.
471~499년까지 28년간 재위함. 鮮卑族 拓拔氏는 道武帝(拓拔珪)때에 五胡
十六國의 혼란을 일소하고 북방을 통일하여 北魏(386~534)를 건국하고 지금의
山西 大同에 도읍을 정함. 뒤에 제6대 孝文帝(拓拔宏, 元宏)에 이르러 洛陽으로
遷都한 다음 拓拔氏 성을 元氏로 바꾸고 言語, 婚姻, 服飾, 風習 등 일체에
대하여 漢化를 강행, 가장 깊이 漢化한 민족이 되고 말았음. 이에 따라 北魏를
元魏로도 부르며 孝文帝 자신의 성명 拓拔宏도 元宏으로 바꾸었음.
【興化】漢化를 추진하였음을 말함. 阮逸 注에 "後魏元氏, 名宏. 始都洛陽, 修文物
制度, 太和詔冊, 帝自爲之. 可與興文化矣"라 함.

동천부인銅川夫人과 예성부군芮城府君

동천부인銅川夫人이 약을 좋아하자 문중자는 처방을 저술하기 시작하였다.

예성부군芮城府君이 천지의 음양陰陽을 중시하자 문중자는 역일曆日에 관한 글을 저술하기 시작하였다.

그러면서 이렇게 말하였다.

"나는 누가 이런 책을 볼까 두렵다."

혹자가 말하였다.

"시간을 허비하는 일입니다."

銅川夫人好藥, 子始述方.

芮城府君重陰陽, 子始著曆日.

且曰:「吾懼覽者.」

或:「費日也.」

【銅川夫人】 銅川府君은 王通의 아버지 王隆. 자는 伯高. 隋나라 開皇 초에 國子博士待詔의 신분으로 隋 文帝(楊堅)에게 《興衰要論》 7편을 올림. 뒤에 武陽郡 昌樂縣 縣令에 올랐다가 다시 忻州 銅川縣(지금의 山西 忻縣) 현령이 됨. 그 때문에 '銅川府君'이라 부른 것. 그 뒤 은퇴하고 낙향하여 더 이상 벼슬길에 오르지 않음. 따라서 銅川夫人은 王通의 어머니.

【方】처방. 藥에 대한 처방을 적은 책. 어머니가 약을 좋아하여 자신이 이를 위해 이 책을 직접 지었음을 말함. 阮逸 注에 "子之母"라 함.

【芮城府君】王通의 형 王度. 芮城縣令을 지내어 芮城府君, 혹은 줄여서 芮城이라 부름. 隋나라 大業 연간에 御史에 올랐으며 뒤에 著作郎이 됨. 뒤에 《隋書》를 편찬하였으나 마치지 못하고 죽음. 阮逸 注에 "子之兄也. 爲芮城令, 陝州縣名"이라 함.

【曆日】宇宙, 天文, 日曆 등에 관한 기록. 형이 陰陽災異를 좋아하자 이에 도움을 주고자 자신의 지식을 동원하여 이 책을 저술한 것.

【懼覽】儒者로써 陰陽災異 등에 관심을 보이는 것을 거북하게 여긴 것이며 아울러 문인들이 이를 보고 금기에 얽매일까 걱정을 한 것임. 阮逸 注에 "聖人與天地合德, 安在推步陰陽? 蓋以事兄之心, 始著聖曆. 恐門人拘忌, 妄習災福, 故特云懼費日而已"라 함.

100(2-55)
설지인薛知仁

문중자는 설지인薛知仁을 두고 세속에 잘 적응한다고 하면서 예성부군
芮城府君의 딸을 아내로 삼아주었다.

子謂薛知仁善處俗, 以芮城之子妻之.

【薛知仁】 구체적으로 알 수 없음. 王通의 제자로 보임. 阮逸 注에 "知仁, 未見"
이라 함.
【處俗】 阮逸 注에 "處俗, 謂能隨俗而處"라 함.
【芮城】 芮城府君 王度. 王通의 형.
【妻之】《論語》公冶長篇에 "子謂公冶長, 「可妻也. 雖在縲絏之中, 非其罪也.」以其
子妻之. 子謂南容, 「邦有道, 不廢; 邦無道, 免於刑戮.」以其兄之子妻之"라 함.

101(2-56)
내난內難

문중자가 말하였다.

"내난內難을 능히 그 뜻을 바로잡으신 것은 동주부군同州府君께서 하신 일이다."

子曰:「內難而能正其志, 同州府君以之.」

【能正其志】《周易》明夷卦 象辭에 "明入地中, 明夷; 內文明而外柔順, 以蒙大難, 文王以之. 利艱貞. 晦其明也; 內難而能正其志, 箕子以之"라 함.

【內難】집안의 어려운 일. 그러나 여기서는 구체적으로 알 수 없음. 阮逸 注에 "內難, 未詳"이라 함.

【同州府君】王通의 高祖. 王彦. 同州刺史를 역임하였음. 阮逸 注에 "文中子高祖 名彦, 爲同州刺史"라 함.

102(2-57)
나에게 있어서의 천하

문중자가 말하였다.
"나는 천하에 버릴 것도 없고, 나갈 것도 없고, 오직 도가 있는 곳을 좇을
뿐이다."

子曰:「吾於天下, 無去也, 無就也, 惟道之從.」

【惟道之從】阮逸 注에 "從中道"라 함. 한편《論語》里仁篇에 "子曰:「君子之於
天下也, 無適也, 無莫也, 義之與比.」"라 한 것과 같은 표현임.

卷三 〈사군편事君篇〉

   본편은 첫 구절 "事君之道"의 '事君'를 제목으로 삼은 것이다. 총 56장으로 分章하였다.

   〈敍篇〉에 "天尊地卑, 君臣立矣, 故次之以〈事君篇〉"이라 하였다.

〈白陶鬶〉大汶口 문화 1959 山東 泰安 大汶口 출토

103(3-1)
방현령房玄齡의 질문

방현령房玄齡이 임금 섬기는 도리를 여쭈었다.

문중자가 말하였다.

"사사로움이 없어야 한다."

사람을 부리는 방법을 묻자 이렇게 대답하였다.

"치우침이 없어야 한다."

다시 여쭈었다.

"감히 여쭙건대 사람을 교화시키는 방법은 어떠해야 합니까?"

문중자가 말하였다.

"그 마음을 바르게 갖도록 해야 한다."

예악禮樂에 대하여 여쭈었다.

문중자가 말하였다.

"왕도王道가 흥성하면 예악이 그로부터 나와 흥성해지는 것이니 네가 미칠 바가 아니다."

房玄齡問事君之道.

子曰:「無私.」

問使人之道, 曰:「無偏.」

曰:「敢問化人之道?」

子曰:「正其心.」

問禮樂.

子曰:「王道盛, 則禮樂從而興焉,
非爾所及也.」

【房玄齡】 자는 喬(혹 이름이 喬이며 자가 玄齡이라고도 함, 579~648). 역시 王通의
제자이며 唐 太宗 貞觀 명신. 濟州 臨淄(지금의 山東 淄博) 출신으로 貞觀 원년
(627) 中書令이 되었으며 3년(629) 尙書左僕射가 되어 梁國公에 봉해졌음.
10여 년 간 재상을 지내면서 많은 업적을 쌓았음. 《舊唐書》(66)와 《新唐書》
(96)에 전이 있음.

【非爾所及】 阮逸 注에 "仁義著, 則王道盛也. 樂者, 仁之聲也; 禮者, 義之溶也.
必待明王及可興, 非今爾所及"이라 함.

104(3-2)
양소楊素

어떤 자가 양소楊素에 대하여 물었다.

문중자가 말하였다.

"복을 짓고 위엄을 지으며 좋은 음식을 먹는 자이며 그 밖의 것은 모르겠다."

或問楊素.

子曰:「作福·作威·玉食, 不知其他也.」

【楊素】隋나라 때의 大臣. 자는 處道(?~606). 隋 煬帝 때 司徒였으며 朝廷을 장악하고 있었음. 뒤에 尙書令에 올랐으며 먼저 越國公에 봉해졌다가 大業 2년에 다시 楚國公에 봉해짐. 그 때문에 '越公', '楚公' 등으로도 불림.《隋書》 (48)에 傳이 있음.

【玉食】錦衣玉食, 金衣玉食의 줄인 말. 사치를 부림. 阮逸 注에 "驕且吝, 不足觀" 이라 함.

105(3-3)
군현郡縣의 다스림

방현령이 군현郡縣의 다스림을 여쭈었다.

문중자가 말하였다.

"주周나라를 종주국으로 삼아 열국列國이 있었던 기간은 8백여 년이나 되었고, 한漢나라 때 뒤섞어 군국郡國을 설치하여 그 기간이 4백여 년이나 되었다. 그러나 위진魏晉이래로는 쉴틈 없이 멸망하여 왔으니 나는 그 용도를 알지 못하겠다."

房玄齡問郡縣之治.

子曰:「宗周列國, 八百餘年; 皇漢雜建, 四百餘載; 魏晉
　　已降, 滅亡不暇, 吾不知其用也.」

【郡縣】 원래 周나라는 封建制, 秦始皇은 郡縣制, 漢 高祖는 郡國制를 도입하여
　　중국 역대 지방통치의 3대 제도가 되었음. 阮逸 注에 "秦罷侯置守, 郡縣始
　　於此"라 함.

【列國】 周나라 封建制에서 周나라를 天子國(宗周)으로 하고 그 아래 각기 公侯
　　伯子男의 爵位에 따라 諸侯國을 두었던 제도. 阮逸 注에 "列國, 謂封建五等諸侯"
　　라 함.

【皇漢雜建】 漢 高祖는 封建制와 郡縣制를 뒤섞어 郡國制를 채택함. 阮逸 注에
　　"漢監秦亡之勢, 雖無五等, 而雜封功臣宗室子弟"라 함.

【魏晉】魏晉시대는 이름만 郡國制일 뿐 실질이 없었음. 阮逸 注에 "魏晉已有 封爵, 然虛名無實, 故滅於權臣之手"라 함.

【不知其用】魏晉 이래의 제도에 대한 效用性을 否定的으로 본 것임. 阮逸 注에 "觀周漢之永, 魏晉之促, 其用可知矣"라 함.

106(3-4)
벼슬하지 않는 이유

양소楊素가 사람을 시켜 문중자에게 이렇게 물어보도록 하였다.

"어찌 벼슬을 하지 않으십니까?"

문중자가 말하였다.

"소속산疏屬山 남쪽, 분수汾水가 굽어 흐르는 곳에 선조의 낡은 오막이 있어 비바람을 피할 수 있고, 농토가 있으니 가히 죽이나마 갖추어 먹을 수 있으며, 금琴을 타며 글을 지을 수 있고, 도를 강의하며 의를 권할 수 있으니 스스로 즐겁습니다. 원컨대 군후君侯들께서 자신부터 바르게 하여 천하를 통치해주고 시절도 화평하고 해마다 풍년이 든다면 나(通)도 많은 혜택을 받겠지요. 벼슬은 원하지 않습니다."

楊素使謂子曰:「盍仕乎?」

　　子曰:「疏屬之南, 汾水之曲, 有先人之敝廬
　　　　在, 可以避風雨, 有田可以具饘粥,
　　　　彈琴著書, 講道勸義, 自樂也. 願君
　　　　侯正身以統天下, 時和歲豐, 則通也
　　　　受賜多矣. 不願仕也.」

【楊素】隋나라 때의 大臣. 자는 處道(?~606). 隋 煬帝 때 司徒였으며 朝廷을 장악하고 있었음. 뒤에 尙書令에 올랐으며 먼저 越國公에 봉해졌다가 大業 2년에 다시 楚國公에 봉해짐. 그 때문에 '越公', '楚公' 등으로도 불림.《隋書》(48)에 傳이 있음.

【盍】'何不'의 合音字. "어찌 …하지 않는가?"의 反語法 문장을 구성함.

【疏屬】산 이름. 阮逸 注에 "疏屬, 山名.《山海經》云:「枕汾水, 名管岑.」"이라 함.

【汾水】汾河. 지금의 山西省의 북에서 남으로 흘러 黃河에 합류함. 黃河 4대 支流의 하나.

【饘粥】죽. 열악한 음식.

【君侯正身】위정자들이 자신부터 바르게 갖기를 요구함. 阮逸 注에 "素驕, 故以 正規之"라 함.

【不願仕】阮逸 注에 "終巽言以拒之"라 함.

107(3-5)
덕과 형벌

문중자가 말하였다.

"옛날 위정자들은 덕을 먼저 앞세우고 형벌은 뒤로 하여, 그 때문에 사람들이 즐거워하며 서로 용서하였다. 그러나 지금 위정자들은 형벌에 맡기고 덕을 버리니 그 때문에 사람들은 서로 원망하며 속임수를 쓰는 것이다."

子曰:「古之爲政者, 先德而後刑, 故其人悅以恕. 今之爲政者, 任刑而棄德, 故其人怨以詐.」

【悅以恕】阮逸 注에 "悅, 謂知德及我; 恕, 謂知刑不得已行"이라 함.
【怨以詐】阮逸 注에 "怨, 謂不敎我而致我犯; 詐, 謂矯求苟免"이라 함.

108(3-6)
벼슬하는 자

문중자가 말하였다.
"옛날 벼슬에 종사하는 자는 남을 길러주었으나 지금의 벼슬하는 자들은 자신만을 기르고 있다."

子曰:「古之從仕者養人, 今之從仕者養己.」

【人】'己'에 상대되며 혹 '民'의 뜻으로도 쓰임.
【養己】자기자신만 잘살기 위해 벼슬함. 阮逸 注에 "歎反古"라 함.

109(3-7)
북제北齊 문선제文宣帝

문중자가 말하였다.

"심하였다. 북제北齊 문선제文宣帝의 포학함이여!"

요의姚義가 물었다.

"극종克終은 무슨 뜻입니까?"

문중자가 말하였다.

"양준언楊遵彦이라는 자는 실제 나라의 운명을 장악하고 있으면서 백성을 마치 상처입은 사람으로 보았으니 어찌 그 끝이 좋지 않을 수 있었겠느냐?"

子曰:「甚矣, 齊文宣之虐也!」

姚義曰:「何謂克終?」

子曰:「有楊遵彦者, 實掌國命. 視民如傷, 奚爲不終?」

【齊文宣】北齊의 文宣帝. 이름은 高洋(529~559). 北朝의 東魏를 이어 나라를 세웠으며 550~559년까지 재위하면서 포악한 짓을 자행함. 자는 子進. 渤海 蓨(지금의 河北 景縣) 사람으로 高歡의 아들이며 원래 東魏의 대신. 550년 5월 孝靜帝(元善見)를 폐위하고 자립하여 帝位에 오름. 국호를 齊라 하고 수도를 鄴(지금의 河北 磁縣)으로 하여 역사에서는 이를 '北齊'라 함. 高洋은 처음에는 정치에 힘써 漢族 楊愔(遵彦)을 등용하여 재상으로 삼아, 律令을 개정하고 행정을 개혁, 위업을 달성하였으나 말년에는 술과 놀이에 빠져 무도한 짓을

저지르다 술에 취해 급사하였음. 역사상 가장 심한 술 중독으로 인해 살인과
橫惡 등 악마보다 더 잔혹한 짓을 저질렀던 군주로 알려짐. 北齊는 뒤에 北周
에게 망함.《北齊書》참조. 한편《帝鑑圖說》(下)「縱酒妄殺」에 "齊主洋嗜酒
淫佚, 肆行狂暴. 嘗作大鑊·長鋸·剉·碓之屬, 陳之於庭. 每醉, 輒手殺人, 以爲
戲樂"이라 하여 사람을 각종 형구로 죽이는 것을 즐거움으로 삼았다 하였음.
阮逸 注에 "北齊高洋, 以峻法御下"라 함.

【姚義】太山 사람으로 王通의 門人이며 '七俊穎'의 第一人者. 자세한 事迹은
알 수 없음.

【克終】그 끝을 잘 맺음.《詩經》大雅 蕩에 "蕩蕩上帝, 下民之辟. 疾威上帝, 其命
多辟. 天生烝民, 其命匪諶. 靡不有初, 鮮克有終"이라 함.

【楊遵彦】楊愔(511~560). 華陰(지금의 陝西) 사람으로 士族 출신. 北魏, 東魏,
北齊를 섬겼으며 북제 때 宰相에 올라 행정을 능란하게 처리하고 백성을
사랑한 사람으로 널리 알려짐.《北齊書》(34)와《北史》(41) 楊播傳에 전이 함께
실려 있음.《帝鑑圖說》에 "楊愔乃簡死囚, 置仗內, 謂之「供御囚」, 齊主欲殺人,
輒執以應命"이라 함. 阮逸 注에 "楊愔, 字遵彦, 文宣時爲尙書, 本史稱朝章國命
一人而已"라 함.

【奚爲不終】'終'은 克終(善終)의 줄인 말. 阮逸 注에 "言有賢臣, 故不亡"이라 하여
北齊는 楊愔과 같은 賢臣이 있었기에 즉시 망하지는 않은 것으로 보았음.

110(3-8)
두위竇威

두위竇威는 《예禮》를 토론하기를 좋아하였다.

문중자가 말하였다.

"두위야, 어질도다! 나는 감히 그럴 수가 없구나."

竇威好議《禮》.

子曰:「威也, 賢乎哉! 我則不敢.」

【威】竇威. 자는 文蔚. 竇熾의 아들이며 竇后의 從兄. 秘書郎을 지냈으며 隋 煬帝
大業 때 內史舍人에 올라 많은 직언을 하였음. 李淵이 불러 丞相府의 司錄
參軍으로 삼아 唐初 제도를 마련함. 시호는 靖.《舊唐書》(61)와《新唐書》(95)에
전이 있음.

【不敢】阮逸 注에 "威所好者, 禮之文耳; 文中子不敢者, 禮之情也. 夫知禮樂之
情者, 能作; 識禮樂之文者, 能述. 隋室禮壞, 賢威有心. 大抵治政而後議, 今非
其時, 故曰不敢"이라 함.

111(3-9)
북산장인北山丈人

북산장인北山丈人이 문중자에게 말하였다.
"어찌 바삐 서두르는 자가 급한 것이 없다고 말하는 것입니까?"
문중자가 말하였다.
"감히 급하지도 않은데 시대의 게으름을 안타까워하기 때문이지요."

北山丈人謂文中子曰:「何謂遑遑者無急歟?」
子曰:「非敢急, 傷時怠也.」

【北山丈人】이름이 없이 北山 근처에 살고 있는 어떤 高士쯤으로 보임. 阮逸
注에 《山海經》云:「北山之首曰單狐」 丈人, 無名氏"라 함.
【遑遑】급히 바쁘게 서두르는 모습.
【傷時怠】시대가 태만함을 안타까워함. 阮逸 注에 "怠而不修, 斯文喪矣"라 함.

112(3-10)
고집

문중자가 말하였다.

"나는 생각하지도 고집하지도 않으며 항상 그렇다는 것도 없고 꼭 이루겠다는 것도 없다."

子曰:「吾不度不執, 不常不遂.」

【度】 '탁'으로 읽으며 '忖度'의 뜻.
【不執】 固執하지도 않음.《論語》子罕篇의 "子絶四: 毋意, 毋必, 毋固, 毋我"와 같은 주제임.

113(3-11)
곽광霍光

방현령房玄齡이 물었다.

"《서書》에 '곽광霍光은 제왕을 폐위하고 제왕을 천거하였다'라 하셨는데 무엇을 이른 것입니까?"

문중자가 말하였다.

"하필 곽광만 그러하겠느냐! 옛날 대신은 혼암한 군주를 폐위시키고, 영명한 군주를 천거하였으니 천하의 평강을 위해서 그런 것이었다."

房玄齡曰:「《書》云『霍光廢帝擧帝』, 何謂也?」

　　子曰:「何必霍光! 古之大臣廢昏擧明, 所以康天
　　　　下也.」

【房玄齡】 자는 喬(혹 이름이 喬이며 자가 玄齡이라고도 함, 579~648). 역시 王通의 제자이며 唐 太宗 貞觀 명신. 濟州 臨淄(지금의 山東 淄博) 출신으로 貞觀 원년 (627) 中書令이 되었으며 3년(629) 尙書左僕射가 되어 梁國公에 봉해졌음. 10여 년 간 재상직에 있으면서 많은 업적을 쌓았음. 《舊唐書》(66)와 《新唐書》 (96)에 전이 있음.

【書】 文中子가 지은 《續書》를 가리킴. 阮逸 注에 "《續書》有霍光之事, 言廢帝 擧帝之事"라 함.

【霍光】 자는 子孟. 河東 平陽(지금의 山西 臨汾)人. 霍去病의 異腹 동생. 武帝 때
奉車都尉를 지냈으며 昭帝 때 大司馬大將軍이 됨. 20여 년간 집정하면서
昭帝가 죽자 昌邑王 劉賀를 불러들여 皇帝로 앉혔다가 폐위시키고 다시
宣帝를 세웠음. 「曲埃徙薪」의 고사로도 유명함. 《漢書》, 《史記》, 《說苑》 등을
볼 것. 《漢書》(68)에 전이 있음. 阮逸 注에 "光, 字子孟, 先是武帝畫〈周公相
成王圖〉以賜光, 光盡忠輔之. 昭帝崩, 立昌邑王賀, 賀有罪三千條, 光廢之而立
宣帝. 《續書》云:「大臣之義, 載于業者, 有七. 一曰命.」 文中子曰:「書有命邃矣.
其有成敗於其間. 天下懸之. 不得已而臨之乎!」라 함.

【康天下】 천하를 平康하게 하기 위한 것이며 같은 예로 伊尹이 있음. 阮逸 注에
"古若伊尹"이라 함.

〈霍光〉《三才圖會》

114(3-12)
하상장인河上丈人

문중자가 하간河間의 물가를 여행하고 있었다.

하상장인河上丈人이 물었다.

"어찌 이런 사람이 있는가? 마음은 육경六經에 심취한 것 같고, 눈동자는 마치 사해四海를 경영하려는 것 같구나. 어찌 이런 사람이 있는가?"

문중자는 그곳을 떠나버렸다.

설수薛收가 여쭈었다.

"어떤 사람입니까?"

문중자가 말하였다.

"은자隱者이다."

설수가 물었다.

"어찌 뒤를 따라가지 않습니까?"

문중자가 말하였다.

"나의 도는 저런 사람과 상종할 수 없게 된 지가 오래되었다."

"지인至人이어야 서로 따릅니까?"

문중자가 말하였다.

"아니다."

문중자는 황하 가에서 이렇게 말하였다.

"도도滔滔하도다! 내 옛날에 그만두고자 하였으나 그렇게 할 수 없었는데 지금은 그만둘 수 있으리라!"

子游河間之渚.

河上丈人曰:「何居乎斯人也? 心若醉六經, 目若營四海,
　　　　　　何居乎斯人也?」

文中子去之.

　　薛收曰:「何人也?」

　　　子曰:「隱者也.」

　　收曰:「盡從之乎?」

　　子曰:「吾與彼不相從久矣.」

　　　「至人相從乎?」

　　子曰:「否也.」

子在河上曰:「滔滔乎! 昔吾願止焉, 而不可得也, 今吾
　　　　　得之止乎!」

【河間之渚】河間은 隋나라 때 郡 이름. 渚는 물가. 구체적으로 涿水의 물가로
　보고 있음. 阮逸 注에 "隋河間郡連涿水, 渚今深州"라 함.

【河上丈人】黃河 물가에 사는 어떤 隱者. 道人. 丈人은 隱者를 지칭하는 말.
　阮逸 注에 "丈人, 無名氏"라 함.

【何居】'居'는 '희'로 읽으며 의미 없는 發語辭. 阮逸 注에 "居, 音姬. 發語之端"
　이라 함.

【薛收】文中子 王通의 제자. 자는 伯襃(592~612). 隋나라 때 河東 汾陰縣 출신
　으로 隋나라 內史侍郎 薛道衡의 아들. 수나라 大業 때 秦王府의 記室 房玄齡이
　그를 秦王(李世民)에게 추천하여 秦王府主簿가 되어 判陝東道大行臺金部
　郎中에 오름. 隋나라가 망한 뒤 天策府記室參軍에 올랐으며 汾陰縣男의
　봉호를 받음. 武德 6년 本官兼文學館學士가 되었으며 武德 7년에 생을 마침.
　《舊唐書》(72)와 《新唐書》(98)에 전이 실려 있음.

【盍從之乎】 '盍'은 '何不'의 合音字. 阮逸 注에 "訝子去之"라 함.

【吾與彼不相從久矣】 吾는 吾道, 즉 儒家의 道. 阮逸 注에 "吾, 吾道也. 吾道者
仲尼與荷蓧丈人已來, 不相從也. 故曰久矣"라 함. 《論語》 微子篇에 "子路從而後,
遇丈人, 以杖荷蓧. 子路問曰:「子見夫子乎?」 丈人曰:「四體不勤, 五穀不分. 孰爲
夫子?」 植其杖而芸. 子路拱而立. 止子路宿, 殺雞爲黍而食之, 見其二子焉. 明日,
子路行以告. 子曰:「隱者也.」 使子路反見之. 至, 則行矣. 子路曰:「不仕無義. 長幼
之節, 不可廢也; 君臣之義, 如之何其廢之? 欲潔其身, 而亂大倫. 君子之仕也,
行其義也. 道之不行, 已知之矣.」라 함.

【至人】 隱者, 道人 등을 뜻함. 阮逸 注에 "收問至人無名, 還從隱乎?"라 함.

【否也】 阮逸 注에 "言至人有名而難名者也. 今之隱者異於是, 獨善一身, 不以天下
爲道"라 함.

【子在河上】 《論語》 子罕篇의 "子在川上, 曰:「逝者如斯夫! 不舍晝夜.」"와 같음.

【今吾得之止乎】 阮逸 注에 "聖人時行則行, 時止則止. 昔常欲止而心猶有爲, 故獻
策於長安. 今道之不行, 得以止矣, 故退居於河曲"이라 함.

115(3-13)
너무 잦은 교체交替

문중자가 목수牧守를 자주 바꾸는 것을 보고 이렇게 말하였다.

"요순堯舜시대에는 3년 동안 그 실적을 고과하였고, 중니仲尼는 3년 만에야 성취가 있었다. 그런데 지금 열흘이나 한 달 만에 바꾸니 나는 그 이유를 모르겠다."

설수薛收가 말하였다.

"어찌 그렇습니까?"

문중자가 말하였다.

"삼대三代가 흥성했던 것은 방가邦家에 사직社稷을 두었기 때문이며, 양한兩漢의 흥성함은 목수들이 그 자손에게 이어줄 수 있었기 때문이었다. 지금처럼 이렇게 자주 바뀌지는 않았다. 정해진 주인이 없으면서 충성만을 책임지우거나 정해진 백성도 없이 교화만을 책임지운다면 비록 능력이 있다 한들 말미암을 길이 없게 된다."

子見牧守屢易, 曰:「堯舜三載考績, 仲尼三年有成, 今旬
月而易, 吾不知其道?」

薛收曰:「如何?」

子曰:「三代之興, 邦家有社稷焉; 兩漢之盛, 牧守有
子孫焉. 不如是之亟也, 無定主而責之以忠,
無定民而責之以化, 雖曰能之, 末由也已.」

【牧守】牧民官이나 郡守. 지방 행정 책임자. 고대 州에는 牧을, 郡에는 郡守를
두었음.

【堯舜】고대 五帝 시대. 실제로 堯는 전설상 上古시대 五帝의 하나. 陶唐氏.
唐堯로도 부름. 祁姓이며 이름은 放勳. 帝嚳의 아들.《十八史略》(1)에 “帝堯
陶唐氏: 伊祁姓, 或曰名放勛, 帝嚳子也. 其仁如天, 其知如神, 就之如日, 望之
如雲, 都平陽. 茆茨不剪, 土階三等. 有草生庭, 十五日以前, 日生一葉, 以後日落
一葉, 月小盡, 則一葉厭而不落, 名曰蓂莢, 觀之以知旬朔”이라 함.《史記》五帝
本紀를 볼 것. 舜 역시 고대 五帝의 하나. 有虞氏. 姓은 姒氏, 이름은 重華. 虞舜
으로도 부름. 堯임금으로부터 천하를 물려받아 帝位에 오름. 瞽瞍의 아들로
孝誠이 뛰어났던 분으로 널리 알려져 있으며 儒家에서 聖人으로 추앙함.
《十八史略》(1)에 “帝舜有虞氏: 姚姓, 或曰名重華, 瞽瞍之子, 顓頊六世孫也.
父惑於後妻, 愛少子象, 常欲殺舜. 舜盡孝悌之道, 烝烝乂不格姦”이라 함.

【載】年과 같음.

【不知其道】阮逸 注에 “痛隋行秦, 苟且之政”이라 함.

【三代】夏, 殷, 周 3대의 개국군주 禹, 湯, 文武가 통치하던 王道정치 시대.

【邦家】阮逸 注에 “諸侯稱邦, 卿大夫稱家. 立社稷, 世奉其祀”라 함.

【子孫】자손들이 세습함. 阮逸 注에 “襲爵通侯, 無罪國不除”라 함.

【亟】잦음. 급히 서두름. 阮逸 注에 “亟, 猶遽也”라 함.

【末有】‘末’은 ‘莫’과 같음. 阮逸 注에 “末, 莫也”라 함. 雙聲互訓.

116(3-14)
하약필賀若弼

하약필賀若弼이 문중자에게 활쏘기 관람을 청하였는데 하약필은 쏘았다 하면 맞추는 것이었다.

문중자가 말하였다.

"훌륭하오, 기예技藝여! 옛날 군자는 '도에 뜻을 두고, 덕에 근거하며, 인에 의지한 이후에 예에 가히 놀이로 할 수 있다'라 하였소이다."

하약필이 불쾌히 여기며 물러났다.

문중자가 문인에게 이렇게 말하였다.

"뽐내면서 강퍅하니 지금의 세상에서 면하기 어려울 것이다."

賀若弼請射於子, 發必中.

　　子曰:「美哉乎, 藝也! 古君子『志於道, 據於德,
　　　　依於仁, 而後藝可游』也.」

弼不悅而退.

子謂門人曰:「矜而愎, 難乎免於今之世矣.」

【賀若弼】 자는 輔伯(544~607). 河南 洛陽 사람으로 賀若敦의 아들. 그 아버지가 宇文護에게 살해되면서 아들에게 陳나라를 평정할 뜻을 전하여 그는 北周에 벼슬하다가 隋나라가 들어서자 文帝(楊堅)를 도와 吳州總管이 되어 陳나라를

평정하고 大將軍에 오름. 宰相에까지 올랐으나 煬帝(楊廣)가 즉위하자 그를
멀리하게 되었으며, 이에 불만을 품다가 大業 3년 모반죄로 주살을 당함.
《北史》(68)와 《隋書》(52)에 전이 있음. 阮逸 注에 "弼, 字輔伯, 平陳有武功爲
總管. 隋主宴突厥人, 使命之射, 一發中的; 命弼射, 一發亦中的. 弼自矜善射,
故請子觀"이라 함.

【藝】六藝에 禮樂射御書數가 있음. 阮逸 注에 "六藝, 次三曰射"라 함.

【志於道】《論語》述而篇에 "子曰:「志於道, 據於德, 依於仁, 游於藝.」"라 함.
阮逸 注에 "言藝成而下, 君子游之而已"라 함.

【難乎免】죽음을 면하기 어려움. 阮逸 注에 "弼竟誅死"라 함.《論語》雍也篇에
"子曰:「不有祝鮀之佞, 而有宋朝之美, 難乎免於今之世矣.」"라 함.

117(3-15)
순열荀悅과 육기陸機

문중자가 순열荀悅을 두고 이렇게 말하였다.
"역사여, 역사여!"
이번에는 육기陸機를 두고 이렇게 말하였다.
"글이여, 글이여!"
그들 모두가 보통 사람을 넘어섬을 그리워한 것이다.

子謂荀悅:「史乎, 史乎!」
謂陸機:「文乎, 文乎!」
皆思過半矣.

【荀悅】자는 仲豫(148~209). 東漢 潁川 潁明人. 荀淑의 손자. 20세에 춘추에
통달하였으며 漢 獻帝 때 궁궐에서 侍講하였음. 秘書監, 侍中 등을 역임하였고
編年體《前漢紀》30篇을 지었으며 그 외에《申鑑》,《崇德》,《正論》등이
유명함. 阮逸 注에 "悅, 字仲豫. 漢獻帝時, 侍講禁中, 依編年體著《前漢紀》三十篇,
詞約事詳, 申明制度, 重言美之也"라 함.
【陸機】자는 士衡(261~303). 晉나라 吳郡(지금의 江蘇省 蘇州) 출신. 그의 할아버지
陸遜과 아버지 陸抗 모두 삼국시대 吳나라 將相을 지냄. 陸機는 文才가 있었
으며 西晉이 吳를 멸하자 10년간을 杜門讀書한 후, 아우 陸雲과 함께 洛陽으로

들어가 권력자들과 사귀어 '二十四友'에 이름이 오름. 뒤에 太子洗馬, 著作郎이 됨. 다시 成都王 司馬穎을 섬겨 平原內史에 임명되어 흔히 '陸平原'이라 불림. 八王之亂 때 長沙王을 공격하다가 패하여 동생과 함께 처형됨. 그의 〈文賦〉는 중국문학 비평에 있어서 중요한 저작이며 《陸士衡集》이 있음. 《晉書》(54)에 傳이 있음. 阮逸 注에 "機, 字士衡, 作〈文賦〉及〈辨亡論〉, 蓋有述作之志, 復祖之風"이라 함.

118(3-16)
문사文士의 행동

문중자가 말하였다.

"문사文士의 행동을 사령운謝靈運을 통해 볼 수 있다. 소인이로다! 그
문장이 오만하도다. 군자라면 삼갈 줄 안다. 심휴문沈休文은 소인이로다!
그 문장은 다듬기에 뛰어났으나 군자라면 전아典雅한 맛이 있어야 한다.
포소(鮑昭, 鮑照)와 강엄江淹은 옛날의 거친 자들이로다! 그 문장이 급하며
원망이 들어 있다. 오균吳筠과 공규(孔珪, 孔稚珪)는 옛날 광간狂簡한 자들이
로다! 그 문장이 괴이하며 노기가 들어 있다. 사장謝莊과 왕융王融은 옛날의
섬약纖弱한 인물들이로다! 그 문장이 자질구레하다. 서릉徐陵과 유신庾信은
옛날 과장된 인물들이로다! 그 문장이 황탄荒誕하다."

子謂:「文士之行可見謝靈運. 小人哉! 其文傲. 君子
則謹. 沈休文, 小人哉! 其文冶, 君子則典. 鮑昭·
江淹, 古之狷者也! 其文急以怨. 吳筠·孔珪,
古之狂者也! 其文怪以怒. 謝莊·王融, 古之纖
人也! 其文碎. 徐陵·庾信, 古之夸人也! 其文誕」

【謝靈運】385~433. 중국 최고의 山水詩人. 南朝 劉宋 陽夏(지름의 河南省 太康縣)
출신. 謝玄의 손자이며 집안의 封號인 康樂公을 세습받아 흔히 「謝康樂」이라
불림. 晉나라 때에는 劉毅의 記室參軍을 지냈고, 이어 劉裕(뒤에 宋을 세운

인물)의 參軍이 됨. 유유가 북벌할 때 〈撰征賦〉를 지었고, 송이 들어서자 黃門
侍郎, 相國從事中郎 등을 역임함. 다시 宋 少帝 때에는 永嘉太守가 되었으나
山水에 정을 두고 결국 사직한 후 會稽로 들어가 隱士 王弘之 등과 어울림.
이 때에 〈山居賦〉를 지었음. 文帝 때에 다시 벼슬길로 나와 臨川太守를 거쳐
秘書監, 侍中 등을 역임함. 族弟인 謝惠連 및 何長瑜, 苟雍, 羊璿之 등과 산수를
유람하였으며, 뒤에 모반의 죄명으로 廣州에서 棄市됨. 《宋書》 권67과 《南史》
권19에 傳이 있음. 明나라 張溥가 집일한 《謝康樂集》이 있음. 阮逸 注에 "靈運,
玄之孫, 襲爵康樂公. 性奢豪, 曾爲永嘉太守, 多遊山, 不聽民訟, 召爲侍中, 稱疾
不朝, 此傲可見也"라 함.

【沈休文】 沈約(441~512, 혹 513년). 자는 休文. 吳興 武康(지금의 浙江省 武康縣)
사람. 어려서 고아가 되었으며 好學博通하여 宋, 齊, 梁 三代에 걸쳐 侍中, 丹陽尹,
建昌侯 등을 거쳐 光祿大夫가 됨. 시호는 隱侯. 《梁書》(13)와 《南史》(57)에 전이
있음. 유명한 《四聲譜》를 지었으며 「四聲八病說」을 제창하기도 함. 그 외에
史書에 밝아 《晉書》 110권, 《宋書》 100권, 《齊紀》 20권, 《高祖紀》 14권, 《邇言》
10권, 《諡例》 10권, 《宋文章志》 30권, 《文集》 100권을 지었으나 《宋書》 외에는
모두 佚失되었음. 嚴可均의 《全梁文》에 《沈約文》 8권이 있음. 阮逸 注에 "沈約,
字休文. 始制音韻好艷冶之辭, 梁朝士人宗之, 益務姸侈, 此治可見矣"라 함.

【鮑昭】 鮑照(약 415~470, 혹 421~465). 자는 明遠. 東海(지금의 山東省 郯縣) 사람.
집이 가난했으며 臨川王 劉義慶의 侍郎을 역임함. 뒤에 宋 文帝가 中書舍人
으로 승진시켰으며 다시 臨海王이 荊州을 진수할 때 前軍參軍이 되었으니 그
때문에 흔히 鮑參軍으로 불림. 뒤에 임해왕이 난을 일으키자 그에 휩쓸려 죽음을
당하였으며 포조의 사적은 그 때문에 따로 傳이 없고 《宋書》와 《南史》의 臨川
烈武王道規傳에 부록으로 들어 있음. 明代 張溥가 집일한 《鮑參軍集》이 있음.
阮逸 注에 "昭字明遠, 爲宋臨江王參軍, 有虛詞而官不達, 故多怨刺"라 함.

【江淹】 자는 文通(444~504, 혹은 505). 南朝 梁나라 때 시인, 문장가. 濟陽 考城
(지금의 可南省 考城縣) 출신. 司馬相如를 흠모하였으며 宋에서 齊나라로, 다시
梁으로 이어지면서 散騎常侍를 지냈음. 뒤이어 金紫光祿大夫를 역임함. 강엄의
시는 幽深奇麗하여 宋·齊 시인 鮑照와 비슷함. 《梁書》(14) 및 《南史》(59)에 傳이
있으며 明代 張溥가 집일한 《江醴陵集》이 있음. 阮逸 注에 "淹, 字文通, 爲宋
建平王從事, 有罪下獄, 上書, 其言急, 皆狷可見矣"라 함.

【狷】 狂狷함. 躁急함. 偏狹함. 《論語》 子路篇에 "子曰: 「不得中行而與之, 必也
狂狷乎! 狂者進取, 狷者有所不爲也.」"라 함.

【吳筠】 吳均의 오기. 자는 叔庠. 문체가 古怪한 것으로 알려짐. 《梁書》(49)

文學傳과 《南史》(72)에 傳이 있음. 한편 吳筠은 王筠의 오기가 아닌가 여기기도 함. 王筠은 자는 元禮이며 문장을 억지로 押韻하여 정밀하지 못한 것으로 알려짐. 《梁書》(33)와 《南史》(22)에 전이 있음. 阮逸 注에 "《南史》無吳筠, 疑是吳均. 文之誤也. 均, 字叔庠, 文體古怪. 又疑是王筠, 字元禮, 爲文好押强韻, 多而不精. 一官一集"이라 함.

【孔珪】孔稚珪(447~501). 자는 德璋. 會稽 山陰人. 齊나라 高帝 때 驃騎가 되었으며 建武 때 冠軍將軍. 太子詹事. 散騎常侍가 됨. 〈北山移文〉이 유명함. 《南齊書》(48) 및 《南史》(49)에 전이 있으며 현재 五言詩 3수가 전함. 阮逸 注에 "孔稚珪, 字德章, 與江淹對掌文翰, 而不肯伏淹, 皆狂可見矣"라 함.

【狂】狂簡함. 의기만 있고 거칠며 잘 다듬지를 못함. 《論語》公冶長篇에 "子在陳, 曰:「歸與! 歸與! 吾黨之小子狂簡, 斐然成章, 不知所以裁之」"라 함.

【謝莊】자는 希逸(421~466). 陳郡 陽夏人. 謝靈運의 조카. 벼슬이 光祿大夫에 올랐으며 46세에 죽음. 시호는 憲子. 五言詩 12수 등 17수가 전함. 《宋書》(85)에 傳이 있음. 阮逸 注에 "莊, 字希逸. 善詞賦歌詩, 傳于樂府. 嘗作殷妃誄, 使堯門故事, 宋帝深銜之"라 함.

【王融】자는 元亮(468~494). 瑯琊 臨沂人. 王僧達의 손자이며 王儉의 조카. 秀才로 천거되어 晉安王의 南中郞參軍이 됨. 그 뒤 晉陵王의 司徒法曹參軍. 中書郞兼主客郞이 됨. 竟陵王 蕭子良이 다시 그를 寧朔將軍軍主로 삼음. 《南齊書》(47)와 《南史》(21)에 傳이 있음. 阮逸 注에 "融, 字元長, 文詞辨捷, 長於屬綴, 後坐罪誅, 此纖碎可見矣"라 함.

【纖】纖弱함. 혹은 吝嗇함. 《史記》貨殖列傳에 "周人旣纖, 而師史尤甚"이라 함.

【徐陵】자는 孝穆(507~583). 南朝 陳나라 때 東海 郯人. 梁나라 때 通直散騎常侍를 지냈으며 陳나라가 들어서자 尙書에 오름. 庾信과 함께 이름을 날려 당시의 문체를 '徐庾體'라 부르기도 하였음. 유명한 《玉臺新詠》을 편집하기도 함. 《陳書》(26)와 《南史》(62)에 전이 있음. 阮逸 注에 "陵, 字孝穆. 陳後主詔冊, 皆陵爲之. 好裁緝新意, 自成文體"라 함.

【庾信】자는 子山(513~581). 北朝 南陽 新野人. 宮體詩에 뛰어났으며 문장이 綺麗하였음. 처음 南朝 梁나라를 섬길 때 西魏에 사신으로 갔다가 잡혀 그곳에 살게 됨. 西魏가 망하고 北周가 들어서자 驃騎大將軍, 開府儀同三司에 오름. 늘 고향을 잊지 못하여 〈哀江南賦〉를 남김. 《周書》(41)와 《北史》(83) 文苑傳에 전이 있음. 阮逸 注에 "信, 字子山. 與徐陵同爲學士, 文體相夸, 時稱徐庾, 此誕可見矣"라 함.

【夸】'誇'와 같음. 과장됨. 자랑함. 과시함.

【誕】虛誕함. 放誕함. 荒誕함.

119(3-17)
효작孝綽 형제와 상동왕湘東王 형제

어떤 이가 효작孝綽 형제에 대하여 질문을 하였다.
문중자가 말하였다.
"비루한 사람들이다. 그 문장이 넘쳐난다."
혹자가 상동왕湘東王 형제에 대하여 물었다.
문중자가 말하였다.
"탐욕스러운 사람들이다. 그 문장이 번화하다. 사조謝朓는 얕은 사람이다.
그 문장이 민첩하다. 강총江摠은 궤휼詭譎한 사람이다. 그 문장이 허탄하다.
모두가 옛날 사람에게 이롭지 못한 이들이다."

或問孝綽兄弟.
子曰:「鄙人也, 其文淫.」
或問湘東王兄弟.
子曰:「貪人也, 其文繁. 謝朓, 淺人也, 其文捷. 江摠,
詭人也, 其文虛. 皆古之不利人也.」

【孝綽兄弟】劉孝綽. 본명은 劉冉(481~539). 南朝 梁나라 때 문인. 어릴 때 이름은
阿士. 관직이 秘書監에 이르렀으며 문장에 능하였고 특히 書啓에 뛰어나 한 편을
완성할 때마다 당시 사람들이 베껴서 외울 정도라 하였음. 그의 형제들 孝威,

孝儀 등 모두가 이름을 날려 王筠으로부터 크게 칭찬을 받음. 草書와 隷書에도 뛰어났었음. 《梁書》(33)와 《南史》(39)에 傳이 있음. 阮逸 注에 "劉綽, 字孝綽. 兄弟孝威·孝儀, 俱以才名顯. 其舅王筠常稱孝綽云: 「天下文章, 若無我, 當歸阿士」 阿士, 孝綽小名. 蓋淫詞類舅, 此鄙可見矣"라 함.

【湘東王兄弟】阮逸 注에 "南齊世祖之子湘東王, 名子建, 與兄竟陵王子良, 及隋 郡王子隆, 皆好文章, 有集傳世. 然志貪富貴, 繁可見矣"라 하여 南朝 齊나라 世祖(蕭道成)의 아들 湘東王(蕭子建), 竟陵王(蕭子良), 隋郡王(蕭子隆)으로 보았 으나 《南齊書》(40) 武十七子傳에 의하면 蕭子建은 13세 때 피살되어 이에 맞지 않음. 따라서 '湘東王'은 梁 3대 군주 元帝(蕭繹, 552~555)가 제위에 오르기 전 湘東王이었으며 2대 군주 簡文帝(蕭綱, 550~551)를 가리킴. 蕭綱은 武帝의 三子였고 蕭繹은 제 七子로서 모두가 짧은 기간 제위에 올랐으며 문집도 전함.

【謝朓】자는 玄暉(玄輝, 464~499). 南朝 齊나라 陳郡 陽夏人으로 謝靈運과 동족으로 '小謝'라 불렸음. 처음 隋郡王 蕭子良의 文學이 되었다가 明帝를 보필 하여 記室을 거쳐 宣城太守가 됨. 뒤에 다시 上書吏部郎에 올랐으나 蕭遙光의 誣告에 의해 살해됨. 草書와 隷書에 능하였으며, 五言詩와 山水詩에 뛰어나 秀麗淸新하다는 평을 받았음. 文學史에서 永明體의 대표 시인으로 이름이 거론됨. 《南齊書》(47)와 《南史》(19)에 전이 있음. 阮逸 注에 "朓, 字玄輝, 爲齊 新安王記室, 賤詞敏捷, 此淺可見矣"라 함.

【江摠】자는 摠持. 陳 後主(陳叔寶, 583~589 재위)와 밤새 술을 마시며 그의 악행을 도와 결국 陳나라의 망국을 재촉하였던 인물. 《南史》(36)에 전이 있음. 阮逸 注에 "摠字摠持, 與陳後主爲長夜之飮, 相和爲詩, 不持政事, 此詭佞可 見矣"라 함.

【不利人】사람에게 이롭지 않음. 阮逸 注에 "或喪身, 或亂國"이라 함.

120(3-18)
안연지顔延之, 왕검王儉, 임방任昉

문중자가 말하였다.

"안연지顔延之, 왕검王儉, 임방任昉은 군자의 마음을 가지고 있었기에
그 문장이 간약하면서 법칙이 있다."

子謂顔延之·王儉·任昉:「有君子之心焉, 其文約以則.」

【顔延之】 자는 延年(384~456). 琅邪 臨沂(지금의 山東省 臨沂縣) 출신. 어려서
고아로 자랐으며 筆墨에 모두 뛰어나 謝靈運과 이름을 나란히 함. 벼슬이 金紫
光祿大夫를 지내어 '顔光祿'이라 부름.《南史》(34)와《宋書》(73)에 傳이 있으며
明, 張溥의 집일본《顔光祿集》이 있음. 阮逸 注에 "延之, 字延年. 宋時爲侍郎,
常言:「天下之務, 當與天下共之.」平生不拘小節, 不營財利"라 함.
【王儉】 자는 仲寶(452~489). 南朝 齊나라 尙書令을 지냈던 인물. 시호는 文憲.
鍾嶸의 스승.《南齊書》(23) 王儉傳에 "儉寡嗜欲, 唯以經國爲務, 車服塵素, 家無
遺財, 手筆典裁, 爲當時所重. …… 儉常謂人曰:「江左風流宰相, 唯有謝安.」
蓋自比也. 世祖深委仗之, 士流選用, 奏無不可"라 함. 阮逸 注에 "儉, 字仲寶.
南齊時爲尙書令, 好禮學. 文詞風流自比. 謝安上宴命群臣作樂, 儉獨念封禪文"
이라 함.
【任昉】 자는 彦昇(460~508). 南朝 梁나라 때 文學家. 樂安 博昌(지금의 山東省
壽光縣) 출신. 16세 때 秀才로 천거되어 太學博士에 올랐으며 '竟陵八友'의 하나.
梁 武帝 때는 黃門侍郎을 지냈으며 다시 義興新安太守를 역임함. 詩 외에
散文에도 능했으며, '沈詩任筆'이란 말이 생겨남.《南史》(59)와《梁書》(14)에

傳이 있으며 明, 張溥가 집일한 《任彦昇集》이 있음. 《梁書》任昉傳에 "任昉,
字彦昇, 樂安博昌人. 雅善屬文, 尤長載筆, 才思無窮. 當世公王表奏, 莫不請焉.
昉起草卽成. 不加點竄. 沈約一代詞宗, 深所推挹. 高祖踐祚, 拜黃門侍郎, 出爲
寧朔將軍, 新安太守, 卒於官舍. 追贈太常卿, 諡曰敬子. 所著文章數十萬言, 盛行
于世. 昉曾爲秘書監, 自齊永元以來, 秘閣四部, 篇卷舛雜, 乎自校讎, 由是篇自
得定. 好書無所不窺, 聚至萬餘卷, 多異本"이라 하였으며 《南史》任昉傳에는
"旣以文才見知; 時人云, 任筆沈詩, 昉聞甚以爲病. 晚節轉好作詩, 用事過多, 屬詩
不得流便, 自爾都下之士慕之, 轉爲穿鑿"라 함. 阮逸 注에 "昉, 字彦升. 梁時掌
文誥, 累爲太守. 凡饋遺與親戚, 以俸米散荒民, 當世士進, 無不歷其門者, 昉接
引之, 常言: 「憂人之憂, 樂人之樂」 此心可見矣"라 함.

【文約以則】 阮逸 注에 "詞簡約, 而理有法則, 是君子用心也"라 함.

121(3-19)
엄군평嚴君平과 양웅揚雄

상서尚書가 문중자를 불러 벼슬하기를 청하자 문중자는 요의姚義로 하여금 가서 이렇게 사양하도록 하였다.

"기필코 부득이 하다면 나를 촉蜀의 서리署理 정도로 해 주시오."

어떤 자가 말하였다.

"편벽된 곳입니다."

문중자가 말하였다.

"내 엄군평嚴君平이나 양웅揚雄을 따라 유영游泳하다가 세상을 마치면 그만인데 어찌 편벽함을 걱정하겠는가?"

　　尚書召子仕, 子使姚義往辭焉.
　　　　日:「必不得已署我於蜀.」
　　　或曰:「僻.」
　　　子曰:「吾得從嚴·揚游泳以卒世, 何患乎僻?」

【尚書】 수나라 때의 관청 기구 이름. 관리를 등용하고 임면하는 업무를 관장하였음. 阮逸 注에 "隋尚書, 署天下吏"라 함.

【姚義】 太山 사람으로 王通의 門人이며 '七俊穎'의 第一人者. 자세한 事迹은 알 수 없음.

【署】署理. 攝官, 代理의 뜻으로 정식 관작을 받지 않은 채로 임시로 직무를 대행함.

【蜀】지금의 四川省 成都 지역.

【僻】僻陋함. 偏僻됨. 너무 외진 곳임.《論語》子罕篇의 "子欲居九夷. 或曰:「陋, 如之何?」子曰:「君子居之, 何陋之有?」"와 같은 뜻임. 阮逸 注에 "寧僻遠以藏用" 이라 함.

【嚴·揚】嚴君平과 揚雄. 嚴君平은 漢나라 방사이며 점술가로 원래 莊氏였으나 明帝(劉莊)의 이름을 피하여 이름을 嚴遵으로 바꿈. 卜筮로 생업을 삼았으나 그 날 번 것이 백전이 되면 즉시 문을 걸어 잠그고《道德經》을 읽었다 함.(《漢書》 王吉傳 序를 참조할 것) 揚雄은 자는 子雲(B.C.53~A.D.18). '楊雄'으로도 표기 하며 蜀郡 成都 사람. 西漢때 賦家, 哲學家. 〈甘泉賦〉, 〈羽獵賦〉 등과《太玄經》, 《方言》,《倉頡訓纂》 등의 저술이 있음.《漢書》(87)에 전이 있음.

【游泳】자유롭게 헤엄을 치듯 유유자적함을 비유함.

122(3-20)
말솜씨 뛰어난 자

문중자가 말하였다.

"나는 무릇 말솜씨 뛰어난 자를 미워한다. 반드시 해야 한다면 어리석은 듯이 하라! 어리석은 듯이 하는 자는 마구 행동하지는 않는다. 나는 호탕한 듯이 구는 자를 미워한다. 반드시 해야 한다면 차라리 인색하게 하라! 인색한 자는 마구 흩지는 않는다."

子曰:「吾惡夫佞者, 必也愚乎! 愚者不妄動; 吾惡夫豪者, 必也悋乎! 悋者不妄散.」

【吾惡夫佞者】《論語》先進篇의 "子路使子羔爲費宰. 子曰:「賊夫人之子.」子路曰:「有民人焉, 有社稷焉, 何必讀書, 然後爲學?」子曰:「是故惡夫佞者.」"라 한 표현을 그대로 원용한 것.

【佞】《論語》公冶長篇에 "或曰:「雍也仁而不佞.」子曰:「焉用佞? 禦人以口給, 屢憎於人. 不知其仁, 焉用佞?」"이라 하였으며 '佞'은 口辯이 뛰어남.《禮記》曲禮 釋文에 "口才曰佞"이라 함. 혹은 임금으로부터 뜻밖의 사랑을 받아 권력을 누리는 사람.《論語》雍也篇에 "子曰:「不有祝鮀之佞, 而有宋朝之美, 難乎免於今之世矣.」"라 함. 한편《史記》佞幸列傳에 "諺曰「力田不如逢年, 善仕不如遇合」, 固無虛言. 非獨女以色媚, 而士宦亦有之. 昔以色幸者多矣"라 함.

【愚】어리석은 듯이 행동함. '難得糊塗'와 같음.《論語》公冶長篇에 "子曰:
「甯武子, 邦有道, 則知; 邦無道, 則愚. 其知可及也, 其愚不可及也.」"라 함.
【恌】恅과 같으며 吝의 뜻. 吝嗇함. 阮逸 注에 "佞惑主, 豪誘衆, 不若愚恌守其分"
이라 함.

123(3-21)
산도山濤

문중자가 말하였다.

"달인이로다! 산도山濤여. 옳다 여기는 것은 많고 괴이하다 여기는 것은 적도다."

子曰:「達人哉! 山濤也. 多可而少怪.」

【山濤】 자는 巨源(205~283). 三國 魏나라 河內 懷縣 사람으로 老莊에 심취하였으며 稽康, 阮籍, 呂安 등과 친하여 放誕함을 즐겼던 竹林七賢의 하나.《晉書》(43)에 전이 있음.
【多可而少怪】 옳다고 여기는 것은 많고 괴이하다 여기는 것은 적음. 阮逸 注에 "怪, 宏達"이라 함.

124(3-22)
왕융王戎

어떤 이가 말하였다.
"왕융王戎은 어질다고 할 수 있습니까?"
문중자가 말하였다.
"왕융이 어질다면 천하에 어질지 않은 자가 없을 것이다."

或曰:「王戎賢乎?」
子曰:「戎而賢, 天下無不賢矣.」

【王戎】자는 濬沖(234~305). 王安豐으로도 불림. 王渾의 아들이며 王綏의 아버지.
安豐縣侯를 역임함. 성격이 인색하였으며 禮敎에 얽매이지 않았음. 阮籍, 山濤,
向秀, 阮咸, 嵇康, 劉伶과 더불어 '竹林七賢'으로 불림.《晉書》(43)에 전이 있음.
阮逸 注에 "戎, 字濬仲(沖), 晉司空"이라 함.
【賢】阮逸 注에 "戎, 典選, 未嘗進寒素, 近虛名. 天下目爲膏肓之疾. 及愍懷之廢,
又無一言以諫, 但苟且簡靜, 容身而已, 實非賢"이라 함.

125(3-23)
진사왕陳思王

문중자가 말하였다.

"진사왕陳思王은 가히 이치에 통달한 자라 이를 만하다. 천하를 양보하였으나 당시 사람들이 이를 알지 못하였다."

子曰:「陳思王可謂達理者也, 以天下讓, 時人莫之知也.」

【陳思王】曹植. 자는 子建(192~232). 曹操의 셋째 아들이며 曹丕의 아우. 어려서부터 詩文에 뛰어났었음. 조조가 매우 아껴 후계를 삼으려 하자 曹丕의 시기를 받아 〈七步詩〉 등의 고사를 남기기도 함. 조비가 漢獻帝를 폐하고 帝位에 오르자 조식은 더욱 고통을 받게 됨. 조비가 죽고 曹叡가 제위를 잇고 나서도 뜻을 얻지 못하자 일찍 죽음. 그의 시 80여 수와 文章 및 辭賦 40여 편이 남아 있음. 建安作家에게 영향이 가장 컸음. 조식은 일찍이 陳王에 봉해졌고 죽은 후 시호는 思. 그 때문에 '陳思王'으로 불림. 또한 東阿에 봉해진 적이 있어 東阿王으로도 불림.《曹子建集》10권이 전하며《三國志》(19)에 傳이 있음. 阮逸 注에 "曹植, 字子建. 魏祖欲立爲太子, 植不自雕礪, 飮酒晦迹, 兄文帝矯情自飾, 以求爲嗣, 人不知子建署兄耳"라 함.

126(3-24)
조식曹植의 문장

문중자가 말하였다.
"군자로다! 사왕思王이여. 그 문장이 깊고도 전아하도다."

子曰:「君子哉! 思王也. 其文深以典.」

【思王】陳思王. 曹植. 그의 〈親親表〉와 〈出師表〉를 두고 평한 것임. 阮逸 注에
"〈親親表〉, 典矣; 〈出師表〉, 深矣"라 함.

127(3-25)
역사

방현령房玄齡이 역사에 대하여 여쭈었다.

문중자가 말하였다.

"옛날의 역사란 도를 변론하기 위한 것이었는데, 지금의 역사란 문장을 빛내기 위한 것이구나."

문장에 대하여 물었다.

문중자가 말하였다.

"옛날의 문장이란 간약簡約히 하여 통달하는 것이었는데 지금의 문장이란 번거롭게 하여 도리어 막는 것이구나."

房玄齡問史.

　　子曰:「古之史也, 辯道; 今之史也, 耀文.」

　　問文.

　　子曰:「古之文也約以達, 今之文也繁以塞.」

【房玄齡】 자는 喬(혹 이름이 喬이며 자가 玄齡이라고도 함, 579~648). 역시 王通의 제자이며 唐 太宗 貞觀 명신. 濟州 臨淄(지금의 山東 淄博) 출신으로 貞觀 원년 (627) 中書令이 되었으며 3년(629) 尙書左僕射가 되어 梁國公에 봉해졌음. 10여 년 간 재상이 되어 많은 업적을 쌓았음. 《舊唐書》(66)와 《新唐書》(96)에 전이 있음.

【辯道】阮逸 注에 "約理明變"이라 함.

【耀文】阮逸 注에 "空事詞語"라 함.

【約而達】約은 묶어서 簡約하게 함.《論語》里仁篇에 "子曰:「以約失之者, 鮮矣.」" 라 함.

【繁而塞】阮逸 注에 "不通理曰塞"이라 함.

128(3-26)
속시續詩

설수薛收가 《속시續詩》에 대하여 여쭈었다.

문중자가 말하였다.

"사명四名이 있고, 오지五志가 있다. 무엇을 사명이라 하는가? 첫째는 화化이니 천자가 천하를 교화하는 것이요, 둘째는 정政이니 번신蕃臣이 그 풍속을 바꾸는 것이요, 셋째는 송頌이니 공을 이룬 것을 신명神明에게 고하는 것이요, 넷째는 탄歎이니 가家에 가르침을 펴고 경계警誡를 세우는 것이다. 이 네 가지는 혹 아름답게 하기도 하고, 혹 힘쓰게 하기도 하고, 혹 애상에 젖게 하기도 하며, 혹 미워하게 하기도 하니 이를 일러 오지라 하는 것이다."

薛收問《續詩》.

子曰:「有四名焉, 有五志焉. 何謂四名? 一曰化, 天子
　　所以風天下也. 二曰政, 蕃臣所以移其俗也.
　　三曰頌, 以成功告於神明也. 四曰歎, 以陳誨立
　　誠於家也. 凡此四者, 或美焉, 或勉焉, 或傷焉,
　　或惡焉, 或誠焉, 是謂五志.」

【薛收】文中子 王通의 제자. 자는 伯褒(592~612). 隋나라 때 河東 汾陰縣 출신
으로 隋나라 內史侍郎 薛道衡의 아들. 수나라 大業 때 秦王府의 記室 房玄齡이
그를 秦王(李世民)에게 추천하여 秦王府主簿가 되어 判陝東道大行臺金部
郎中에 오름. 隋나라가 망한 뒤 天策府記室參軍에 올랐으며 汾陰縣男의
봉호를 받음. 武德 6년 本官兼文學館學士가 되었으며 武德 7년에 생을 마침.
《舊唐書》(72)와 《新唐書》(98)에 전이 실려 있음.

【續詩】王通《續六經》의 하나로《詩經》의 체제를 모방하여 그 뒤를 이어
찬술한 것. 〈世家〉에《續詩》10권이 저록되어 있으며 晉, 宋, 北魏, 西魏, 北周, 隋
6대의 작품을 化, 政, 訟, 嘆 4부분으로 나누고, 시의 표현법에 따라 다시 美,
勉, 傷, 惡, 誡 5가지 유형으로 나누었다 함.

【化】阮逸 注에 "續大雅也"라 함.

【風】阮逸 注에 "形天下之風"이라 함.

【政】阮逸 注에 "續國風"이라 함.

【蕃臣】'藩臣'과 같음. 고대 諸侯를 일컬음. 阮逸 注에 "蕃臣, 比古諸侯"라 함.

【移其俗】阮逸 注에 "移俗, 猶易俗也"라 함.

【頌】阮逸 注에 "續周殷魯頌"이라 함.

【告於神明】阮逸 注에 "歌之樂府, 享于宗廟"라 함.

【歎】阮逸 注에 "續變風變雅"라 함.

【誡于家】阮逸 注에 "國異政, 家殊俗, 詩人哀之歎之. 所以吟詠於家, 諷刺其上,
使達此變, 以懷舊俗也"라 함.

【美】阮逸 注에 "嘉美之"라 함.

【勉】阮逸 注에 "無足嘉, 則勉之"라 함.

【傷】阮逸 注에 "勉不得, 則傷之"라 함.

【惡】阮逸 注에 "不足傷, 則惡也"라 함.

【誡】阮逸 注에 "語他事, 使聞之自誡"라 함.

【五志】阮逸 注에 "皆志所之"라 함.

129(3-27)
춘추春秋와 원경元經

문중자가 숙념叔恬에게 이렇게 말하였다.

"너는 《춘추春秋》와 《원경元經》을 익혔느냐? 《춘추》와 《원경》은 왕도王道의 경중輕重의 권형權衡이며, 곡직曲直의 승묵繩墨이다. 이를 잃으면 그 중간을 취할 곳이 없게 된다."

> 子謂叔恬曰:「汝爲《春秋》·《元經》乎?《春秋》·《元經》
> 於王道是輕重之權衡, 曲直之繩墨也.
> 失則無所取衷矣.」

【叔恬】 王凝. 王通의 아우이며 王績의 형. 자는 叔恬. 太原縣令에 올라 그 때문에 太原府君으로도 부름. 唐 太宗 貞觀 초에 監察御史에 올랐다가 侯君集의 사건에 연루되어 姑蘇令으로 좌천되기도 함. 뒤에 벼슬을 버리고 낙향하여 王通의 《六經》과 《文中子(中說)》를 정리함. 대체로 隋나라 開皇 초에 태어난 것으로 보이며 죽은 해는 알려지지 않음.

【春秋】 孔子가 魯나라를 紀年으로 삼아 魯 隱公 원년(B.C.722)으로부터 哀公 14년(B.C.482)까지 242년간, 12명의 公을 編年體로 쓴 최초의 史書. 주로 '微言大義', '寓褒貶', '正名' 등의 기준에 의해 서술하였으며 뒤에 《左傳》, 《公羊傳》 등의 傳으로 분화되었음. 모두 十三經에 列入되었으며 이를 묶어 〈春秋三傳〉이라 함.

【元經】王通의 저술 이름. 그의 《續六經》의 하나로 〈世家〉에 《元經》15권이 저록되어 있음. 天地人 三才의 관계를 기본으로 하여 晉 惠帝 永熙 원년(290)부터 隋 開皇 9년(589) 南朝 陳나라가 멸망할 때까지 300년간의 역사를 공자의 《春秋》에 비견하여 기록한 것. 그러나 원본은 사라지고 없으며 지금의 宋本 《元經》은 僞書로 밝혀졌음.

【權衡】 저울. 무게의 경중을 알 수 있음을 뜻함.

【繩墨】 먹줄. 곡직의 상황을 정확히 알아볼 수 있음을 뜻함.

【衷】 折衷. 衷은 '가운데, 속, 중간'이라는 뜻. 阮逸 注에 "衷, 中也. 過則抑之; 不及則勸之. 皆約歸中道"라 함.

130(3-28)
화化와 정政

문중자가 말하였다.

"《속시續詩》에 화化가 있음은 마치 선왕先王에게 아雅가 있는 것과 같도다!
《속시》에 정政이 있음은 마치 열국列國에 풍風이 있는 것과 같도다!"

子謂:「《續詩》之有化, 其猶先王之有雅乎!《續詩》之
有政, 其猶列國之有風乎!」

【雅】《詩》六義의 하나로 大雅와 小雅가 있으며, 大雅는 饗禮 때 쓰이는 노래
이며 小雅는 宴禮에 쓰이는 음악.

【風】 역시《詩》六義의 하나로 風은 각 나라의 風謠, 民謠. 15國風이 있음. 백성의
情緒를 지역별로 알 수 있음. 朱熹는 "閭巷風土男女情詞"라 함. 阮逸 注에 "雅,
合天下而言也; 風, 分郡縣而言也"라 함.

131(3-29)
열국列國의 풍風

문중자가 말하였다.

"군현郡縣의 정치는 열국列國의 풍風과 다르구나! 열국의 풍은 심오하고 견고하여 그 사람들은 독실하였다. 그러면서 '우리 임금께서 끝내 우리를 찾으시니 그 위아래가 어찌 편안하지 않으리오?'라 하였다. 그런데 그것이 변질되자 힘들게 여겨 흩어지고 말았으니 사람들은 대체로 임금의 은혜가 엷어졌음을 안타깝게 여기면서도 감히 원망을 하지는 못한 것이다. 군현의 정치에 대해서는 기꺼워하며 행복해하였으니 그 사람들이 위정자를 사모하면서 '우리 임금께서 우리를 위무하시니 그 신하와 임금이 자주 바뀌지 않을 수 있으리오?'라 하였다. 그러나 그것이 변질되자 가히 핍박이 더해지고 말았으니 사람들은 대체로 관리들의 가혹함에 대하여 원망을 하면서도 더 이상 안타까움을 풀 곳이 없게 되었던 것이다. 이럴 경우 비록 선정善政을 베푼다 해도 실행이 미치지 못하고 마는 것이다."

子曰:「郡縣之政, 其異列國之風乎! 列國之風深以固,
　　其人篤, 曰:『我君不卒求我也, 其上下相安乎?』
　　及其變也, 勞而散, 其人蓋傷君恩之薄也, 而不
　　敢怨. 郡縣之政悅以幸, 其人慕, 曰:『我君不
　　卒撫我也, 其臣主屢遷乎?』及其變也, 可而迫,

其人蓋怨吏心之酷也, 而無所傷焉. 雖有善政,
未及行也.」

【郡縣】王通은 隋나라 당시의 郡縣을 고대 周나라 때의 列國(諸侯)에 빗대어
판단 기준으로 삼았음.

【異】阮逸 注에 "列國變, 則懷其舊俗; 郡縣變, 則惟新是圖"라 함.

【深】阮逸 注에 "世修政敎, 故俗亦深厚"라 함.

【曰我君~相安乎】이는 列國 사람들의 말임. 阮逸 注에 "曰者, 假列國之人爲言也.
我君, 謂天子也. 言天子封建列國, 本求治也. 上安其下, 則下亦安其上. 故云相安"
이라 함.

【變】역대 이래《詩》에는 王道의 興廢에 따라 내용이 다르다고 여겨 正變으로
구분하였으며 특히 風과 雅에 대해서만 正風, 變風, 正雅, 變雅로 나누었음.
正은 王道, 禮義, 政敎, 國家가 흥성할 때의 시이며 쇠퇴할 때는 變이라 여겼음.
〈毛詩序〉에 "至於王道衰, 禮義廢, 政敎失, 國異政, 家殊俗, 而變風·變雅作矣.
治世之音, 安以樂, 其政和; 亂世之音. 怨以怒, 其政乖; 亡國之音, 哀以思, 其民困"
이라 함.

【君恩之薄】阮逸 注에 "薄, 謂不安其下"라 함.

【悅以幸】阮逸 注에 "苟悅其民, 幸於成功, 故民亦澤善而慕之"라 함.

【臣主屢遷】阮逸 注에 "此假郡縣之人爲言也. 言我君不終撫吾民, 使善政不久居,
而屢易之乎"라 함.

【無所傷焉】阮逸 注에 "吏苟一時急功, 則政酷民怨"이라 함.

132(3-30)
열국列國의 변풍風變

위징魏徵이 말하였다.

"감히 여쭙건대 '열국列國의 변풍風變은 애처로우나 원망함은 없었고, 군현郡縣의 정변政變은 원망은 있었으나 애처로워함은 없었다'라는 뜻은 무엇을 말하는 것입니까?"

문중자가 말하였다.

"애처로워하되 원망하지 않았다는 것은 '그대로 우리 임금이니 내 어디로 도망가겠는가? 어찌 애처로워하겠는가?'라고 하지 않았느냐? 원망을 하되 애처로워하지 않았다는 것은 '저 하찮은 사람, 내 장차 적해하리라, 어찌 애처롭게 여기겠는가?'라고 하지 않았느냐? 그 때문에 '삼대三代의 말기에는 그나마 인仁이 남아 있었으나 육대六代의 말기에는 인의仁義조차 다하고 말았다. 어찌 그렇겠는가? 백성을 인도하는 자가 그 길을 잘못 들어섰기 때문이다."

魏徵曰:「敢問『列國之風變, 傷而不怨; 郡縣之政變, 怨而不傷』, 何謂也?」

子曰:「傷而不怨, 則不曰『猶吾君也, 吾得逃乎? 何敢怨?』怨而不傷, 則不曰『彼下矣, 吾將賊之, 又何傷?』故曰: 三代之末, 尚有仁存焉; 六代之季, 仁義盡矣. 何則? 導人者非其路也.」

【魏徵】자는 玄成(580~643). 王通의 제자이며 貞觀 최고 名臣. 唐 太宗 李世民에게 직언으로 보필한 것으로 유명함. 北周 靜帝 大象 2년(580) 襄國郡 鉅鹿縣에서 태어나 어릴 때 고아가 되어 隋나라 말에 떠돌다가 道士라 속이고 李密의 瓦崗軍과 竇建德의 河北義軍에 들어가 공을 세움. 태종이 즉위하여 諫議大夫와 尙書右丞을 겸하였음. 다시 貞觀 3년(629)에 秘書監이 되어 국정에 참여하였으며 7년(633) 侍中이 되어 鄭國公에 봉해졌으며 17년(643) 병으로 長安에서 죽음. 시호는 文貞. 昭陵 곁에 묻혔음.《舊唐書》에 太宗과의 관계에 대하여 "討論政術, 往復應對, 凡數十萬言"이라 함.《舊唐書》(71)와《新唐書》(97)에 전이 있음.《貞觀政要》등에 그의 일화가 널리 실려 있음.

【吾君】阮逸 注에 "民若本國諸侯, 亦猶諸侯君天子"라 함.

【何敢怨】阮逸 注에 "可逃避, 不敢怨"이라 함.

【彼下矣】阮逸 注에 "彼謂郡縣長. 猶, 去也. 言終替去"라 함.

【賊】阮逸 注에 "賊, 害之"라 함.

【三代之末】三代는 夏, 殷, 周. 그 말기는 夏 桀王, 殷 紂王, 周 幽王 시대를 가리킴.

【仁義存】阮逸 注에 "邦家有社稷故"라 함.

【六代】晉, 宋(劉宋), 後魏, 北齊, 後周, 隋의 여섯 왕조를 가리킴. 阮逸 注에 "六代, 晉, 宋, 後魏, 北齊, 後周, 隋也"함.

【仁義盡】阮逸 注에 "牧守無子孫故"라 함.

【非其路】阮逸 注에 "不以王路使人由之"라 함.

133(3-31)
변풍變風과 변아變雅

문중자가 말하였다.

"변풍變風과 변아變雅가 생겨나자 옛 성인의 혜택이 고갈되었고, 변화變化와 변정變政이 생겨나자 제제帝制가 쇠퇴하게 되었다."

> 子曰:「變風‧變雅作, 而澤竭矣; 變化‧變政作, 而帝制衰矣.」

【變風‧變雅】《詩》의 正變. 正風, 變風, 正雅, 變雅로 나누었으며 왕통이 이를 變化, 變政으로 개념을 다시 만든 것. 즉《詩經》의 變風, 變雅를 자신의《續詩》에서는 變化, 變政으로 용어를 삼음.
【王澤竭矣】阮逸 注에 "周先王之澤"이라 함.
【帝制衰矣】阮逸 注에 "漢諸帝之制"라 함. '帝制'는 '황제의 통치 권력과 천하 제압의 힘'을 뜻함.

134(3-32)
온언박溫彦博과 위징魏徵

문중자가 말하였다.

"말로써 취했으나 행동에 위배되는 일을 온언박溫彦博은 증오하였고, 얼굴을 맞대고 칭송하면서 뒤에서는 헐뜯는 경우를 위징魏徵은 증오하였다."

子曰:「言取而行違, 溫彦博惡之; 面譽而背毁, 魏徵惡之.」

【言取而行違】《論語》公冶長篇에 "宰予晝寢. 子曰:「朽木不可雕也, 糞土之牆不可杇也; 於予與何誅?」子曰:「始吾於人也, 聽其言而信其行; 今吾於人也, 聽其言而觀其行. 於予與改是.」"라 함.

【溫彦博】자는 大臨(?~637). 王通의 제자 중 '七俊穎'의 하나. 隋末 대란이 일어나자 幽州總管 羅藝를 끌어들여 司馬로 삼았으며 貞觀 4년 中書令을 거쳐 尙書右僕射에 오름. 薛收의 아버지 薛道衡이 溫彦博과 溫大雅 형제를 "卿相之才"라 칭하였음.《舊唐書》(61)와《新唐書》(91)에 전이 있음. 阮逸 注에 "彦博, 大雅弟. 正觀(貞觀)中, 爲御史大夫, 有才辯, 官終僕射"라 함.

【魏徵】자는 玄成(580~643). 王通의 제자이며 貞觀 최고 名臣. 唐 太宗 李世民에게 직언으로 보필한 것으로 유명함. 北周 靜帝 大象 2년(580) 襄國郡 鉅鹿縣에서 태어나 어릴 때 고아가 되어 隋나라 말에 떠돌다가 道士라 속이고 李密의

瓦崗軍과 竇建德의 河北義軍에 들어가 공을 세움. 태종이 즉위하여 諫議大夫와
尙書右丞을 겸하였음. 다시 貞觀 3년(629)에 秘書監이 되어 국정에 참여하였
으며 7년(633) 侍中이 되어 鄭國公에 봉해졌으며 17년(643) 병으로 長安에서
죽음. 시호는 文貞. 昭陵 곁에 묻혔음.《舊唐書》에 太宗과의 관계에 대하여
"討論政術, 往復應對, 凡數十萬言"이라 함.《舊唐書》(71)와《新唐書》(97)에 전이
있음.《貞觀政要》등에 그의 일화가 널리 실려 있음. 阮逸 注에 "二子, 正直同"
이라 함.

135(3-33)
살신성인殺身成仁

문중자가 말하였다.

"제 생명 아까워 인을 그르치는 자는 가장 어리석은 행동이로다! 제 몸을 죽여서라도 인을 이루는 것은 중인中人 정도라면 실행할 수 있으리라! 중니仲尼의 문하에 유학游學한 사람으로서 중인에 이르지 않은 자는 없었다."

子曰:「愛生而敗仁者, 其下愚之行歟! 殺身而成仁者, 其中人之行歟! 游仲尼之門, 未有不治中者也.」

【下愚】 가장 낮은 등급의 인간 유형. 《論語》 陽貨篇에 "子曰:「唯上知與下愚不移.」"라 하였으며 孔安國은 "上知不可使爲惡, 下愚不可使强賢"이라 함. 阮逸 注에 "觸情亡性"이라 함.

【殺身而成仁】 《論語》 衛靈公篇에 "子曰:「志士仁人, 無求生以害仁, 有殺身以成仁.」"라 함. 阮逸 注에 "安仁, 非安行"이라 함.

【中人】 《論語》 雍也篇에 "子曰:「中人以上, 可以語上也; 中人以下, 不可以語上也.」"라 함. 阮逸 注에 "殺身, 若子路結纓, 蓋其中賢也"라 함.

【游】 游學. 그 門下에 드나들면서 배움.

136(3-34)
진숙달陳叔達

    진숙달陳叔達이 강군絳郡의 군수가 되어 도적을 잡도록 이렇게 명령을 하달하였다.

    "급히 몰지 말아라. 스스로 새롭게 변하겠다고 청하는 자는 원래대로 풀어주고 그 뒷날을 살펴보도록 하라."

    문중자가 이를 듣고 말하였다.

    "진숙달 군수는 가히 더불어 정치를 말할 만하다. 위에서 그 도를 잃어 백성이 흩어진 지 오래 되었다. 군자가 아니라면 어찌 능히 진실로 궁하리오. 덕으로써 이를 인도하고 말로써 이를 높이 보여주었으며 게다가 그 뒷날을 살피도록 하였으니 역시 훌륭하지 않은가?"

    陳叔達爲絳郡守, 下捕賊之令曰:「無急也, 請自新者原之以觀其後.」

    子聞之曰:「陳守可與言政矣. 上失其道, 民散久矣. 苟非君子, 焉能固窮? 導之以德, 懸之以言, 且觀其後, 不亦善乎?」

【陳叔達】 자는 子聰(?~635). 陳 宣帝의 16번째 아들. 陳나라 때 義陽王에 봉해졌으며 隋나라 大業 때 內史舍人을 거쳐 絳郡通導에 오름. 李淵이 絳郡에

이르렀을 때 적극 호응하여 丞相府主簿에 올랐으며 武德 4년 侍中을 거쳐
貞觀 때 禮部尙書에 오름.《陳書》(28),《南史》(65),《舊唐書》(61),《新唐書》(100)에
전이 있음. 阮逸 注에 "陳叔達, 字子聰. 陳宣帝之幼子也. 簡靜中正"이라 함.

【絳】隋나라 때 絳州. 지금의 山西 翼城縣, 혹 侯馬市라고도 함. 陳叔達이 그곳의
郡守로 부임함.

【自新】改過遷善의 다른 말.《史記》孝文帝本紀에 "雖復欲改過自新, 其道無有"라
하였으며,《後漢書》匡衡傳에는 "比年大赦, 使百姓得改行自新, 天下幸甚"
이라 함.

【觀其後】阮逸 注에 "容其改過, 刑之未遲"라 함.

【民散】阮逸 注에 "隋季如周衰"라 함.

【固窮】《論語》衛靈公篇에 "衛靈公問陳於孔子. 孔子對曰:「俎豆之事, 則嘗聞
之矣; 軍旅之事, 未之學也.」明日遂行. 在陳絶糧, 從者病, 莫能興. 子路慍見曰:
「君子亦有窮乎?」子曰:「君子固窮, 小人窮斯濫矣.」"이라 함. 阮逸 注에 "小民
窮則盜"라 함.

【導之以德】《論語》爲政篇에 "子曰:「道之以政, 齊之以刑, 民免而無恥; 道之
以德, 齊之以禮, 有恥且格.」"라 함. 阮逸 注에 "容在德, 刑在信"이라 함.

137(3-35)
육형肉刑

설수薛收가 여쭈었다.

"은혜를 베풀면서 의를 해치지 않고 검소하게 하되 예를 손상시키지 않는다면 어떻습니까?"

문중자가 말하였다.

"이는 문제文帝와 경제景帝도 오히려 그것을 실행하지 못함을 안타깝게 여긴 것이다. 무릇 육형肉刑을 폐지함으로써 의에 해가 될지언정 그렇게 덜어버림이 가한 것이다. 익제弋綈의 거친 옷을 입어 예에 손상이 갈지라도 그것이 맞으면 가한 것이다. 그러나 비록 문제나 경제의 마음으로써 다스림의 마음을 삼는 것은 옳기는 하나 후세에 표준이 될 수는 없다."

薛收問:「恩不害義, 儉不傷禮, 何如?」

子曰:「此文景尚病其難行也. 夫廢肉刑害於義, 損之可也. 衣弋綈傷乎禮, 中焉可也. 雖然以文景之心爲之可也, 不可格于後.」

【薛收】文中子 王通의 제자. 자는 伯褒(592~612). 隋나라 때 河東 汾陰縣 출신으로 隋나라 內史侍郞 薛道衡의 아들. 수나라 大業 때 秦王府의 記室 房玄齡이 그를 秦王(李世民)에게 추천하여 秦王府主簿가 되어 判陝東道大行臺金部郞中에 오름. 隋나라가 망한 뒤 天策府記室參軍에 올랐으며 汾陰縣男의

봉호를 받음. 武德 6년 本官兼文學館學士가 되었으며 武德 7년에 생을 마침. 《舊唐書》(72)와 《新唐書》(98)에 전이 실려 있음.

【文景】西漢의 文帝(劉恒)와 景帝(劉啓). 文帝는 耕織에 힘쓰고 賦稅를 감면하였으며 肉刑을 폐지하는 등 민정과 경제에 힘을 쏟았고, 景帝는 削藩정책으로 七國之亂이 일어나자 周亞夫로 하여금 평정토록 한 다음, 왕권을 확립하고 중앙집권을 강화함. 이 두 임금의 30여 년간 통치 때 생산이 증대되고 민생이 안정되어 漢帝國의 기틀이 마련되었으며 역사적으로는 이때를 '文景之治'라 하여 높이 평가함.

【病】제대로 실행하지 못함을 자신의 잘못으로 여김. 《論語》雍也篇에 "子貢曰:「如有博施於民而能濟衆, 何如? 可謂仁乎?」子曰:「何事於仁! 必也聖乎! 堯舜其猶病諸! 夫仁者, 己欲立而立人, 己欲達而達人. 能近取譬, 可謂仁之方也已.」"라 함.

【肉刑】신체의 일부를 훼상시키는 형벌. 이에 상대된 것이 '象刑'임. 漢 文帝 때 大倉令 淳于意가 사형에 해당하는 죄를 지자 그의 막내딸 緹縈이 글을 올려 肉刑을 폐지함. 당시 丞相 張蒼 등이 이에 대하여 肉刑을 없앨 것을 주청하여 문제의 재가를 얻어낸 기록이 《通鑑》에 구체적으로 실려 있음. 《十八史略》(2)에 "十三年, 大倉令淳于意, 有罪當刑. 少女緹縈上書曰:「死者不可復生, 刑者不可復屬. 願沒入爲官婢, 以贖父刑」上憐其意 詔除肉刑"이라 함.

【害於義】阮逸 注에 "義, 象秋也. 天不爲人惡寒, 而變肅殺之令"이라 함.

【損】덜어버림. 제거함. 阮逸 注에 "刑不濫則損"이라 함.

【弋綈】검은 색의 조악한 絹織物. 弋은 黑의 뜻, 綈는 두꺼운 비단 천.

【格于後】後世의 格式(標準)이 됨. 혹 後世에 相衝됨. 阮逸 注에 "本心在愛民, 節用不意其害義傷禮, 後王必稽中道"라 함.

138(3-36)
임금 섬기기

문중자가 말하였다.

"옛날에는 임금을 도로써 섬기면서 불가하면 그쳤으나, 지금은 임금을 말솜씨로 섬기면서 이르지 못할 짓이 없다."

子曰:「古之事君也以道, 不可則止; 今之事君也以佞, 無所不至.」

【佞】《論語》公冶長篇에 "或曰:「雍也仁而不佞.」子曰:「焉用佞? 禦人以口給, 屢憎於人. 不知其仁, 焉用佞?」"라 하였으며 '佞'은 口辯이 뛰어남.《禮記》曲禮 釋文에 "口才曰佞"이라 함. 혹은 임금으로부터 뜻밖의 사랑을 받아 권력을 누리는 사람.《論語》雍也篇에 "子曰:「不有祝鮀之佞, 而有宋朝之美, 難乎免 於今之世矣.」"라 함. 한편《史記》佞幸列傳에 "諺曰「力田不如逢年, 善仕不如 遇合」, 固無虛言. 非獨女以色媚, 而士宦亦有之. 昔以色幸者多矣"라 함.
【不可則止】阮逸 注에 "直道"라 함.
【無所不至】阮逸 注에 "所至皆佞"이라 함.

139(3-37)
찬역讚易

문중자가 말하였다.

"나는 《찬역讚易》에서 풀어쓰되 감히 논하지는 않았고, 나는 《예禮》와 《악樂》에서 논하되 감히 변증하지는 않았으며, 나는 《시詩》와 《서書》에서 변증하되 감히 의론하지는 않았다."

혹자가 그 이유를 물었다.

문중자가 말하였다.

"가可한 것도 있고 불가不可한 것도 있었기 때문이다."

그가 물었다.

"선생님께도 가한 것도 있고 불가한 것도 있습니까?"

문중자가 말하였다.

"가불가可不可는 천하에 있는 것이다. 나는 그것을 있는 그대로 두는 사람이다."

子曰:「吾於《讚易》也, 述而不敢論; 吾於《禮》·《樂》也,
　　　論而不敢辯; 吾於《詩》·《書》也, 辯而不敢議.」
或問其故.
子曰:「有可有不可.」
　曰:「夫子有可有不可乎?」
子曰:「可不可, 天下之所存也, 我則存之者也.」

【讚易】 문중자가 《周易》을 援用하여 나름대로 다시 풀이하여 쓴 책. 모두 70권
　으로 되어 있음.
【述而不敢論】 阮逸 注에 "述, 謂修之; 論, 謂別立理"라 함.
【論而不敢辯】 阮逸 注에 "論, 沿革而已. 不敢辯興衰之極"이라 함.
【辯而不敢議】 阮逸 注에 "辯治亂之事, 不敢議其得失之由"라 함.
【有可有不可】 阮逸 注에 "聖人立言, 或微而顯, 或蓋而彰, 或曲而中, 或肆而隱.
　各有其奧義, 不可槪窺. 是故有可以述則述, 可以論則論, 則論辯議皆然"이라 함.
【存之者】 阮逸 注에 "夫經天下之公言也. 故我續而存之者耳. 非我自可否也"라 함.

140(3-38)
한거 閒居

문중자는 한가하게 계실 때에는 엄연하였다.

그 움직임은 느리면서 마치 생각하는 바가 있는 듯이 하였고, 행동은 방정하며 마치 두려워하는 바가 있는 듯이 하였고, 어른을 접대할 때에는 공공연恭恭然하여 마치 부족함이 있는 듯이 하였으며, 어린 아이를 상대할 때에는 온온연溫溫然하여 마치 다가서듯이 하였다.

子閒居儼然.

其動也徐, 若有所慮; 其行也方, 若有所畏; 其接長者, 恭恭然如不足; 接幼者, 溫溫然如有就.

【慮】阮逸 注에 "貌敦"이라 함.
【方】阮逸 注에 "短步也"라 함.
【畏】阮逸 注에 "禮恭"이라 함.
【就】阮逸 注에 "敬愛得中"이라 함.

141(3-39)
문중자의 복장

문중자의 복장은 검소하면서 청결하였으며 긴 부분이 없었으며 기라
綺羅나 금수錦繡는 집 안으로 들여놓지 않았다.

그러면서 이렇게 말하였다.

"군자는 노란 색, 흰색이 아니면 입지 아니하며 부인은 푸른색을 입는다."

子之服儉以潔, 無長物焉, 綺羅錦繡不人于室.
曰:「君子非黃白不御, 婦人則有靑碧.」

【長物】옷깃이 남아돌아 치렁치렁한 것. 阮逸 注에 "長, 剩也"라 함.
【綺羅錦繡】모두 아주 좋은 비단. 훌륭한 옷감.
【黃白】阮逸 注에 "黃白, 取自然絲色"이라 함. 물감을 들이지 않은 자연 그대로의
　소박한 재질을 뜻함.
【靑碧】阮逸 注에 "染之易者"라 함.

142(3-40)
천도天道와 지도地道

　문중자는 손님을 맞아 상을 차릴 때라도 반찬을 많이 차리지 않았으며 날음식은 반드시 없이 하도록 하였으며 맛은 적당히 맞추도록 하였다.
　과일과 채소는 제철이 아니면 먹지 않으면서 "천도天道에 어긋나는 것"이라 하였다.
　그 땅에서 나는 것이 아니면 들지 않으면서 "지도地道에 어긋나는 것"이라 하였다.

　　子宴賓, 無貳饌, 食必去生, 味必適.
　　果菜非其時不食, 曰:「非天道也.」
　　　非其土不食, 曰:「非地道也.」

【貳饌】 평소의 두 배가 되는 반찬. 阮逸 注에는 "不重味"라 함.
【天道·地道】 時間과 空間에 맞추어 살아가는 것이 道에 맞음. 阮逸 注에 "皆保眞性者也"라 함.

143(3-41)
향인鄉人

고을 사람으로서 궁하여 먹을 것이나 물건을 구하러 오는 사람이 있으면 이렇게 말하였다.

"너는 나에게만 와서 요구하라. 인리향당鄰里鄉黨 사람들을 거북하게 하지 말아라. 나는 전혀 싫은 기색을 내지 않을 테니."

鄉人有窮而索者, 曰:「爾於我乎取, 無擾爾鄰里鄉黨 爲也, 我則不厭.」

【索】阮逸 注에 "索, 求"라 함.
【鄰里鄉黨】고대 마을 행정 단위. 阮逸 注에 《周禮》: 五家爲鄰, 五鄰爲里, 五州 爲鄉, 五族爲黨"이라 함.

144(3-42)
상을 당한 향인

고을 사람이 상을 당하면 문중자는 반드시 먼저 갔다가 맨 나중에 돌아왔다.

鄕人有喪, 子必先往, 反必後.

【先往】 누구보다 먼저 달려감. 阮逸 注에 "匍匐救之"라 함.
【必後】 阮逸 注에 "未忘哀"라 함.

145(3-43)
문중자의 음성

문중자의 말은 응답을 하되 소리를 지르지는 않았으며 소리를 지를 경우라면 틀림없이 큰 사단이 있을 때였다.

子之言, 應而不唱, 唱必有大端.

【唱】노래를 뜻하는 것이 아니라 큰 소리로 말함. 물었을 때 응답이 있으면 작은
　소리로 말함. 阮逸 注에 "問則應, 不唱始"라 함.
【大端】큰 사단이 있을 경우에 큰 소리로 부름. 阮逸 注에 "人言所不及, 則唱之"
　라 함.

146(3-44)
다툼이 없는 마을

문중자가 사는 고을에는 다투는 자가 없었다.

어떤 이가 물었다.

"사람들이 선하기 때문입니까?"

문중자는 선함을 알면 칭찬을 해 주었고, 선하지 못한 경우에는 이렇게 말하였다.

"아직 함께 한 지가 오래 되지 않았습니다."

子之鄕無爭者, 或問:「人善?」

子知其善, 則稱之; 不善, 則曰:「未嘗與久也.」

【無爭】文中子 가까이 있는 이들은 교화를 입음. 阮逸 注에 "近易化"라 함.

147(3-45)
대천大川

　문중자는 큰 냇물을 건널 때 바람이 있으면 건너기를 중지하였고, 높은 곳에는 오르지 않았으며, 위험한 곳을 밟지 않았고, 거친 말은 타지 않았으며, 말을 타고는 달리지는 않았다.

子濟大川, 有風則止, 不登高, 不履危, 不乘悍, 不奔馭.

【悍】慓悍한 말은 타지 않음. 阮逸 注에 "悍馬"라 함.
【奔馭】말이 내달리도록 몲.

148(3-46)
마을의 부역

고을 사람들이 수토水土의 공사에 노역이 있을 경우에는 삼태기와 삽을 갖추어 가서는 이렇게 말하였다.
"나는 대부大夫의 직책에 종사하는 자가 아니다."

鄕人有水土之役, 則具畚鍤以住, 曰:「吾非從大夫也.」

【水土之役】물길을 내거나 토목공사를 하는 勞役이나 賦役.
【畚鍤】삼태기와 삽. 鍤은 혹 가래라고도 함. 자신도 공사에 쓰일 기구를 가지고 나섬. 阮逸 注에 "畚, 草器; 鍤, 鍫也"라 함.
【非從大夫】阮逸 注에 "非大夫, 則從行"이라 함. '從大夫'는 벼슬에 참여하고 있는 경우를 뜻하는 말. 《論語》憲問篇에 "陳成子弒簡公. 孔子沐浴而朝, 告於哀公曰:「陳恆弒其君, 請討之.」 公曰:「告夫三子!」 孔子曰:「以吾從大夫之後, 不敢不告也. 君曰『告夫三子』者!」 之三子告, 不可. 孔子曰:「以吾從大夫之後, 不敢不告也.」"라 함.

149(3-47)
동천부군銅川府君의 상

　　부친 동천부군銅川府君의 상을 당하자 한 국자의 음식도 입에 넣지
않기를 사흘간 하였다

　　장례의 기구를 마련하면서 이렇게 말하였다.

　　"모름지기 검소하게 하여라. 우리 집안에는 제도가 있어 관곽棺椁은
장식하지 않으며, 옷과 이불은 생전의 것을 그대로 사용하며 유거帷車에
실으며, 도거추령塗車蒭靈은 5대 전부터 사용하지 않았다."

　　이윽고 장례를 치르고 나서는 이렇게 말하였다.

　　"중니仲尼이래로 매장한 위치를 표시해두지 않은 경우란 없었다."

　　이에 봉분은 4척으로 세우고 나무는 심지 않았다.

銅川府君之喪, 勺飮不入口者三日.

營葬具, 曰:「必儉也. 吾家有制焉, 棺椁無飾, 衣衾而擧,
　　　　惟車而載, 塗車蒭靈則不從五世矣.」

旣葬之, 曰:「自仲尼已來, 未嘗無誌也.」

於是立墳高四尺, 不樹焉.

【銅川府君】 王通의 아버지 王隆. 자는 伯高. 隋나라 開皇 초에 國子博士待詔의
신분으로 隋 文帝(楊堅)에게 《興衰要論》 7편을 올림. 뒤에 武陽郡 昌樂縣

縣令에 올랐다가 다시 忻州 銅川縣(지금의 山西 忻縣) 현령이 됨. 그 때문에 '銅川府君'이라 부른 것. 그 뒤 은퇴하고 낙향하여 더 이상 벼슬길에 오르지 않음. 阮逸 注에 "父喪"이라 함.

【棺椁】棺槨과 같음. 內棺外槨. 두 겹의 관을 사용하였으며 안쪽 널은 棺, 바깥 널은 槨이라 함. '椁'은 '槨'과 같음.

【不飾】옻칠을 하지 않음. 阮逸 注에 "飾, 謂漆飾也"라 함.

【帷車】안을 들여다볼 수 없도록 휘장을 친 수레. 생전에 쓰던 수레를 喪輿로 사용함. 阮逸 注에 "衾帷, 亡者生所御物"이라 함.

【塗車芻靈】망자가 저승에 갈 때 타고 가도록 칠을 한 수레와 저승길에 따라갈 侍從을 짚으로 만든 허수아비. 阮逸 注에 "塗車芻靈, 自古有之. 孔子謂芻靈者善, 爲俑者不仁. 不殆於用人乎?"라 함.

【誌】무덤이 있는 곳을 알기 위해 표지를 해 둠.《孔子家語》曲禮子夏問篇에 "他日, 又問墓而不墳, 孔子曰:「今丘也, 東西南北之人, 不可以弗識也. 吾見封之若堂者矣, 又見若坊者矣, 又見履夏屋者矣, 又見若斧形者矣, 吾從斧者焉.」"이라 함. 阮逸 注에는 "孔子曰:「我東西南北之人, 不可弗識也, 封之崇四尺」"이라 함.

【不樹】《孔子家語》相魯篇에 "孔子初仕爲中都宰, 制爲養生送死之節, 長幼異食, 强弱異任, 男女別塗, 路無拾遺, 器不雕僞. 爲四寸之棺, 五寸之槨, 因丘陵爲墳, 不封不樹. 行之一年, 而西方之諸侯則焉"이라 함.

150(3-48)
남의 집 숙소

문중자가 다른 고을에 가서서 남의 집에 숙소를 정하였을 때, 나갈 때면 반드시 주인에게 알리고 나서 이렇게 말하였다.

"나가면서 어찌 품고하지 않을 수 있겠는가?"

子之他鄉, 舍人之家, 出入必告, 旣而曰:「奚適而無稟?」

【舍】숙소로 삼음. 阮逸 注에 "舍於主人"이라 함.
【稟】稟告함. 알림. 阮逸 注에 "言人動有所稟"이라 함.

151(3-49)
만춘향사萬春鄉社

만춘향사萬春鄉社의 행사에는 문중자는 반드시 집사執事의 역할에 참여
하여 경건함을 다하였다.

萬春鄉社, 子必與執事, 翼如也.

【萬春鄉社】萬春鄉은 지명. 문중자가 살던 마을. 阮逸 注에 "萬春鄉, 所居鄉名"
이라 함. 社는 土地神(句龍)에게 제사를 올리는 행사. 阮逸 注에 "社, 祀句龍"이라
함. 고대에 봄가을로 土地神에게 제사를 지내던 풍습으로 立春 후 다섯 번째
戊日을 春社, 立秋 후 다섯 번째 戊日을 秋社로 정하였음. 《幼學瓊林》에 "冬至
百六是淸明, 立春五戊爲春社"라 함.
【執事】禮에 맞게 그 행사를 주관하고 인도함. 阮逸 注에 "執俎豆之事"라 함.
【翼如】敬虔하고 공경을 다하는 모습. 阮逸 注에 "翼如, 恭貌"라 함.

152(3-50)

예성부군芮城府君

형님 예성부군芮城府君이 처음으로 어사御史가 되어 장차 부임하러 나서면서 아우 문중자에게 말하였다.

"무엇을 나에게 주려는가?"

문중자가 말하였다.

"청렴하게 하시되 지나치게 하지는 마시고, 곧게 하시되 집착은 하지 마십시오."

형님이 말하였다.

"더 보탤 것은 없는가?"

문중자가 말하였다.

"태화太和를 겉으로 삼으시고, 지심至心을 속으로 삼으시며, 행동은 공경으로써 하고, 지키기는 도로써 하십시오."

예성부군은 물러나 동상董常에게 이렇게 말하였다.

"큰 건물이 장차 무너지려 하는데 나무 하나로 버틸 수는 없는 것이로다."

芮城府君起家, 爲御史將行, 謂文中子曰:「何以贈我?」

子曰:「淸而無介, 直而無執.」

曰:「何以加乎?」

曰:「太和爲之表, 至心爲之內, 行之以恭, 守之以道.」

退而謂董常曰:「大廈將顚, 非一木所支也.」

【芮城府君】王通의 형 王度. 芮城縣令을 지내어 芮城府君, 혹은 줄여서 芮城이라 부름. 隋나라 大業 연간에 御史에 올랐으며 뒤에 著作郎이 됨. 뒤에《隋書》를 편찬하였으나 마치지 못하고 죽음.

【起家】벼슬 없이 집에 있다가 처음으로 벼슬길에 나서는 경우를 뜻함. 阮逸注에 "除服被起"라 함.

【御史】지방 행정을 감찰하는 임무의 관직.

【介】지나치게 청렴함을 내세움. 阮逸 注에 "淸極則介"라 함.

【表】阮逸 注에 "淸而外和"라 함.

【內】'裏'와 같음. 阮逸 注에 "直而內至"라 함.

【恭·道】阮逸 注에 "恭外, 道內"라 함.

【董常】자는 履常. 원래 河南 사람으로 孔子에게 顔回가 있듯이 王通에게 안회와 같은 존재로 알려져 있음. 왕통보다 일찍 죽음.

【大廈將顚, 非一木所支】大廈는 큰 건물. 隋나라를 가리킴. 망해가는 隋나라를 자신이 홀로 바르게 한다고 해서 救濟할 수 있는 것은 아님. 阮逸 注에 "言隋 將顚, 非御史可救"라 함. 이와 유사한 구절은 晉 袁宏의《後漢紀》(22)에 "大木 將顚, 非一繩所維"라 하였고, 范曄《後漢書》(53) 徐穉傳에도 "大樹將顚, 非一 繩所維"라 하여 널리 알려진 格言임.

153(3-51)
혼례婚禮

문중자가 말하였다.

"시집보내고 장가가는 일에 재물을 논하는 것은 오랑캐의 짓이며 군자는 그러한 고을에 들어가지도 않는다. 옛날 남녀 각 가문들은 각기 덕을 택하였지 재물로써 예를 삼지는 않았다."

문중자의 가문은 혼가婚嫁에는 반드시 육례六禮를 갖추었으며 이렇게 말하였다.

"이러한 도는 지금은 사라지고 없다. 삼강三綱의 가장 중요한 덕목이니 폐지할 수가 없다. 나는 옛법을 따르리라."

子曰:「婚娶而論財, 夷虜之道也, 君子不入其鄉. 古者,
男女之族, 各擇德焉, 不以財爲禮.」
子之族, 婚嫁必具六禮, 曰:「斯道也, 今亡矣, 三綱之
首不可廢, 吾從古.」

【婚嫁】婚娶와 出嫁. 혼인을 뜻함.
【六禮】婚姻 성사의 수속과 과정. 納采, 問名, 納吉, 納徵, 請期, 親迎의 여섯 단계. '納采'는 남자 집에서 媒妁을 세워 여자 집에 혼인 의사를 물어 논의할 허락을 받으면 예물을 준비하여 보내는 것. '問名'은 여자 쪽의 이름과 자 생년월일을 물어 이를 점치는 것. '納吉' 남자 쪽에서 점으로 길함을 얻은 후 정식 혼인

의사를 쌍방이 체결하는 것. '納徵'은 납길 후에 예물을 보내는 것. '請期'는 결혼 날짜를 정하여 여자 집에 알려 동의를 얻는 것. '親迎'은 사위될 자가 정식으로 여자 집에 가서 신부를 데려와 혼인의식을 거행하는 것.(《儀禮》士婚禮)

【三綱】 사람으로서 신분과 지위에 따른 세 가지 강령. 君爲臣綱, 父爲子綱, 夫 爲婦綱의 세 덕목을 뜻함.

【從古】 阮逸 注에 "引古正今. 夫爲婦之綱"이라 함.

154(3-52)
악의박식惡衣薄食

문중자가 말하였다.

"조악한 의복과 거친 음식에 생각을 적게 하고 욕심을 줄이는 것을 지금 사람들은 속임수라고 여기고 있으나 나라면 속임수라고 여김을 좋아하겠다. 과시하거나 자랑하지도 않으면서 마치 우둔한 듯이, 비루한 듯이 하는 것을 지금 사람들은 부끄럽게 여기고 있으나 나라면 부끄러움을 모른다고 여김을 받겠노라."

子曰:「惡衣薄食, 少思寡欲, 今人以爲詐, 我則好詐焉.
　　　不爲誇衒, 若愚似鄙, 今人以爲恥, 我則不恥也.」

【惡衣薄食】조악한 옷과 거친 음식.
【誇衒】과장하고 자랑함.

155(3-53)
고금의 벼슬살이

문중자가 말하였다.

"옛날 벼슬하던 자들은 그 도를 실행하였으나 지금 벼슬하는 자들은 그 욕심을 마음놓고 드러내고 있으니 어렵도다!"

子曰:「古之仕也以行其道, 今之仕也以逞其欲, 難矣乎!」

【行其道】阮逸 注에 "道行於人"이라 함.

【逞】제 하고 싶은 바를 마음껏 해 봄. 분풀이를 하여 쾌의를 느낌.《左傳》隱公 11년 傳에 "天禍許國, 鬼神實不逞于許君, 而假手于我寡人, 寡人唯是一二父兄 不能共億, 其敢以許自爲功乎?"라 함. 阮逸 注에 "厚己所欲"이라 함.

【難乎】태평시대를 이루기 어려움. 阮逸 注에 "難致太平"이라 함.

156(3-54)
옛날의 관리

문중자가 말하였다.

"관리가 되어 벼슬길에 오르고, 공로를 세워 관직에 나가고 하는 것이 옛날에는 그렇지 않았는데 진秦나라의 가혹한 정치가 남긴 유풍인가! 옛날에는 선비는 벼슬길에 오르고 관리는 자신의 역할을 다하여 봉록은 그 공로에 따라 주어지고 관직은 덕에 맞추어 주어졌었다."

子曰:「吏而登仕, 勞而進官, 非古也, 其秦之餘酷乎!
　　古者士登乎仕, 吏執乎役, 祿以報勞, 官以授德.」

【秦之餘酷】阮逸 注에 "《周禮》: 胥吏, 執事而已, 非委之以政敎也;《春秋》: 有功, 賞邑而已, 非假之以名器也. 秦政酷, 故用吏才而官, 不授德"이라 함.
【士登乎仕】阮逸 注에 "士, 謂俊造也, 從王命爲仕"라 함.
【授德】阮逸 注에 "祿及勞者, 一身而已. 官則爲天下設也"라 함.

157(3-55)
주공周公 단旦

문중자가 말하였다.

"아름답도다! 주공周公 단旦의 주周나라를 위함이여. 밖으로 천하가 자신을 두고 섭정에 사사로움이 있다고 떠드는 비방을 개의치 않고, '반드시 나의 자손으로 하여금 이어받아 종실의 제사가 끊어지지 않도록 하리라' 하였고, 안으로 천하의 도를 통달하도록 실행하여 그 마음을 공에 두면서, '기필코 우리 임금과 신하로 하여금 서로 안정을 얻어 화란禍亂이 일어나지 않도록 하리라'라 하였다. 깊도다! 깊도다! 집안을 편안히 하는 것은 천하를 안정되게 하기 위함이요, 나를 지켜내는 것은 창생蒼生을 두텁게 하기 위함이었다. 그러므로 천도遷都를 옳게 여기면서 '낙읍洛邑의 위치는 사방으로 통하면서 평평하기게 덕 있는 자로 하여금 쉽게 흥하도록 하고, 덕이 없는 자로 하여금 쉽게 망하게 하는 곳'이라 하였던 것이다."

子曰:「美哉! 公旦之爲周也. 外不屑天下之謗而私其迹, 曰:『必使我子孫相承而宗祀不絶也.』內實達 天下之道而公其心, 曰:『必使我君臣相安而禍 亂不作.』深乎! 深乎! 安家者, 所以寧天下也; 存我者, 所以厚蒼生也. 故遷都之義, 曰:『洛邑 之地, 四達而平, 使有德易以興, 無德易以衰.』」

【周公】周나라 文王(姬昌)의 아들이며 武王(姬發)의 아우. 이름은 姬旦.《周禮》를
 저술하여 周나라 문물제도를 완성, 나라의 기틀을 마련함. 魯(曲阜)나라에 封을
 받아 魯나라 시조가 됨. 武王이 죽고 武王의 아들 成王(姬誦)이 어린 나이에
 즉위하자 7년간 攝政함. 儒家에서 聖人으로 추앙함.《史記》周本紀 및 魯周公
 世家 참조.

【不屑】阮逸 注에 "不屑, 不介意也"라 함.

【迹】阮逸 注에 "謂攝位也"라 하여 成王(姬誦)의 섭정을 뜻함.

【曰】阮逸 注에 "曰者, 假周公爲言也"라 함.

【達天下之道】阮逸 注에 "達道, 制禮作樂也"라 함.

【公其心】阮逸 注에 "公, 謂終復子明辟也"라 함.

【寧天下·厚蒼生】阮逸 注에 "奉文武業, 必存我身, 所以寧國厚民"이라 함.

【洛邑】周公이 洛邑을 건설하여 東都로 삼았음을 말함.

【無德易以衰】아무리 좋은 위치라 해도 덕이 없으면 쉽게 쇠망한다는 뜻.
 阮逸 注에 "卜洛相宅, 義不恃險, 而在修德"이라 함.

158(3-56)
오두선생전五斗先生傳

문중자의 아우 무공無功이 〈오두선생전五斗先生傳〉을 지었다.

문중자가 말하였다.

"너는 천하를 잊었느냐? 마음대로 하면서 법칙을 어그러뜨렸으니 나는 찬동할 수 없다."

無功作〈五斗先生傳〉.

　子曰:「汝忘天下乎? 縱心敗矩, 吾不與也.」

【無功】王績. 無功은 자. 王通의 아우. 불우하였으며 술에 빠져 한 번 마셨다 하면 다섯 말을 마셔 스스로 '五斗先生'이라 자호를 짓고 陶淵明의 〈五柳先生傳〉에 빗대어 〈五斗先生傳〉을 지었음. 阮逸 注에 "王績, 字無功, 子之弟也. 不遇時, 則縱酒, 一飮五斗, 〈自作五斗先生傳〉, 以見志"라 함. 《舊唐書》(192)와 《新唐書》(196) 隱逸傳에 전이 있음. 호를 東皐子라 하였으며 《東皐子集》(四庫全書 集部2, 別集類1)이 전함. 부록을 참조할 것.

【不與】許與하지 않음. 찬동할 수 없음. 阮逸 注에 "責其敗人倫之法"이라 함.

卷四 〈주공편周公篇〉

본편은 첫 구절 "周公之道"의 '周公'를 제목으로 삼은 것이다.
총 54장으로 分章하였다.

〈敍篇〉에 "事君法天, 莫如周公, 故次之以〈周公篇〉"이라 하였다.

〈舞蹈紋彩陶盆〉 1973 靑海 大通縣 출토

159(4-1)
주공周公의 도

문중자가 주공周公의 도를 이렇게 평하였다.
"굽었으나 정당하고, 사사로우나 용서함이 있어 천리天理를 끝까지 다하고 본성을 끝까지 다하였으니 천명에 이른 것이로다!"

子謂周公之道:「曲而當, 私而恕, 其窮理盡性, 以至於
命乎!」

【周公】 周나라 文王(姬昌)의 아들이며 武王(姬發)의 아우. 이름은 姬旦.《周禮》를
저술하여 周나라 문물제도를 완성, 나라의 기틀을 마련함. 魯(曲阜)나라에 封을
받아 魯나라 시조가 됨. 武王이 죽고 武王의 아들 成王(姬誦)이 어린 나이에
즉위하자 7년간 攝政함. 儒家에서 聖人으로 추앙함.《史記》周本紀 및 魯周公
世家 참조.
【曲而當, 私而恕】 管叔과 蔡叔을 주벌한 일과 아들 伯禽을 매질한 일을 가리킴.
阮逸 注에 "攝政, 誅管蔡, 曲而當也. 代武王, 笞伯禽, 私而恕也"라 함.
【窮理盡性】《周易》說卦에 "窮理盡性, 以至於命"이라 함. 阮逸 注에는 "曲而當,
於理窮矣. 私而恕, 於性盡矣. 理則性, 性則天, 天則命, 此所以謂聖也"라 함.

160(4-2)
성인과 천도

문중자가 말하였다.

"성인聖人은 천도를 알기에 창성함은 잠겨져 있는 듯하고, 그것이 닳을 때는 누워 있는 듯이 하며 쉬지 않고 열심을 다함이 마치 더위와 추위가 차례대로 진퇴하여 만물이 그를 따르지 않음이 없되 그 이유를 모르고 있는 것과 같다."

子曰:「聖人知道, 其昌也潛, 其弊也寢, 亹亹焉若寒暑
進退, 物莫不從之而不知其由也.」

【潛·寢】'潛'은 '潛隱, 隱藏'의 뜻.《荀子》議兵에 "窺敵觀變, 欲潛以深"이라 함. 阮逸 注에 "潛·寢. 省漸也"라 함.

【亹亹】끊임없이 순환함.《詩經》大雅 文王에 "亹亹文王, 令聞不已"라 함. 阮逸 注에 "亹亹, 循環不絶貌. 顯諸仁則民從之, 藏諸用則民不知"라 함."

161(4-3)
혜강嵇康과 완적阮籍, 그리고 유령劉靈

온언박溫彦博이 물었다.

"혜강嵇康과 완적阮籍은 어떤 사람입니까?"

문중자가 말하였다.

"옛날의 현리에 이름난 자이지만 끝까지 해보지는 못한 이들이다."

그가 물었다.

"무슨 뜻입니까?"

문중자가 말하였다.

"도는 부족한데 그릇은 여유 있는 것과 같은 경우이다."

그가 물었다.

"감히 도와 그릇에 대하여 여쭙습니다."

문중자가 말하였다.

"변화에 통달하는 것을 일러 도라 하고, 방정함을 잡고 있는 것을 일러 그릇이라 한다."

그가 다시 물었다.

"유령劉靈은 어떤 사람입니까?"

문중자가 말하였다.

"옛날 모든 것을 꽉 닫고 산 사람이지."

그가 말하였다.

"그렇게 살아도 됩니까?"

문중자가 대답하였다.

"천하를 모두 잊는다면 역시 옳다고 할 수는 없으리라!"

그가 또 물었다.

"그것은 도에 족한 것입니까?"

문중자가 말하였다.

"족한 것인지에 대해서는 나는 모르겠다."

溫彦博問:「嵇康·阮籍何人也?」

　　子曰:「古之名理者而不能窮也.」

　　　日:「何謂也?」

　　子曰:「道不足而器有餘.」

　　　日:「敢問道·器?」

　　子曰:「通變之謂道, 執方之謂器.」

　　　日:「劉靈何人也?」

　　子曰:「古之閉關人也.」

　　　日:「可乎?」

　　　日:「兼忘天下, 不亦可乎!」

　　　日:「道足乎?」

　　　日:「足則吾不知也.」

【溫彦博】 자는 大臨(?~637). 王通의 제자 중 '七俊穎'의 하나. 隋末 대란이 일어
나자 幽州總管 羅藝를 끌어들여 司馬로 삼았으며 貞觀 4년 中書令을 거쳐 尙書
右僕射에 오름. 薛收의 아버지 薛道衡이 溫彦博과 溫大雅 형제를 "卿相之才"라
칭하였음. 《舊唐書》(61)와 《新唐書》(91)에 전이 있음.

【嵇康】 자는 叔夜(223~262). 어릴 때 고아였으며 奇才가 있었음. 老莊에 심취
하였으며 시문에 능하였고 '竹林七賢'의 하나임. 뒤에 鍾會의 모함을 입어
司馬昭에게 죽임을 당함. 本姓은 奚氏였으나 뒤에 銍縣 嵇山 곁에 옮겨 살아

성을 嵇氏로 바꾸었다 함. 〈廣陵散曲〉, 〈琴賦〉, 〈養生論〉, 〈聲無哀樂論〉, 〈與山巨源絶交書〉 등이 유명함. 《晉書》(49)에 전이 있음. 阮逸 注에 "嵇康, 字叔夜. 山濤擧之自代, 康絶交, 其介局如此"라 함.

【阮籍】 자는 嗣宗(210~263). 陳留의 尉氏人. 阮瑀의 아들. 老莊에 밝았으며 거문고, 바둑, 시문 등에 능하였음. 步兵校尉를 역임하여 흔히 阮步兵이라 불림. '竹林七賢' 중의 하나. 〈豪傑詩〉, 〈詠懷詩〉, 〈達莊論〉, 〈大人先生傳〉 등이 있으며 《三國志》(21), 《晉書》(49)에 전이 있음. 阮逸 注에 "阮籍, 字嗣宗. 居喪用琴酒, 且曰:「禮豈謂我輩設?」其放曠如此"라 함.

【不能窮】 阮逸 注에 "談名理不窮其變, 或失於介, 或失於放"이라 함.

【道不足】 阮逸 注에 "道不足則介, 故不足; 器不執則放, 故曰有餘"라 함.

【通變】 阮逸 注에 "可以變則變"이라 함.

【執放】 阮逸 注에 "可以方則方"이라 함.

【劉靈】 劉伶. 자는 伯倫. 용모가 못생겼다 하며 魏末 司馬氏가 정권을 휘두르자 自然으로 돌아가 老莊을 신봉하여 無爲而治를 주장하면서 음주로 세월을 보냄. 죽림칠현의 하나. 〈酒德頌〉을 남김. 〈任誕〉편 참조. 《晉書》(49)에 전이 있음. 唐 이전에는 〈劉靈〉으로 표기하였음. 그는 죽림칠현 중 술로 제일 이름이 나 있으며 늘 종자를 시켜 삽을 차고 다니게 하며 술 취해 쓰러져 죽는 그 자리를 파서 묻어 달라고 할 정도였음. 阮逸 注에 "劉靈, 字伯倫, 性淡默不交遊, 以酒自樂, 常攜壺, 使人荷鍤隨行, 曰:「死則埋之.」"라 함.

【閉關】 阮逸 注에 "閉關, 喩藏身也. 此世人所不能窺其闡關"이라 함.

【兼忘】 阮逸 注에 "一身可忘也, 天下不可兼忘"이라 함.

【不知】 阮逸 注에 "靈亦放而已, 非中道"라 함.

162(4-4)
진숙달陳叔達

군수郡守 진숙달陳叔達이 설생薛生에게 말하였다.

"내가 군현郡縣에 명령을 내렸건만 도적이 그치지 않고 있는데 선생님께서는 향리鄕里에 사시면서 다투는 자가 없어졌으니 어찌 그렇습니까?"

설수가 말하였다.

"그대는 말로써 교화시켰기 때문이요, 선생님은 마음으로 교화시켰기 때문이지요."

진숙달이 말하였다.

"내가 잘못한 것이군요."

그러고는 물러나 조용히 처하자 석 달이 지나 도적들이 그 경내에서 떠나버렸다.

문중자가 이를 듣고 말하였다.

"설수는 말을 잘 하였고, 숙달은 덕을 잘 베풀었다."

陳守謂薛生曰:「吾行令於郡縣而盜不止, 夫子居於鄕
里而爭者息, 何也?」

薛生曰:「此以言化, 彼以心化.」

陳守曰:「吾過矣.」

退而靜居, 三月盜賊出境.

子聞之曰:「收善言, 叔達善德.」

【陳守】陳叔達. 자는 子聰. 陳 宣帝의 16번째 아들. 陳나라 때 義陽王에 봉해졌으며 隋나라 大業 때 內史舍人을 거쳐 鋒郡通導에 오름. 李淵이 鋒郡에 이르렀을 때 적극 호응하여 丞相府主簿에 올랐으며 武德 4년 侍中을 거쳐 貞觀 때 禮部尙書에 오름. 《陳書》(28), 《南史》(65), 《舊唐書》(61), 《新唐書》(100)에 전이 있음. 鋒郡通導를 지내어 '陳守'라 부른 것. 阮逸 注에 "陳守, 叔達也; 薛生, 收也; 夫子, 謂文中子"라 함.

【言化】법령 등을 시행하여 교화를 펌. 阮逸 注에 "行令示法"이라 함.

【心化】阮逸 注에 "行道感人"이라 함.

【靜居】阮逸 注에 "思行其道"라 함.

【善言·善德】阮逸 注에 "二子同志"라 함.

163(4-5)
전주田疇

방현령이 물었다.
"전주田疇는 어떤 사람입니까?"
문중자가 말하였다.
"옛날의 의인義人이지."

房玄齡問:「田疇何人也?」
子曰:「古之義人也.」

【房玄齡】 자는 喬(혹 이름이 喬이며 자가 玄齡이라고도 함, 579~648). 역시 王通의
제자이며 唐 太宗 貞觀 명신. 濟州 臨淄(지금의 山東 淄博) 출신으로 貞觀 원년
(627) 中書令이 되었으며 3년(629) 尙書左僕射가 되어 梁國公에 봉해졌음.
10여 년 간 재상을 하면서 많은 업적을 쌓았음. 《舊唐書》(66)와 《新唐書》(96)에
전이 있음.
【田疇】 삼국시대 右北平 無終 사람으로 자는 子泰. 漢末 천하가 혼란에 빠지자
가족들을 데리고 徐無散으로 피신하였는데 많은 사람들이 그를 따라나서
五千여 가구나 되었다 함. 曹操가 烏丸을 토벌할 때 길을 안내하여 亭侯에 봉하려
하자 그는 "豈可賣盧龍之塞, 以易賞祿哉?"라 하며 거절하였다 함. 《三國志》
魏志(11)에 전이 있음. 阮逸 注에 "田疇, 字子泰. 幽州牧劉虞, 使疇奉使于天子,
及廻, 虞爲公孫瓚所害, 疇哭虞墓而去. 魏相欲封疇, 疇不受, 此節義也"라 함.

164(4-6)
무덕무武德舞와 소덕무昭德舞

문중자가 말하였다.

"무덕무武德舞는 노고로운 다음 결단을 내린 것이니 그것은 모책을 발하고 염려를 움직여 천하를 경영한 것이로다!"

그리고 또 이렇게 말하였다.

"소덕무昭德舞는 한가하게 되자 태연한 모습이니 그것은 정신을 화평하게 하고 기운을 안정시켜 천하를 안심시키는 것이로다!"

태원부군太原府君이 말하였다.

"무슨 뜻입니까?"

문중자가 말하였다.

"혹 결단을 내려 성취하였고, 혹 태평하여 이를 지켜내었으니 나는 그 사이의 변화를 알 수 없다. 아! 무덕이라면 한때의 공을 인정한 것이지만 소덕의 훌륭함만은 못하다. 게다가 무력을 사용하는 것이 진선盡善하지 않음이 오래되었도다. 때가 그런 것이리라. 때가 그런 것이리라!"

子謂:「武德之舞勞而決, 其發謀動慮, 經天下乎!」
　謂:「昭德之舞閑而泰, 其和神定氣, 綏天下乎!」
太原府君曰:「何如?」

子曰:「或決而成之, 或泰而守之, 吾不知其變也. 噫!
武德則功存焉, 不如昭德之善也. 且武之未盡
善久矣. 其時乎, 其時乎!」

【武德之舞】漢 高祖 劉邦의 사당에서 추던 춤. 阮逸 注에 "漢高祖廟奏武德舞,
狀干戈, 勤勞決取, 以經營天下也"라 함.
【昭德之舞】漢 文帝의 사당에서 추던 춤. 阮逸 注에 "漢文帝廟奏昭德舞, 狀修
文物, 以綏安天下也"라 함.
【太原府君】叔恬. 王凝. 王通의 아우이며 王績의 형. 자가 叔恬. 太原縣令에 올라
그 때문에 太原府君으로도 부름. 唐 太宗 貞觀 초에 監察御史에 올랐다가
侯君集의 사건에 연루되어 姑蘇令으로 좌천되기도 함. 뒤에 벼슬을 버리고
낙향하여 王通의《六經》과《文中子(中說)》를 정리함. 대체로 隋나라 開皇 초에
태어난 것으로 보이며 죽은 해는 알려지지 않음.
【變】阮逸 注에 "凡帝道有成之首, 有守之者, 樂舞象焉. 其變在文武相須"라 함.
【不如昭德之善】阮逸 注에 "功立一時而已. 德必常守于萬世"라 함.
【其時乎】阮逸 注에 "湯武革命, 一時之功; 周行典禮, 萬世之道"라 함.

165(4-7)
사마담司馬談

문중자가 말하였다.

"태사공太史公 사마담司馬談은 구류九流를 잘 설명하여, 그것이 가히 폐할 수 없음도 알았고, 그것이 각기 폐단도 가지고 있음도 알았다. 어찌 어느 것이 낫다고 말할 수 있겠는가?"

子謂:「史談善述九流, 知其不可廢而知其各有弊也,
　　　安得長者之言哉?」

【史談】太史令을 지낸 司馬談(?~B.C.110). 司馬遷의 아버지. 西漢 夏陽 사람으로 武帝 때 太史令을 지냈으며 諸子의 분류에 대하여 언급함. 阮逸 注에 "司馬談 爲太史, 故曰史談"이라 함.

【九流】先秦 諸子學의 九流十家를 가리킴.《史記》太史公自序에 "太史公學天官於唐都, 受易於楊何, 習道論於黃子. 太史公仕於建元元封之閒, 愍學者之不達其意而師悖, 乃〈論六家之要指〉曰: 易大傳:「天下一致而百慮, 同歸而殊.」夫陰陽·儒·墨·名·法·道德, 此務爲治者也, 直所從言之異路, 有省不省耳. 嘗竊觀陰陽之術, 大祥而衆忌諱, 使人拘而多所畏; 然其序四時之大順, 不可失也. 儒者博而寡要, 勞而少功, 是以其事難盡從; 然其序君臣父子之禮, 列夫婦長幼之別, 不可易也. 墨者儉而難遵, 是以其事不可遍循; 然其彊本節用, 不可廢也. 法家嚴而少恩; 然其正君臣上下之分, 不可改矣. 名家使人儉而善失眞; 然其正名實, 不可不察也. 道家使人精神專一, 動合無形, 贍足萬物. 其爲術也, 因陰陽之

大順, 采儒墨之善, 撮名法之要, 與時遷移, 應物變化, 立俗施事, 無所不宜, 指約
而易操, 事少而功多. 儒者則不然. 以爲人主天下之儀表也, 主倡而臣和, 主先而
臣隨. 如此則主勞而臣逸. 至於大道之要, 去健羨, 絀聰明, 釋此而任術. 夫神大用
則竭, 形大勞則敝. 形神騷動, 欲與天地長久, 非所聞也. 夫陰陽四時·八位·十二度·
二十四節各有敎令, 順之者昌, 逆之者不死則亡, 未必然也, 故曰「使人拘而多畏」.
夫春生夏長, 秋收冬藏, 此天道之大經也, 弗順則無以爲天下綱紀, 故曰「四時之
大順, 不可失也」. 夫儒者以六藝爲法. 六藝經傳以千萬數, 累世不能通其學, 當年
不能究其禮, 故曰「博而寡要, 勞而少功」. 若夫列君臣父子之禮, 序夫婦長幼之別,
雖百家弗能易也. 墨者亦尙堯舜道, 言其德行曰:「堂高三尺, 土階三等, 茅茨不翦,
采椽不刮. 食土簋, 啜土刑, 糲粱之食, 藜霍之羹. 夏日葛衣, 冬日鹿裘.」其送死,
桐棺三寸, 擧音不盡其哀. 敎喪禮, 必以此爲萬民之率. 使天下法若此, 則尊卑
無別也. 夫世異時移, 事業不必同, 故曰「儉而難遵」. 要曰彊本節用, 則人給家足之
道也. 此墨子之所長, 雖百長弗能廢也. 法家不別親疏, 不殊貴賤, 一斷於法, 則親
親尊尊之恩絶矣. 可以行一時之計, 而不可長用也, 故曰「嚴而少恩」. 若尊主卑臣,
明分職不得相踰越, 雖百家弗能改也. 名家苛察繳繞, 使人不得反其意, 專決於名
而失人情, 故曰「使人儉而善失眞」. 若夫控名責實, 參伍不失, 此不可不察也. 道家
無爲, 又曰無不爲, 其實易行, 其辭難知. 其術以虛無爲本, 以因循爲用. 無成埶,
無常形, 故能究萬物之情. 不爲物先, 不爲物後, 故能爲萬物主. 有法無法, 因時
爲業; 有度無度, 因物與合. 故曰「聖人不朽, 時變是守. 虛者道之常也, 因者君之綱」
也. 群臣至, 使各自明也. 其實中其聲者謂之端, 實不中其聲者謂之窾. 窾言不聽,
乃不生, 賢不肖自分, 白黑乃形. 在所欲用耳, 何事不成. 乃合大道, 混混冥冥. 弗天下,
復反無名. 凡人所生者神也, 所者形也. 神大用則竭, 形大勞則敝, 形神離則死.
死者不可復生, 離者不可復反, 故聖人重之. 由是觀之, 神者生之本也, 形者生之
具也. 不先定其神[形], 而曰「我有以治天下」, 何由哉?」라 하여 諸子를 陰陽家,
儒家, 墨家, 名家, 法家, 道家 등 6가지로 나눔. 그러나 뒤에 劉向과 劉歆 父子에
의해 10가지로 세분화되어《漢書》藝文志에 실리게 되었으며 이를 흔히 九流
十家라 함.《漢書》藝文志 諸子略에 儒家, 道家, 墨家, 法家, 名家, 陰陽家, 縱橫家,
農家, 雜家까지 9개 學派를 '九流'라 하며 여기에 小說家를 추가하여 '十家'라 함.
이것이 先秦 諸子學을 일컫는 말이 되었음. 阮逸 注에 "九流: 一儒家, 二道家,
三陰陽家, 四法家, 五名家, 六墨家, 七縱橫家, 八雜家, 九農家"라 함.

【不可廢】阮逸 注에 "逸謂: 九流異道, 猶五方殊俗. 在治者因而利之, 器而使之.
故不廢而同歸於儒矣. 長者言殊道無容, 無不通也. 不廢則容之, 有廢則排之,
非眞儒通辯, 不能極此"라 함.

166(4-8)
변화에 통달하면

문중자가 말하였다.

"그 변화에 통달하면 천하에 잘못된 법도 있을 수 없고, 천하에 훌륭한 교화라는 것도 있을 수 없다. 그 때문에 '모든 것은 그 사람에게 있다'라고 말하는 것이다."

子曰:「通其變, 天下無弊法, 天下無善教. 故曰『存乎其人』.」

【無弊法】阮逸 注에 "何常之有? 法弊則革"라 함.
【無善教】阮逸 注에 "偏執一隅, 有時作尼"라 함.
【存乎其人】阮逸 注에 "人, 謂眞儒"라 함.

167(4-9)
원기지사圓機之士와 황극지주皇極之主

문중자가 말하였다.

"어찌하면 원기지사圓機之士를 얻어 그와 함께 구류九流를 논할 수 있을까? 어찌하면 황극지주皇極之主를 만나 그와 함께 구주九疇를 펴볼 수 있을까?"

子曰:「安得圓機之士與之共言九流哉? 安得皇極之主與之共叙九疇哉?」

【圓機】圓滿하게 中道를 지켜 명중함. 阮逸 注에 "圓無執張, 機發必中"이라 함.

【皇極】지도자의 훌륭한 치도. 帝王의 지위. 九疇 中 다섯 번째 中央의 위치.

【九疇】禹임금이 천하를 다스리던 治道의 大法 9가지. 《尙書》洪範에 "箕子乃言曰:「我聞, 在昔, 鯀陻洪水, 汨陳其五行, 帝乃震怒, 不畀洪範九疇, 彛倫攸斁. 鯀則殛死, 禹乃嗣興, 天乃錫禹洪範九疇, 彛倫攸叙. 初一曰五行, 次二曰敬用五事, 次三曰農用八政, 次四曰協用五紀, 次五曰建用皇極, 次六曰乂用三德, 次七曰明用稽疑, 次八曰念用庶徵, 次九曰嚮用五福威用六極"이라 함. 阮逸 注에 "九疇: 一五行, 二五事, 三八政, 四五紀, 五皇極, 六三德, 七稽疑, 八庶徵, 九五福. 皇極居九數之中, 當主位也"라 함.

168(4-10)
최호崔浩

두엄杜淹이 여쭈었다.

"최호崔浩는 어떤 사람입니까?"

문중자가 말하였다.

"급박한 사람이지. 소도小道를 고집하다가 대경大經을 어지럽힌 자이다."

杜淹問:「崔浩何人也?」

　子曰:「迫人也, 執小道亂大經.」

【淹】杜淹(?~628). 자는 執禮. 隋 開皇 때 隋 文帝의 미움을 받아 유배를 당하
였다가 雍州司馬 高孝基의 추천으로 承奉郎에 올랐다가 御史中丞에 이름.
唐나라가 들어서자 御史大夫를 거쳐 吏部尙書에 오름. 貞觀 2년에 졸함.
《舊唐書》(66)와 《新唐書》(96)에 전이 있음. 〈文中子世家〉를 지은 인물.
【崔浩】字는 伯淵(381~450). 北魏 때 淸河 사람으로 어릴 때 이름은 桃簡. 崔宏의
아들이며 天文 術數, 曆法 및 長生之道에 밝았음. 道武帝 때 東郡公을 거쳐
太常卿이 되어 〈五寅元曆〉을 지음. 道士 寇謙之를 추천하여 불교를 억제하고
도교를 부흥시킴. 그 외에도 赫連昌을 격패시키고 柔然을 정복하는 등 공을
세웠으며 侍中, 司徒에 올랐으나 당시 귀족 鮮卑族과의 알력으로 '國惡'의
죄명을 쓰고 피살됨. 《魏書》(35)와 《北史》(21)에 전이 있음. 阮逸 注에 "崔浩,
字伯淵. 好星曆, 及眞君長生之術, 蓋迫小不知通儒之道"라 함.

169(4-11)
빈풍豳風

정원程元이 말하였다.

"감히 여쭙건대 〈빈풍豳風〉은 어떤 것입니까?"

문중자가 말하였다.

"변풍變風이지."

정원이 말하였다.

"주공周公 때에도 역시 변풍이 있었습니까?"

문중자가 말하였다.

"임금과 신하가 서로 꾸짖고 있으니 능히 바르게 되겠느냐? 성왕成王이 끝까지 주공周公을 의심하였으니 풍이 마침내 변하고 만 것이다. 주공의 지성이 아니었다면 누가 능히 이를 마무리할 수 있었겠느냐?"

정원이 물었다.

"〈빈풍〉이 변풍의 말단에 있게 된 것은 무슨 이유입니까?"

문중자가 말하였다.

"이왕夷王 아래로 변풍은 다시는 정풍으로 회복되지 못하였다. 공자孔子가 이를 안타깝게 여겨 그 때문에 이를 마지막으로 삼은 것이다. 이는 〈변풍〉이 가히 정풍이 될 수 있음은 오직 주공만이 할 수 있으며, 그 때문에 정풍의 끝에 묶어 〈빈풍〉의 노래는 주周나라의 근본이라 말한 것이다. 오호라! 주공이 아니었다면 누가 그 어려움을 알 수 있었겠느냐? 변풍이면서 정풍을 이겨내었으며, 위험하면서도 이를 부축해내면서 처음과 끝을 그 근본에서 잃지 않도록 한 것은 오직 주공뿐이로다! 〈빈풍〉을 여기에 묶은 것은 그 뜻이 심원하도다!"

程元曰:「敢問〈豳風〉何也?」

　子曰:「變風也.」

　元曰:「周公之際亦有變風乎?」

　子曰:「君臣相誚, 其能正乎? 成王終疑, 則風遂變矣.
　　　　非周公至誠, 孰能卒之哉?」

　元曰:「〈豳〉居變風末何也?」

　子曰:「夷王已下, 變風不復正矣. 夫子蓋傷之者也,
　　　　故終之以〈豳風〉. 言變之可正也, 唯周公能之,
　　　　故繫之以正, 歌〈豳〉曰周之本也. 嗚呼! 非周
　　　　公孰知其艱哉? 變而克正, 危而克扶, 始終
　　　　不失於本, 其惟周公乎! 繫之〈豳〉遠矣哉!」

【程元】 王通의 문인, 제자. 구체적으로는 알 수 없음.
【豳風】 豳은 周나라 古公亶父 때 周民族이 거주하던 곳이며 '邠'으로도 표기함.
　그곳에서 불리던 민요를 모은 것. 阮逸 注에 "豳, 今爲邠. 周始興之地也"라 함.
【變風】 正風에 상대되는 말로 王道가 쇠미해질 때의 노래. 阮逸 注에 "變風, 自鄁
　至王黍離"라 함.
【君臣相誚】 阮逸 注에 "成王聽流言之誚, 非正風也"라 함.
【成王】 周나라 초기 임금. 姬誦. 武王의 아들이며 周公(姬旦)의 조카. 어린 나이에
　왕이 되어 周公의 섭정을 받음.
【終疑】 阮逸 注에 "儻金縢未開, 則終疑周公"이라 함.
【周公】 姬旦. 周 文王(姬昌)의 아들이며 무왕(姬發)의 아우. 주나라 초기 文物,
　典章, 制度를 완비하여 王道 政治의 제도를 완비한 聖人. 成王이 어린 나이에
　왕위에 오르자 攝政하여 기반을 다진 뒤 정권을 돌려줌. 魯나라에 봉을 받아
　魯나라 시조가 됨.《史記》魯周公世家 참조.
【至誠】 阮逸 注에 "發乎情, 是至誠也. 止乎禮義, 是卒正之也"라 함.

【變風之末】《詩經》에서 15 國風 중에 豳風이 맨 나중에 실려 있음을 말함.
 阮逸 注에 "刪詩, 何以豳在列國之後?"라 함.

【夷王】西周 말의 임금. 姬燮. 孝王(姬辟方)의 아들이며 厲王(姬胡)의 아버지.
 阮逸 注에 "夷王下堂而見諸侯. 周始衰微, 國風遂變, 不復雅正矣"라 함.

【傷之】周나라의 쇠퇴를 안타깝게 여김. 阮逸 注에 "傷周"라 함.

【繫之以正】阮逸 注에 "周已變, 而以豳正之者, 周公也"라 함.

【周之本】阮逸 注에 "〈七月〉, 陳王業. 后稷公劉之本"이라 함.

【知其艱】阮逸 注에 "王業艱難"이라 함.

【繫之豳】阮逸 注에 "周公之詩, 不繫周而繫豳者, 正其本, 存乎遠也"라 함.

170(4-12)
관중管仲과 왕맹王猛

문중자가 말하였다.

"제齊 환공桓公이 주周 왕실王室을 높이자 제후들이 복종하게 된 것이며 관중管仲만이 그 원리를 알고 있었고, 전진前秦의 부견苻堅이 큰 호령을 내걸자 중원中原이 조용해진 것은 오직 왕맹王猛만이 알고 있었다."

子曰:「齊桓尊王室而諸侯服, 惟管仲知之; 苻秦舉大號
　　而中原靜, 惟王猛知之.」

【齊桓】齊桓公. 春秋五霸의 첫 首長. 이름은 小白. 齊나라에 난이 일어나자 鮑叔이 모시고 莒나라로 피신, 管仲은 公子 糾를 모시고 魯나라로 피신함. 뒤에 난이 진압되고 먼저 귀국하는 자가 왕이 될 수 있는 기회에 小白이 오는 길을 管仲 일행이 막고 활을 쏘아 소백의 허리띠 고리에 맞추자 소백은 죽은 척 쓰러져 있다가 지름길로 귀국하여 왕위에 오름. 뒤에 포숙의 추천으로 관중을 등용하여 제나라를 부강하게 함. 尊王攘夷를 내세워 九合諸侯, 一匡天下하여 첫 패자가 됨. B.C.685~B.C.643년까지 43년간 재위함.《史記》齊太公世家를 참조할 것.

【管仲】管夷吾. 춘추시대 齊나라 인물. 夷吾는 이름이며 仲은 그의 字. 齊 桓公을 첫 霸者로 성취시킨 인물. 처음 齊나라에 난이 일어나 公子들이 뿔뿔이 흩어질 때 管仲은 公子 糾를 모시고 魯나라로 피신하였으며 鮑叔은 小白을 모시고 莒나라로 피신함. 뒤에 난이 끝나고 먼저 귀국하는 자가 왕위에 오르게 되어

있었으며 이때 管仲은 小白 일행이 오는 길목을 지키다가 활로 小白을 쏘았으나 小白이 허리띠 고리에 맞고 죽은 척 쓰러져 있다가 지름길로 들어가 먼저 왕위에 올랐으며 이가 환공임. 이에 공자 규와 관중 일행은 귀국하지 못하고 처벌을 기다렸으나 鮑叔의 추천으로 환공의 재상이 되어 제나라를 부강하게 만들었으며 재상에 오름. 환공이 그를 높여 仲父라 칭하였음.《史記》管晏列傳 및《列子》등을 참조할 것. '管鮑之交' 등의 많은 고사를 남겼으며 그의 사상과 언행을 기록한《管子》가 전함. 阮逸 注에 "管仲, 字夷吾. 齊桓公伯諸侯, 仲之力也. 故曰知之"라 함.

【苻堅】五胡十六國의 하나였던 前秦의 군주. 자는 永固(338~385). 혹은 文玉. 晉나라 때 五胡 중에 제일 강하였음. 苻健이 관중 장안을 점거하고 三秦王을 칭하였으며 이를 아들 苻生에게 물려주자 苻堅이 부생을 죽이고 稱帝함. 苻堅은 차례로 前燕과 前涼, 代 등을 취하여 강해지자 晉나라를 공략하여 淝水에서 謝玄 등과 결전을 벌여 대패함. 이에 鮮卑, 羌 등이 이반하여 국세가 약해졌으며 결국 姚萇(羌族)이 그와 태자 苻宏을 살해하고 後秦을 세움. 《晉書》(113)에 전이 있음. 阮逸 注에 "前秦苻堅, 得天下三分之二, 故曰中原靜也. 亦其相王猛之力"이라 함.

【王猛】자는 景略(325~375). 東晉 五胡十六國 중 前秦의 北海 劇縣 사람. 어려서 가난하였으나 공부를 좋아하였으며 특히 병법에 밝았음. 華陽山에 은거하고 있을 때 苻堅의 부름을 받고 마치 劉備와 諸葛亮처럼 돈독한 관계가 됨. 뒤에 苻堅이 즉위하자 中書侍郎이 되어 중임을 맡았으며 죽음에 이르렀을 때 부견에게 晉나라와 대적하지 말 것을 권유하였으나 부견은 이를 듣지 않고 淝水之戰을 일으켰다가 패하고 말았음.《晉書》(114)와《南史》(24)에 傳이 있음.

171(4-13)
부견符堅과 왕맹王猛

어떤 자가 말하였다.

"전진前秦의 부견符堅은 역적 행위를 한 자입니다."

문중자가 말하였다.

"진晉나라 제명制命을 내리는 자의 죄이지 전진 부견이 어찌 역적 행위를 한 것이겠느냐? 옛날 주周나라는 지극히 공명한 명령을 제정하여 그 때문에 제齊 환공桓公과 관중管仲이 감히 왕실을 위배할 수 없었던 것이다. 그런데 진나라는 지극히 사사로운 명령을 제정하였으니 그 때문에 전진 부견과 왕맹이 거사를 할 수밖에 없었던 것이다. 그것은 응천순명應天順命한 것이며, 안국제민安國濟民한 것이로다! 이 까닭으로 무왕武王은 감히 천명을 거역하거나 사람을 위배하면서까지 주紂를 섬길 수 없었던 것이요, 제 환공은 역시 감히 천명을 거역하거나 사람을 거역하면서까지 주나라를 축출할 수 없었던 것이다. 그러므로 진나라의 죄라고 말하는 것이니 부견이 어찌 거역한 것이라 할 수 있겠느냐? 30여 년 동안 중원中原의 사민士民들이 동서남북 먼 곳으로부터 이르렀으니 이는 바로 왕맹王猛의 힘이었던 것이다."

或曰:「符秦逆.」

子曰:「晉制命者之罪也, 符秦何逆? 昔周制至公之命,
　　　故齊桓·管仲不得而背也. 晉制至私之命, 故
　　　符秦·王猛不得而事也. 其應天順命, 安國濟

民乎! 是以武王不敢逆天命背人而事紂, 齊桓
不敢逆天命背人而黜周. 故曰晉之罪也, 苻秦
何逆? 三十餘年, 中國士民, 東西南北自遠而至,
猛之力也.」

【苻秦】前秦은 苻氏가 세운 나라라 하여 '苻秦'으로도 부름. 351~394년까지
존속하였음.

【逆】東晉이 있는데도 稱帝한 것을 '逆'으로 본 것. 阮逸 注에 "東晉在, 而堅僭號,
是逆"이라 함.

【制命】帝王으로서의 명령을 내려 諸侯와 方伯을 제압하는 통치력. 원래는
왕이나 장수 등 專權者의 명령을 뜻함. 《左傳》 閔公 2년에 "夫帥師, 專行謀,
師在制命而已"라 함.

【晉罪】阮逸 注에 "晉不能命方伯, 使征不庭"이라 함.

【何逆】阮逸 注에 "上順下違曰逆, 上亂下抗非逆也. 義在下文"이라 함.

【至公】至私에 상대되는 말. 지극한 公義로 함. 阮逸 注에 "若策命曰五侯九伯,
汝實征之, 是至公也"라 함.

【齊桓管仲不得而背】阮逸 注에 "上順故"라 함.

【至私】至公에 상대되는 말. 지극히 사사로움으로 일을 처리함. 阮逸 注에 "惠帝
已後, 賄賂大行, 天下魏志互市"라 함.

【苻秦王猛不得而事】阮逸 注에 "晉東遷, 中國無主, 秦乃抗號"라 하여 前秦의
正統을 인정함.

【中國】中原을 가리킴. 王通은 지역적으로 中原을 정통으로 여겼으며, 中原에
'帝'가 없을 때였던 東晉과 남조 宋(劉宋)까지만을 역사의 정통으로 여겼음.
왕통이 이러한 歷史觀을 갖게 된 것은 蕭道成이 宋나라를 찬탈하고 齊(南齊)를
세우자 그의 4대조 穆公 王虬(428~500)가 建元 연간 北魏로 달아나 中原에
정착한 것과 깊은 관련이 있는 것으로 보임. 이에 따라 王通은 비록 異民族
일지라도 中原을 통치한 왕조를 正統으로 보아, 血統보다는 地域을 중시하여
모든 학문과 주의주장, 이론을 펴고 있음. 따라서 江南의 王朝는 비록 漢族
일지라도 中原을 포기한 책임을 물어 매우 부정적 시각으로 보고 있음.

172(4-14)
효문제孝文帝

문중자가 말하였다.

"부진苻秦에게 신하가 있었으니 바로 왕맹王猛이 그 소임을 다하였도다!
원위元魏에게 군주가 있었으니 바로 효문제孝文帝가 그 할 바를 다하였도다!
중원中原의 도가 무너지지 않은 것은 효문제의 힘이었다."

子曰:「苻秦之有臣, 其王猛之所爲乎! 元魏之有主,
其孝文之所爲乎! 中國之道不墜, 孝文之力也.」

【苻堅】五胡十六國의 하나였던 前秦의 군주. 자는 永固(338~385). 혹은 文玉.
晉나라 때 五胡 중에 제일 강하였음. 苻健이 관중 장안을 점거하고 三秦王을
칭하였으며 이를 아들 苻生에게 물려주자 苻堅이 부생을 죽이고 稱帝함. 苻堅은
차례로 前燕과 前涼, 代 등을 취하여 강해지자 晉나라를 공략하여 淝水에서
謝玄 등과 결전을 벌여 대패함. 이에 鮮卑, 羌 등이 이반하여 국세가 약해졌
으며 결국 姚萇(羌族)이 그와 태자 苻宏을 살해하고 後秦을 세움. 《晉書》(113)에
전이 있음.

【王猛】자는 景略(325~375). 東晉 五胡十六國 중 前秦의 北海 劇縣 사람. 어려서
가난하였으나 공부를 좋아하였으며 특히 병법에 밝음. 華陽山에 은거하고
있을 때 苻堅의 부름을 받고 마치 劉備와 諸葛亮처럼 돈독한 관계가 됨. 뒤에
苻堅이 즉위하자 中書侍郎이 되어 중임을 맡았으며 죽음에 이르렀을 때 부견
에게 晉나라와 대적하지 말 것을 권유하였으나 부견은 이를 듣지 않고 淝水

之戰을 일으켰다가 패하고 말았음.《晉書》(114)와《南史》(24)에 傳이 있음.
阮逸 注에 "見王猛功業, 知秦有臣"이라 함.

【元魏】 鮮卑族 拓拔氏가 세운 北魏. 386~534년까지 존속함. 처음 大同(지금의
山西 북부 大同)에 도읍을 정하였다가 孝文帝 때 洛陽으로 천도하여 성씨를
元氏로 바꾸고, 언어는 漢語로, 官制도 漢制로 바꾸고, 通婚을 추진하며 服飾도
바꾸는 등 적극 漢化를 추진하여 스스로 漢族에 융화되었음. 拓拔氏를 버리고
元氏로 바꾸어 '元魏'로도 불림.

【孝文】 北魏의 孝文帝. 元宏(拓拔宏). 獻文帝(拓拔弘)의 아들이며 宣武帝(拓拔恪,
元恪)의 아버지. 471~499년까지 28년간 재위함. 洛陽으로 遷都한 다음, 우선
자신의 성명 拓拔宏도 元宏으로 바꾸는 등 漢化를 강행, 가장 깊이 漢化한
민족이 되고 말았음. 阮逸 注에 "觀孝文治具, 知魏有主. 都洛邑, 興文物"이라 함.

173(4-15)
온자승溫子昇

태원부군太原府君이 말하였다.
"온자승溫子昇은 어떤 사람입니까?"
문중자가 말하였다.
"험악한 사람이지. 지혜는 적은데 모책은 크게 세웠었지. 영안永安 때에 있었던 사건은 동주부군同州府君께서는 항상 이를 갈고 계셨는데 그럴 만한 이유가 있었지."

太原府君曰:「溫子昇何人也?」
　　子曰:「險人也, 智小謀大, 永安之事同州府君
　　　　　常切齒焉, 則有由也.」

【太原府君】 叔恬. 王凝. 王通의 아우이며 王績의 형. 자는 叔恬. 太原縣令에 올라 그 때문에 太原府君으로도 부름. 唐 太宗 貞觀 초에 監察御史에 올랐다가 侯君集의 사건에 연루되어 姑蘇令으로 좌천되기도 함. 뒤에 벼슬을 버리고 낙향하여 王通의 《六經》과 《文中子(中說)》를 정리함. 대체로 隋나라 開皇 초에 태어난 것으로 보이며 죽은 해는 알려지지 않음.

【溫子昇】 자는 鵬擧(495~547). 北魏 때 典章 文物을 제정했던 신하. 溫嶠의 후손. 廣陽王 元淵의 식객이었으며 孝明帝 때 천거되어 공적을 쌓아 孝莊帝 때 郎中에 오름. 爾朱榮이 洛邑으로 들어올 때 孝莊帝가 죽이려 하자 이주영과

밀모를 하였던 온자승은 그와 함께 도망하였다가 다시 뒤에 元瑾(拓拔瑾)과
謀逆을 꾀한 죄로 죽임을 당함. 그의 문장은 江南에까지 이름이 났었으며
《溫侍讀集》輯佚本이 전함.《魏書》(85)와 《北史》(83)에 전이 있음.

【永安】北魏 孝莊帝(莊帝, 元子攸)의 연호. 528~529년까지 2년간임. 阮逸 注에
"永安, 莊帝年號也. 時魏國大亂"이라 함.

【同州府君】王通의 3대조 王彦. 同州刺史를 역임하였으며, 同州府君으로도 불림.
《政小論》8편을 저술함. 王績은 〈游北山府賦〉에서 "同州悲永安之事, 退居河曲"
이라 하여 그 뒤 집안이 황하 가의 河曲 龍門으로 옮겨 살았음.

【切齒】지극한 통한을 뜻함. 韓非子 守道에 "人主甘服於玉堂之中, 而無瞋目切齒
之患"이라 함. 구체적 사건에 대해서는 阮逸 注에 "未詳"이라 하여 알 수 없음.

174(4-16)
왕언王彦

　문중자가 삼대 조상 왕언王彦의 일에 대한 기록을 읽으면서 이렇게
말하였다.

　"부지런도 하셨으며 더 보탤 것도 없구나. 위魏, 주周 시대에 사람이
없다고 말하지 말라. 우리 집안에 등용되지 않았을 뿐이다!"

　子讀三祖上事曰:「勤哉而不補也. 無謂魏周無人, 吾家
　　　適不用爾!」

【三祖】 王通 삼대 조상 王彦(同州府君)의 사건. 《魏書》에 실려 있음. 阮逸 注에
　　"讀《魏書》也"라 함.
【不補】 阮逸 注에 "見同州府君, 勤三事跡也"라 함.
【魏周】 魏는 元寶炬의 西魏(535~556). 周는 宇文泰의 北周(557~581). 北魏는 西魏
　　(元寶炬, 長安)와 東魏(元善見, 鄴)로 분리되었으며 西魏는 다시 宇文泰의 아들
　　宇文覺에 의해 北周로, 東魏는 高洋에 의해 北齊가 되었다가 北周에 망하였
　　으며 北周는 다시 楊堅(隋文帝)에 의해 망하여 隋나라가 됨. 阮逸 注에 "魏帝
　　寶炬入關依宇文泰, 子覺建號稱周"라 함.

175(4-17)
가묘家廟

문중자의 가묘家廟는 좌방座方이 반드시 동남향東南向이며 이는 목공
穆公 때부터 시작된 것이다.

문중자는 이렇게 말하였다.

"선대들께서 조국을 잊지 못하기 때문이다."

子之家廟座必東南向, 自穆公始也.

曰:「未忘先人之國.」

【東南向】원래 왕통의 선조는 남조 송나라 출신이었으므로 그 고향 建業(지금의
남경)을 향한 쪽으로 방향을 취하고 있었음을 말함. 阮逸 注에 "穆公虬自宋奔魏,
自是廟座向東南"이라 함.

【穆公】晉陽穆公. 王通의 4대조 王虬(428~500). 蕭道成이 宋나라를 찬탈하고
齊(南齊)를 세우자 建元 연간 北魏로 달아나 幷州刺史를 역임하였으며 이때
부터 王通의 집안이 汾河(晉陽) 근처에 살게 됨. 그 때문에 '晉陽穆公'이라
부른 것.《政大論》8편을 저술함.

176(4-18)
수나라의 고구려 침공

요동遼東 전투에 대한 소식을 듣고 문중자는 이렇게 말하였다.

"재앙은 이로부터 시작될 것이다. 천자天子는 백익伯益이 우禹를 칭찬하는 말을 보지 못하였고, 공경公卿들은 위상魏相이 선제宣帝의 일을 풍자한 것을 쓰지 않고 있구나."

遼東之役子聞之, 曰:「禍自此始矣. 天子不見伯益讚禹之詞, 公卿不用魏相諷宣帝之事.」

【遼東之役】遼東의 전투. 隋 煬帝(楊廣)가 大業 8년(612, 高句麗 嬰陽王 23년) 3백만 대군을 동원하여 高句麗 遼東城을 포위하고 水軍 來護兒를 장수로 하여 浿水로 진격하였다가 7월 薩水에서 乙支文德에게 2백만이 몰사하여 대패한 전투. 그러나 이듬해(613) 다시 宇文述 등을 장수로 다시 정벌에 나섰으나 실패함. 이처럼 3차례의 원정 준비에 배를 만드느라 船工을 물 밖으로 나오지 못하게 하여 허리 이하가 썩어 구더기가 생겨 죽은 자가 열에 서넛씩이었다 함. 이 일로 王通은 隋나라가 곧 망할 것임을 예견하였음. 阮逸 注에 "煬帝大業八年 征遼, 二百萬衆並陷, 九年, 又征之, 山東始亂, 十年又征, 天下遂喪"이라 함.

【伯益】夏나라 때의 현인. '翳'로도 표기하며 伯益으로도 불림. 고대 嬴姓 부락의 선조로 禹를 도와 治水에 큰 공을 세웠으며 禹가 말년에 당시까지의 관례였던 禪讓(公天下)의 제도를 실천하고자 천하를 그에게 넘기려 하였음. 그러자 禹의 아들 啓를 지지하는 무리들이 益을 죽이고 중국 최초의 世襲(家天下)이 시작됨.

【禹】中國 최초의 왕조 夏나라의 시조. 夏后氏 부락의 領袖였으며 姒姓. 大禹,
夏禹 등으로도 불리며 이름은 文命. 鯀의 아들. 鯀이 물을 막는 방법으로
治水에 실패하여 죽임을 당한 뒤 禹는 물을 소통시키는 방법으로 성공을 거둔
다음 舜임금으로부터 천하를 물려받아 夏王朝를 세움. 뒤에 천하를 순시하다가
會稽에서 생을 마침. 그는 益에게 천하를 물려주려 하였으나 아들 啓의 무리가
난을 일으켜 益을 죽이고 世襲王朝를 시작함. 이로부터 禪讓(公天下)의 제도가
마감되고 世襲(家天下)의 역사가 시작됨. 이를 "傳子而不傳賢"이라 함.《史記》
에서는 五帝本紀 다음 첫 왕조로 夏本紀가 시작됨.《十八史略》(1)에 "夏后氏禹:
姒姓, 或曰名文命, 鯀之子, 顓頊孫也. 鯀堙洪水, 舜擧禹代鯀, 勞身焦思, 居外
十三年, 過家門不入"이라 함.

【讚禹之詞】《尙書》大禹謨에 "三旬, 苗民逆命. 益贊于禹曰:「惟德動天, 無遠弗屆,
滿招損, 謙受益, 時乃天道. 帝初于歷山, 往于田. 日號泣于昊天, 于父母. 負罪引慝,
祇載見瞽瞍, 夔夔齋慄, 瞽亦允若. 至誠感神, 矧玆有苗.」禹拜昌言曰:「兪, 班師
振旅」帝乃誕敷文德, 舞干羽于兩階, 七旬有苗格"이라 함. 阮逸 注에 "益讚于禹曰:
「惟德動天, 無遠不居.」禹乃班師振旅, 七旬苗格"이라 함.

【魏相】자는 弱翁(?~B.C.59). 西漢 濟陰 定陶 사람. 昭帝 때 賢良으로 천거되어
茂陵令을 거쳐 河南太守에 오름. 다시 宣帝 때 大司農을 거쳐 御史大夫가 되었
으며 霍光이 죽고 아들 霍禹가 대장군이 되고 霍山이 尙書가 되는 등 霍氏가
정권을 휘두르자 魏相은 宣帝에게 이들의 권력을 줄일 것을 건의함. 地節 3년
(B.C.67) 韋賢을 이어 丞相에 올라 高平侯에 봉해짐. 宣帝에게 "勤勞天下, 垂意
黎庶"를 건의하여 칭송을 입음. 시호는 憲.《史記》(96)와《漢書》(74)에 전이 있음.

【宣帝】西漢 제7대 황제. 이름은 劉詢, 史皇孫 劉進의 아들. B.C.73~B.C.49년까지
재위하고 元帝(劉奭)에게 이어짐.

【諷宣帝之事】魏相이 宣帝에게 諷諫한 일. 阮逸 注에 "漢宣帝使趙充國擊匈奴,
魏相諫曰:「臣聞: 恃大威者爲驕兵, 兵驕者滅, 非但人事, 乃天道也.」"라 함.

177(4-19)
쟁리기의爭利棄義

왕효일王孝逸이 문중자에게 이렇게 일렀다.

"천하가 모두 이익을 다투고 의義는 버리고 있습니다. 나는 홀로 어찌해야 합니까?"

문중자가 말하였다.

"그들이 다투는 바를 버리고, 그들이 버리는 바를 취한다면 역시 군자가 아니겠느냐?"

王孝逸謂子曰:「天下皆爭利棄義, 吾獨若之何?」

子曰:「捨其所爭, 取其所棄, 不亦君子乎?」

【王孝逸】文中子 王通의 제자. 구체적 사적은 알려져 있지 않음.

【爭利棄義】阮逸 注에 "利己曰利, 利物曰義"라 함.

178(4-20)

가경賈瓊, 왕효일王孝逸, 능경凌敬

문중자가 가경賈瓊, 왕효일王孝逸, 능경凌敬에게 말하였다.

"너희들은 무엇을 낙樂으로 삼느냐?"

가경이 말하였다.

"한가하게 사는 것을 낙으로 여깁니다."

문중자가 말하였다.

"조용히 도를 생각하는 것도 괜찮지."

왕효일이 말하였다.

"허물을 듣는 것을 낙으로 여깁니다."

문중자가 말하였다.

"허물이 있으면서 자주 지적을 들으면 유익하지."

능경이 말하였다.

"좋은 사람을 만나는 것을 낙으로 여깁니다."

문중자가 말하였다.

"어진 자를 많이 만난다면 또한 즐겁지 아니하겠느냐?"

子謂賈瓊·王孝逸·凌敬曰:「諸生何樂?」

　賈瓊曰:「樂閑居.」

　　子曰:「靜以思道可矣.」

王孝逸曰:「樂聞過.」

子曰:「過而屢聞益矣.」
凌敬曰:「樂逢善人.」
子曰:「多賢不亦樂乎?」

【賈瓊】王通의 제자. 七大弟子, 즉 '七俊穎'의 하나. 中山 사람이라 함.
【王孝逸】王通의 제자. 구체적 사적은 알려져 있지 않음.
【凌敬】인명. 王通의 제자. 구체적인 사적은 알 수 없음. 阮逸 注에 "凌敬, 未見"
이라 함.
【閑居】阮逸 注에 "退靜"이라 함.
【聞過】阮逸 注에 "思益"이라 함.
【逢善人】阮逸 注에 "好賢"이라 함.

179(4-21)
관도현館陶縣

설수薛收가 관도館陶에 나들이를 갔다가 위징魏徵이 있는 곳을 들렀다.
그리고 돌아와 문중자에게 고하였다.
"위징은 안회顔回나 염구冉求와 같은 그릇감입니다."

薛收遊於館陶, 適與魏徵.
歸, 告子曰 : 「徵, 顔·冉之器也.」

【薛收】 文中子 王通의 제자. 자는 伯褒(592~612). 隋나라 때 河東 汾陰縣 출신
으로 隋나라 內史侍郎 薛道衡의 아들. 수나라 大業 때 秦王府의 記室 房玄齡이
그를 秦王(李世民)에게 추천하여 秦王府主簿가 되어 判陝東道大行臺金部
郎中에 오름. 隋나라가 망한 뒤 天策府記室參軍에 올랐으며 汾陰縣男의
봉호를 받음. 武德 6년 本官兼文學館學士가 되었으며 武德 7년에 생을 마침.
《舊唐書》(72)와 《新唐書》(98)에 전이 실려 있음.
【館陶】 北魏 때부터 이어온 縣 이름. 阮逸 注에 "魏有館陶縣"이라 함.
【魏徵】 자는 玄成(580~643). 王通의 제자이며 貞觀 최고 名臣. 唐 太宗 李世民
에게 직언으로 보필한 것으로 유명함. 北周 靜帝 大象 2년(580) 襄國郡 鉅鹿縣
에서 태어나 어릴 때 고아가 되어 隋나라 말에 떠돌다가 道士라 속이고 李密의
瓦崗軍과 竇建德의 河北義軍에 들어가 공을 세움. 태종이 즉위하여 諫議大夫와
尙書右丞을 겸하였음. 다시 貞觀 3년(629)에 秘書監이 되어 국정에 참여하였
으며 7년(633) 侍中이 되어 鄭國公에 봉해졌으며 17년(643) 병으로 長安에서

죽음. 시호는 文貞. 昭陵 곁에 묻혔음.《舊唐書》에 太宗과의 관계에 대하여
"討論政術, 往復應對, 凡數十萬言"이라 함.《舊唐書》(71)와《新唐書》(97)에
전이 있음.《貞觀政要》등에 그의 일화가 널리 실려 있음.
【顔冉】孔子 제자로 이름난 顔子(顔回)와 冉雍(仲弓).
【器】큰 인물임을 뜻함.《論語》爲政篇에 "子曰:「君子不器.」"라 하였고, 公冶長
篇에는 "子貢問曰:「賜也何如?」子曰:「女, 器也.」曰:「何器也?」曰:「瑚璉也.」"
라 함.

180(4-22)
위징魏徵의 육경 공부

위징魏徵이 문중자의 집에 기숙하면서 육경六經의 담론을 한 달이 넘도록 하면서 밖에 나오지도 않는 것이었다.

그리고 떠나면서 설수薛收에게 이렇게 말하였다.

"명왕明王이 출현하지 않았는데 선생님 같은 분이 나셨으니 이는 삼재三才와 구주九疇가 포의布衣에게 속하고 있다는 뜻이다."

徵宿子之家, 言六經, 逾月不出.

及去謂薛收曰:「明王不出而夫子生, 是三才九疇屬布衣也」

【魏徵】 자는 玄成(580~643). 王通의 제자이며 貞觀 최고 名臣. 唐 太宗 李世民에게 직언으로 보필한 것으로 유명함.

【六經】 문중자가 펴낸《續經(續六經)》을 가리킴.

【三才】 天地人 三才. 천하를 뜻함.

【九疇】 禹임금이 천하를 다스리던 治道의 大法 9가지.《尙書》洪範에 "箕子乃言曰:「我聞, 在昔, 鯀陻洪水, 汨陳其五行, 帝乃震怒, 不畀洪範九疇, 彝倫攸斁. 鯀則殛死, 禹乃嗣興, 天乃錫禹洪範九疇, 彝倫攸敍. 初一曰五行, 次二曰敬用五事, 次三曰農用八政, 次四曰協用五紀, 次五曰建用皇極, 次六曰乂用三德, 次七曰明用稽疑, 次八曰念用庶徵, 次九曰嚮用五福威用六極"이라 함.

【布衣】 벼슬을 하지 않은 일반 백성. 여기서는 王通을 가리킴. 阮逸 注에 "道兼天地, 理通皇極"이라 함.

181(4-23)
유현劉炫

　유현劉炫이 문중자를 뵙고 육경六經을 담론하면서 그 시작 부분을 큰 소리로 읽으며 종일 그치지 않는 것이었다.
　문중자가 말하였다.
　"그렇게도 많으냐?"
　유현이 말하였다.
　"선대 학자들의 같고 다른 의견이니 진술하지 않을 수 없습니다."
　문중자가 말하였다.
　"하나로 꿰면 된다. 너는 이보尼父가 많이 배워 그렇게 박식하다고 여기느냐?"
　유현이 물러나자 문중자는 문인들에게 이렇게 말하였다.
　"그 말만 화려하게 하면 성취가 작아, 그 참된 도는 터득하기 어려운 법이니라!"

　劉炫見子談六經, 唱其端, 終日不竭.
　子曰:「何其多也?」
　炫曰:「先儒異同不可不述也.」
　子曰:「一以貫之可矣, 爾以尼父爲多學而識之耶?」
　炫退, 子謂門人曰:「榮華其言小成, 其道難矣哉!」

【劉炫】 자는 光伯(546~613?). 隋나라 때 河間 景城 사람. 처음 북주에 벼슬하여 영주호조종사 등을 역임함. 開皇 연간에 國史와 五禮 편찬에 참여함. 당시 재상 牛弘이 천하의 遺書를 구매하여 궁중에 소장할 것을 건의하자 劉炫은 가짜로 《連山易》과 《魯史記》 등 백여 권을 날조하여 바침. 뒤에 이 일이 발각되어 쫓겨 났다가 隋末 농민군에 들어가 유랑 끝에 餓死함. 나름대로 天文, 律數 등에 깊은 조예가 있었으며 宣德先生으로 불림. 저술로 《五經正名》, 《論語逃議》, 《春秋攻昧》, 《算術》 등이 있음. 《北史》(82)와 《隋書》(75)에 전이 있음. 阮逸 注에 "炫字伯光(光伯), 開皇中, 表乞興學校, 然好自矜伐, 爲執政所抑, 著《五經正名》 十二卷, 行于世"라 함.

【先儒異同】 阮逸 注에 "註傳異同"이라 함.

【尼父】 孔子를 가리킴. 父는 甫와 같음. 남자의 美稱. 孔子가 죽자 魯 哀公이 그를 '尼父'로 부른 것이며 이 호칭은 哀公이 처음이었다 함. 《左傳》 哀公 16년에 "夏四月己丑, 孔丘卒. 公誄之曰: 「旻天不弔, 不憖遺一老, 俾屛余一人以 在位, 煢煢余在疚. 嗚呼哀哉尼父! 無自律!」 子贛曰: 「君其不沒於魯乎! 夫子之 言曰: 『禮失則昏, 名失則愆』 失志爲昏, 失所爲愆. 生不能用, 死而誄之, 非禮也; 稱一人, 非名也. 君兩失之」라 하였으며 《禮記》 檀弓(上)에도 "魯哀公誄孔丘曰: 「天不遺耆老, 莫相予位焉, 嗚呼哀哉尼父.」라 하였고, 《孔子家語》 終記解篇에도 "哀公誄曰: 「昊天不弔, 不憖遺一老, 俾屛余一人以在位, 煢煢余在疚, 於乎哀哉! 尼父無自律.」"이라 하여 전재되어 있으며 《史記》 孔子世家에도 실려 있음.

【多學而識】 阮逸 注에 "天下何思何慮? 殊道而同歸, 百慮而一致, 此尼父之學也" 라 함.

【道難】 阮逸 注에 "難入尼父之門矣"라 함.

182(4-24)
능경凌敬

능경凌敬이 예악禮樂의 근본에 대하여 여쭈었다.

문중자가 말하였다.

"사악함이 없는 것이다."

능경이 물러나자 문중자가 말하였다.

"똑똑하도다! 이 유생儒生이여. 예악으로써 질문을 삼는 것을 보니."

凌敬問禮樂之本.

　　　子曰:「無邪.」

　　凌敬退, 子曰:「賢哉! 儒也, 以禮樂爲問.」

【凌敬】 인명. 王通의 제자. 구체적인 사적은 알 수 없음. 阮逸 注에 "凌敬, 未見"
이라 함.

【無邪】《論語》爲政篇에 "子曰:「詩三百, 一言以蔽之, 曰:『思無邪』」"라 하였으며
'思無邪'는 원래《詩經》魯頌 駉篇의 구절.《毛詩鄭箋》에 "思遵伯禽之法, 專心
無復邪意也"라 함. 阮逸 注에는 "禮樂本乎情. 情無邪, 則貌恭而氣和. 恭, 禮也;
和, 樂也"라 함.

【禮樂爲問】 阮逸 注에 "賢其學正道"라 함.

183(4-25)
대풍가大風歌와 추풍사秋風辭

문중자가 말하였다.

"〈대풍가大風歌〉는 안정을 얻었는데 위험을 생각하는 것이니 패심霸心이 그대로 남아 있음이리라! 〈추풍사秋風辭〉는 즐거움이 다하면 슬픔이 온다는 것이니 후회의 뜻이 싹틈이리라!"

子曰:「〈大風〉安不忘危, 其霸心之存乎! 〈秋風〉樂極哀來, 其悔志之萌乎!」

【大風歌】漢 高祖 劉邦이 천하를 평정하고 고향 沛邑을 방문하여 사람들을 모아 잔치를 열어 부른 노래.《史記》高祖本紀에 "高祖還歸, 過沛, 留. 置酒沛宮, 悉召故人父老子弟縱酒, 發沛中兒得百二十人, 敎之歌. 酒酣, 高祖擊筑, 自爲歌詩曰:「大風起兮雲飛揚, 威加海內兮歸故鄕, 安得猛士兮守四方!」令兒皆和習之. 高祖乃起舞, 慷慨傷懷, 泣數行下. 謂沛父兄曰:「游子悲故鄕. 吾雖都關中, 萬歲後吾魂魄猶樂思沛. 且朕自沛公以誅暴逆, 遂有天下, 其以沛爲朕湯沐邑, 復其民, 世世無有所與.」沛父兄諸母故人日樂飮極驩, 道舊故爲笑樂"라 함. 阮逸 注에 "漢高祖歌云:「安得猛士兮, 守四方?」此不忘武備, 而心在雜霸也"라 함.
【秋風辭】《漢武故事》에 "帝行幸河東, 祠后土, 顧視帝京, 忻然中流, 與群臣飮讌, 自作〈秋風詞〉: 秋風起兮飛白雲, 草木黃落兮雁南歸. 蘭有秀兮菊有芳, 懷佳人

兮不能忘. 汎樓船兮濟汾河, 黃中流兮揚素波. 簫鼓鳴兮發棹歌, 歡樂極兮哀情多, 少壯幾時兮奈老何!」라 하였으며 沈德潛의 《古詩源》에는 "文中子謂:「樂極哀來, 其悔心之萌乎?』"라 함. 阮逸 注에 "漢武歌云:「歡樂極兮, 哀情多.」此悔悟前過, 志形哀痛之詔也"라 함.

184(4-26)
현학玄學과 석가釋迦

문중자가 말하였다.

"《시詩》와 《서書》가 성행하고 있었는데도 진秦나라가 멸망하고 만 것은 중니仲尼의 죄가 아니다. 태허太虛의 현학玄學이 유행하고 있었는데도 진晉나라가 혼란에 빠진 것은 노장老莊의 죄가 아니다. 재계齋戒가 잘 수행되고 있었는데도 양梁나라가 망한 것은 석가釋迦의 죄가 아니다. 《역易》에 이르지 않았더냐? '진실로 그에 해당되는 사람이 아니면 도는 아무에게나 마구 실행되는 것이 아니다'라고."

子曰:「《詩》·《書》盛而秦世滅, 非仲尼之罪也. 虛玄長而晉室亂, 非老莊之罪也. 齋戒修而梁國亡, 非釋迦之罪也.《易》不云乎?『苟非其人, 道不虛行.』」

【非仲尼之罪】阮逸 注에 "秦不用詩書故"라 함. 秦始皇은 천하를 통일하자 焚書坑儒를 저질러 망하게 된 것임을 뜻함.

【非老莊之罪】阮逸 注에 "老莊存太古之敎, 非適時之典, 晉賢蕩焉, 故亂"이라 함. 晉나라 때는 玄學으로 인해 현실에 맞지 않는 老莊에 심취하여 나라가 혼란에 빠짐.

【非釋迦之罪】阮逸 注에 "釋氏本空寂之法, 非化俗之原, 梁主惑焉, 故亡"이라 함.
梁 武帝(蕭衍)가 불교에 빠져 捨身佛寺한 사건을 말함.《帝鑑圖說》(下)에 "梁武帝
幸同泰寺, 設大會. 釋御服, 持法衣, 行淸淨大捨. 素牀瓦器, 乘小車, 役私人, 親爲
四衆講《涅槃經》. 羣臣以錢億萬奉贖, 表請還宮. 三請乃許"라 함.

【易】《周易》繫辭傳(下)에 "易之爲書也不可遠, 爲道也屢遷. 變動不居, 周流六虛,
上下无常, 剛柔相易, 不可爲典要, 唯變所適. 其出入以度外內, 使知懼. 又明於
憂患與故, 无有師保, 如臨父母, 初率其辭而揆其方, 則有典常. 苟非其人, 道不
虛行"이라 함.

【道不虛行】阮逸 注에는 "聖人非不知太古之朴·空寂之性. 然而應物致理, 必有
制焉. 晉賢蕩, 梁主惑, 非立人之制也. 故虛行者爾"라 함.

185(4-27)
불교

어떤 이가 부처에 대하여 여쭈었다.

문중자가 말하였다.

"성인이다."

그가 물었다.

"그 가르침은 어떤 것입니까?"

문중자가 말하였다.

"서방西方의 가르침이다. 중원中原이라면 통할 수 없다. 헌거軒車는 월越나라에는 적용될 수 없으며 관면冠冕은 호胡에게까지 퍼지지 못하는 것이 옛날부터의 사례이다."

或問佛.

　子曰:「聖人也.」

　曰:「其敎何如?」

　曰:「西方之敎也, 中國則泥, 軒車不可以適越, 冠冕
　　　不可以之胡, 古之道也.」

【佛】佛陀. 불교는 東漢 明帝 永平 3년(A.D.60)에 처음으로 중국에 들어왔음. 慧皎
《高僧傳》(1) 漢洛陽白馬寺攝摩騰에 "漢永平中, 明皇帝依夢金人飛空而至,

乃大集群臣以占所夢. 通人傅毅奉答:「巨聞西域有神, 其名曰『佛』, 陛下所夢,
將必是乎!」帝以爲然, 卽遣郎中蔡愔・博士弟子秦景等, 使往天竺, 尋訪佛法.
愔等於彼遇見摩騰, 乃要還漢地. 騰誓志弘通, 不憚疲苦, 冒涉流沙, 至乎雒邑.
明帝甚加賞接, 於城西門外立精舍以處之, 漢地有沙門之始也. 但大法初傳, 未有
歸信, 故蘊其深解, 無所宣述, 後少時卒於雒陽. 有記云:「何騰譯四十二章經一卷,
初緘在蘭臺石室第十四閒中. 騰所住處, 今雒陽城西雍門外白馬寺是也.」相傳云:
「外國國王嘗毀破諸寺, 唯招提寺未及毀壞. 夜有一白馬繞塔悲鳴卽以啓王, 王卽
停壞諸寺.」因改「招提」, 以爲「白馬」. 故諸寺立名多取則焉"이라 하였고,《牟子
理惑論》에는 "昔孝明皇帝夢見神人, 身有日光, 飛在前殿, 欣然悅之. 明日, 博問
群臣:「此爲何神?」有通人傅毅曰:「臣聞天竺有得道者, 號之曰佛, 飛行虛空,
身有日光, 殆將其神也.」於是上悟, 遣使者. ……十二人於大月支寫佛經四十二章"
이라 함. 그리고《廣弘明集》(1)〈漢法本內傳〉에는 "明帝永平三年(A.D.60), 上夢
神人, 金身丈六, 項有日光"이라 함.

【聖人】阮逸 注에 "謂聖人之寂滅者"라 함.

【西方之敎】阮逸 注에 "西方化外可行, 非中國禮義之俗可習"이라 함.

【中國則泥】中國은 中原을 가리킴. '泥'는 통할 수 없음. 깊이 빠져 있어 겉으로
드러나지 못함.《論語》子張篇의 "子夏曰:「雖小道, 必有可觀者焉; 致遠恐泥,
是以君子不爲也.」"의 鄭玄 注에 "泥, 謂滯陷不通"이라 함. 阮逸 注에는 "泥, 猶
溺也"라 함.

【古之道】阮逸 注에 "越舟而不車, 胡髮而不冠, 古者夷不亂華"라 함.

186(4-28)
우문검宇文儉

어떤 이가 우문검宇文儉에 대하여 여쭈었다.

문중자가 말하였다.

"군자 같은 선비이다. 막힌 것을 통하게 하고 멀리까지 아는 자이니 그의 글의 심오함이여! 동천부군銅川府君께서 중히 여기신 것이 어찌 그저 그런 것이겠느냐?"

或問宇文儉.

子曰:「君子儒也. 疏通知遠, 其書之所深乎! 銅川府
　　　君重之, 豈徒然哉?」

【宇文儉】이름. 宇文은 성씨, 儉은 이름. 王通의 아버지 王隆의 친구인 듯함. 그러나 구체적으로 알 수 없음. 阮逸 注에 "儉, 事跡未見. 父之友"라 함.

【銅川府君】王通의 아버지 王隆. 자는 伯高. 隋나라 開皇 초에 國子博士待詔의 신분으로 隋 文帝(楊堅)에게 《興衰要論》7편을 올림. 뒤에 武陽郡 昌樂縣 縣令에 올랐다가 다시 忻州 銅川縣(지금의 山西 忻縣) 현령이 됨. 그 때문에 '銅川府君'이라 부른 것. 그 뒤 은퇴하고 낙향하여 더 이상 벼슬길에 오르지 않음.

187(4-29)
용주오경龍舟五更

문중자가 태악서太樂署에 갔다가 〈용주오경龍舟五更〉이라는 악곡을 듣고는
화들짝 놀라 돌아와서는 이렇게 말하였다.
"미미지악靡靡之樂이다. 이런 노래를 지어 부르는 방국邦國이라니, 나들이
조차 나가서는 안 되겠구나!"

　子遊太樂, 聞〈龍舟五更〉之曲, 瞿然而歸, 曰:「靡靡
樂也, 作之邦國焉, 不可以遊矣!」

〈隋煬帝〉(楊廣)

【太樂】나라의 음악을 관장하는 관서. 阮逸 注에 "樂署"
라 함.
【龍舟五更】隋 煬帝(楊廣)가 대운하를 완성하고 江都
(지금의 江蘇 揚州)에 별궁을 짓고 용주로 그곳을 幸行할
때 밤 五更까지 부르던 곡조 이름. 阮逸 注에 "煬帝將遊
江都宮, 作北曲"이라 함.
【靡靡樂】殷나라 末王 紂가 지어 부르던 노래. 末世의
淫亂한 음악이며 흔히 亡國의 노래로 널리 알려짐. 阮逸
注에 "紂作靡靡之樂, 亡國之音也"라 함.

188(4-30)
요의姚義

문중자가 요의姚義에게 말하였다.
"어찌 관직에 나서지 않느냐?"
요의가 말하였다.
"도는 버리고 녹祿만을 구하고 있으니 의義로 보아 그럴 겨를이 없습니다."
문중자가 말하였다.
"정성스럽구나!"

子謂姚義:「盍官乎?」
　　義曰:「捨道干祿, 義則未暇.」
　　子曰:「誠哉!」

【義】姚義. 太山 사람으로 王通의 門人이며 '七俊穎'의 第一人者. 자세한 事迹은
알 수 없음.
【官】阮逸 注에 "官仕"라 함.
【干祿】 '干'은 '求'와 같음. 봉록을 구함.
【未暇】阮逸 注에 "言隋仕人皆捨道"라 함.
【誠】《禮記》中庸에 "誠者, 天之道也; 誠之者, 人之道也. 誠者, 不勉而中, 不思
而得, 從容中道, 聖人也; 誠之者, 擇善而固執之者也"라 함. 阮逸 注에 "信有此"
라 함.

189(4-31)
순욱荀彧과 순유荀攸

어떤 이가 순욱荀彧과 순유荀攸에 대하여 여쭈었다.

문중자가 말하였다.

"모두가 현자들이다."

그가 물었다.

"살고 죽음은 어떠했습니까?"

문중자가 말하였다.

"살아서는 때를 구제하였고, 죽어서는 도를 밝혔지. 순씨 집안 두 분의 인인仁人이로다."

或問荀彧·荀攸.

子曰:「皆賢者也.」

　曰:「生死何如?」

子曰:「生以救時, 死以明道. 荀氏有二仁焉.」

【荀彧】 자는 文若(163~212). 東漢 潁川 潁陰 사람. 어려서 才名이 있어 何顒이 "王佐才"라 칭하였음. 漢末에 처음 袁紹를 따라나섰다가 뒤에 曹操를 섬겨 司馬에 오름. 曹操가 그를 張良에 비유하였음. 曹操가 獻帝를 許昌으로 옮기고 순욱으로 하여금 헌제를 모시도록 하면서 尙書令으로 삼아 당시 사람들은 그를 '荀令君'이라 불렀음. 뒤에 曹操가 魏公이 되는 것을 반대하였다가 핍박을

받자 음독자살함.《後漢書》(100)와《三國志》(10) 魏志에 전이 있음. 阮逸 注에
"彧, 字文若, 佐魏祖有大功, 惑謂魏祖宜加九錫, 或曰:「本起義兵, 所以正朝安
國也. 君子愛人以德, 不宜如此.」魏祖聞之, 不悅. 彧飲藥而死"라 함.

【荀攸】荀彧의 從子이며 자는 公達(157~214). 三國 魏나라 初 曹操의 참모가
되어 주요 모책은 자녀에게도 일러주지 않았다 함. 曹操가 늘 "荀令君之仁,
荀軍師之智. 令君擧善, 不進不休; 軍師去惡, 不去不止"라 칭하였다 함.《三國志》
(10) 魏志에 전이 있음. 阮逸 注에 "彧從子攸, 字公達, 魏國初建, 參謀帷幄, 擧事
愼密, 雖子弟不能知. 魏祖常稱曰:「荀令君之仁, 荀軍師之智.」又曰:「令君擧善,
不進不休; 軍師去惡, 不去不止.」然彧初仕漢, 漢亡則死; 攸獨仕魏, 魏存則生.
明道救時, 皆謂仁矣"라 함.

190(4-32)
성誠과 정靜

문중자가 말하였다.

"말로 하여 믿음을 얻는 것은 말을 하지 않고도 믿음을 얻느니만 못하고, 행동을 하여 근엄함을 보이는 것은 행동을 하지 않고도 근엄함을 보이는 것만 같지 못하다."

가경賈瓊이 여쭈었다.

"무슨 뜻입니까?"

문중자가 말하였다.

"성誠으로써 이를 미루어 알게 한다면 말을 하지 않아도 믿어줄 것이요, 정靜으로써 이를 진정시킨다면 행동하지 않고도 근엄함을 보이는 것이니 오직 도를 가진 자만이 능히 이렇게 할 수 있느니라."

子曰:「言而信, 未若不言而信; 行而謹, 未若不行
而謹.」

賈瓊曰:「如何?」

子曰:「推之以誠, 則不言而信; 鎭之以靜, 則不行
而謹. 惟有道者能之.」

【賈瓊】王通의 제자. 七大弟子, 즉 '七俊穎'의 하나. 中山 사람이라 함.

【誠】【誠】《禮記》中庸에 "誠者, 天之道也; 誠之者, 人之道也. 誠者, 不勉而中, 不思而得, 從容中道, 聖人也; 誠之者, 擇善而固執之者也"라 함. 阮逸 注에 "必至誠, 雖未言. 人已知其必信矣"라 함.

【靜】阮逸 注에 "性復靜, 雖未行, 人知必謹"이라 함.

【有道者】阮逸 注에 "有儒道者能如此"라 함.

191(4-33)
선왕先王의 복장

양소楊素가 문중자에게 말하였다.

"심합니다. 옛날 옷, 모자, 치마, 신발은 어찌 질박하기만 하고 편리하지는 않았습니까?"

문중자가 말하였다.

"선왕先王들의 복장을 법으로 여긴 것은 심오하지 않았느냐? 모자는 머리를 장엄하게 하기 위한 것이요, 신발은 발을 중시한 것이며, 의상衣裳은 첨여襜如하게 하였고, 검패劍珮는 장여鏘如하게 한 것은 모두가 조급함을 방지하기 위한 것이었다. 그 때문에 '엄연한 모습은 사람이 쳐다보면 두려움을 느낀다'라고 한 것이다. 이는 백성이 마구 대하지 못하도록 방지한 것이니 마치 길을 마구 내닫는 자를 질시함과 같은 것이다. 지금 이를 버리고 편하지 못하다고 말하지만 이는 물고기를 못에 던져 넣고, 원숭이를 숲에 풀어놓는 것이니 천하에 마구 내닫고 미친 듯이 하는 것을 어찌 막을 수 있겠느냐? 이는 백성을 인도하는 자들이 바른 길로 이끄는 것이 아니니라."

楊素謂子曰:「甚矣! 古之爲衣冠裳履, 何樸而非便也?」
子曰:「先王法服不其深乎? 爲冠所以莊其首也,
爲履所以重其足也, 衣裳襜如, 劍珮鏘如,
皆所以防其躁也. 故曰:『儼然人望而畏之』

以此防民, 猶有疾驅於道者. 今捨之曰
不便, 是投魚於淵, 實猿於木也, 天下庸
得不馳騁而狂乎? 引之者非其道也.」

【楊素】隋나라 때의 大臣. 자는 處道(?~606). 隋 煬帝 때 司徒였으며 朝廷을
장악하고 있었음. 뒤에 尙書令에 올랐으며 먼저 越國公에 봉해졌다가 大業
2년에 다시 楚國公에 봉해짐. 그 때문에 '越公', '楚公' 등으로도 불림.《隋書》
(48)에 傳이 있음.

【樸】阮逸 注에 "樸, 虛裝貌"라 함.

【深】阮逸 注에 "有深旨"라 함.

【襜如】옷깃에 여유를 두어 바르게 여밀 수 있도록 함.《論語》鄕黨篇 "君召使擯,
色勃如也, 足躩如也. 揖所與立, 左右手, 衣前後, 襜如也. 趨進, 翼如也. 賓退,
必復命曰:「賓不顧矣.」"의 集註에 "襜, 整貌"라 함. 阮逸 注에 "衣下曰裳, 襜如,
盛貌"라 함.

【劍珮】칼을 차고 패물을 참. 칼은 威嚴을, 패는 정갈한 소리를 내기 위한 것.

【鏘如】'鏗鏘'의 소리를 냄. 차고 있는 검이나 패물이 짤랑짤랑 소리를 내며 울림.
阮逸 注에 "帶劍示威, 垂珮合節. 鏘如, 響聲"이라 함.

【防其躁】阮逸 注에 "威重有節, 則躁無自入焉"이라 함.

【寘】置와 같음. 물고기를 못에 풀어놓고 원숭이를 숲에 풀어놓으면 금수일
뿐으로 예나 의를 모르게 됨. 阮逸 注에 "爲禮使人別禽獸"라 함.

【非其道】楊素를 나무란 것. 阮逸 注에 "責素不以禮引人"이라 함.

192(4-34)
패풍邶風의 백주柏舟 시

동상董常이 〈패풍邶風〉 백주柏舟의 시를 노래하였다.
문중자가 이를 듣고 말하였다.
"하늘이 그렇게 만들어 놓았으니 말한들 무슨 소용이 있겠느냐?"

董常歌〈邶〉柏舟.
子聞之曰:「天實爲之, 謂之何哉?」

【董常】 자는 履常. 원래 河南 사람으로 孔子에게 顔回가 있듯이 王通에게
안회와 같은 존재로 알려져 있음. 왕통보다 일찍 죽음.
【邶】 邶와 같음. 《詩經》 邶風.
【柏舟】 邶風의 첫 번째 시. 序에 "柏舟, 言仁而不遇也. 衛頃公之時, 仁人不遇,
小人在側"이라 함, 원문은 "汎彼柏舟, 亦汎其流. 耿耿不寐, 如有隱憂. 微我無酒,
以敖以遊. 我心匪鑒, 不可以茹. 亦有兄弟, 不可以據. 薄言往愬, 逢彼之怒. 我心
匪石, 不可轉也. 我心匪席, 不可卷也. 威儀棣棣, 不可選也. 憂心悄悄, 慍于群小.
覯閔旣多, 受侮不少. 靜言思之, 寤辟有摽. 日居月諸, 胡迭而微. 心之憂矣, 如匪
澣衣. 靜言思之, 不能奮飛"로 되어 있음. 阮逸 注에 "言人不遇也. 衛頃公之時,
仁人不遇, 小人在側. 卒章云:「憂心悄悄, 慍于群小.」"라 함.
【天實爲之, 謂之何哉】〈邶風〉北門의 구절. 序에 "北門, 刺仕不得志也. 言衛
之忠臣不得其志爾"라 함. 원문은 "出自北門, 憂心殷殷. 終窶且貧, 莫知我艱.

已焉哉, 天實爲之, 謂之何哉! 王事適我, 政事一埤益我. 我入自外, 室人交徧謫我.
已焉哉, 天實爲之, 謂之何哉! 王事敦我, 政事一埤遺我. 我入自外, 室人交徧摧我.
已焉哉, 天實爲之, 謂之何哉!"로 되어 있음. 阮逸 注에 "此〈北門〉篇也. 刺在不
得志. 煬帝任群小, 仁人憂之. 言董常不遇者, 天也"라 함.

193(4-35)
비공邠公과 골동품

비공邠公은 골동품을 좋아하여 종鐘, 정鼎 등 집물什物과 규圭, 새璽, 전錢
등은 반드시 모두 갖추었다.

문중자가 이를 듣고 말하였다.

"옛날 옛것을 좋아하던 이들은 도道를 모았는데, 지금 옛것을 좋아하는
자들은 재물을 모으는구나."

邠公好古物, 鐘鼎什物·圭璽錢具必具.

子聞之曰:「古之好古者聚道, 今之好古者聚財.」

【邠公】隋나라 대신 蘇威. 자는 無畏(540~621). 隋나라 京兆 武功人. 蘇綽의
아들. 北周 때 開府에 올랐으며 수나라가 들어서자 尙書右僕射, 開府儀同
三司 등을 역임함. 高句麗 정벌에 나서기도 하였으며 煬帝(楊廣)의 長城 수축을
반대하다가 서민으로 강등됨. 수나라가 망하자 宇文化及에게, 다시 李密에게,
다시 王世充에게 귀의하는 등 갈피를 잡지 못하다가 李世民(唐太宗)이 王世充을
평정하자 태종을 찾아갔으나 거절당함. 隋나라 때 邠國公에 봉해졌으므로
邠公이라 부른 것. 《北史》(63)와 《隋書》(41)에 전이 있음. 阮逸 注에 "蘇威, 封邠
國公"이라 함.

【聚道】阮逸 注에 "聚淳朴之性"이라 함.

【聚財】阮逸 注에 "聚珍異之器"라 함.

194(4-36)

산림山林

문중자가 중장자광仲長子光에게 말하였다.

"산림山林에 거할 만하더냐?"

중장자광이 말하였다.

"마침 그럴 기회를 만나면 그렇지만 어찌 가히 거할 만하겠습니까?"

문중자가 말하였다.

"달인이로구나! 은거하면서 하고 싶은 말을 할 수 있는 경지로구나."

자광이 물러나 동상董常과 설수薛收에게 이렇게 말하였다.

"그대들의 선생님은 지인至人이신가? 죽고 삶을 하나로 여기셔서 더불어 변하도록 할 수 없으시구나."

子謂仲長子光曰:「山林可居也?」

曰:「會逢其適也, 焉知其可?」

子曰:「達人哉! 隱居放言也.」

子光退謂董‧薛曰:「子之師其至人乎? 死生一矣, 不得與之變.」

【仲長子光】 자는 不耀. 王通의 문인. 河東에서 활동하여 이름을 날렸으며 王績의 〈仲長先生傳〉이 있음.

【會逢其適】마침 그러한 기회를 만남. '逢時遇會'와 같음. 阮逸 注에 "會當其意 有所適, 則居之耳. 不知其可不可也"라 함.

【放言】阮逸 注에 "任意所適, 達也; 適在山林, 隱也; 不知其可, 放也"라 함.

【至人】천지자연과 합일한 경지에 도달한 사람.《莊子》逍遙遊에 "故曰: 至人 無己, 神人無名"이라 함. 阮逸 注에 "極乎道爲至人, 死生不變其道者, 一貫天下 者也"라 함.

195(4-37)
지인至人

설수薛收가 은거에 대하여 여쭈었다.
문중자가 말하였다.
"지인至人은 하늘에 은거하고, 그 다음은 땅에 은거하며, 그 다음은 명예를 피해 은거한다."

薛收問隱.
子曰:「至人天隱, 其次地隱, 其次名隱.」

【薛收】 文中子 王通의 제자. 자는 伯褒(592~612). 隋나라 때 河東 汾陰縣 출신
으로 隋나라 內史侍郞 薛道衡의 아들. 수나라 大業 때 秦王府의 記室 房玄齡이
그를 秦王(李世民)에게 추천하여 秦王府主簿가 되어 判陝東道大行臺金部
郞中에 오름. 隋나라가 망한 뒤 天策府記室參軍에 올랐으며 汾陰縣男의
봉호를 받음. 武德 6년 本官兼文學館學士가 되었으며 武德 7년에 생을 마침.
《舊唐書》(72)와 《新唐書》(98)에 전이 실려 있음.
【天隱】 天眞함에 은거함. 阮逸 注에 "藏其天眞, 高莫窺測"이라 함.
【地隱】 장소를 피함. 阮逸 注에 "辟地山林, 高身全節"이라 함.
【名隱】 명예나 이름을 피함. 阮逸 注에 "名混朝市, 必在世外"라 함.

196(4-38)
간簡과 광廣

문중자가 요의姚義를 두고 말하였다.

"요의는 사귐에 능하구나."

혹자가 말하였다.

"간簡합니다."

문중자가 말하였다.

"그 때문에 능한 것이다."

혹자가 말하였다.

"광廣합니다."

문중자가 말하였다.

"광하면서 넘치지 아니하니 또한 그 때문에 능한 것이다."

子謂姚義:「能交.」
　　或曰:「簡.」
　　子曰:「所以爲能也.」
　　或曰:「廣.」
　　子曰:「廣而不濫, 又所以爲能也.」

【姚義】太山 사람으로 王通의 門人이며 '七俊穎'의 第一人者. 자세한 事迹은
 알 수 없음.

【簡】阮逸 注에 "簡靜"이라 함.

【能】阮逸 注에 "淡, 故簡"이라 함.

【廣】阮逸 注에 "廣, 泛交也"라 함.

【不濫】阮逸 注에 "泛愛, 中有擇"이라 함.

197(4-39)
조조晁厝

문중자가 조조晁厝를 이렇게 평하였다.
"정전井田의 제도를 탄솔하게 폈으니 복고復古에 마음을 두었던 것이다."

子謂晁厝:「率井田之序, 有心乎復古矣.」

【晁厝】晁錯(B.C.200~B.C.154). 鼂錯으로도 표기함. 모두 '조조'로 읽음. 西漢
潁川人으로 申不害, 商鞅의 刑名之術을 익혔으며 文帝 때《今文尙書》를 伏生
으로부터 받아오기도 함. 太子家令이 되어 景帝가 그를 '智囊'이라 부르기도
하였음. 文帝에게 상서하여 井田法의 부활과 邊方 移民法을 주장함. 吳楚
七國의 난이 그를 지목하여 '淸君側'이라 기치를 들고 일어났으며 袁盎(爰盎)의
참소를 입어 棄市刑에 처해지고 말았음.《史記》(101)와《漢書》(49)에 전이 있음.
《漢書》殖貨志에 "鼂錯復說上曰:「今農夫五口之家, 其服役者不下二人, 其能耕
者不過百畝, 百畝之收不過百石. 春耕, 夏耘, 秋穫, 冬藏, 伐薪樵, 治官府, 給徭役;
春不得避風塵, 夏不得避暑熱, 秋不得避陰雨, 冬不得避寒凍, 四時之間亡日休息;
又私自送往迎來, 弔死問疾, 養孤長幼在其中.」……於是文帝從錯之言, 令民入
粟邊, 六百石爵上造, 稍增至四千石爲五大夫, 萬二千石爲大庶長, 各以多少級
數爲差"라 함. 阮逸 注에 "晁厝說文帝曰:「五口之家, 服作者不過三人; 能耕者
不過百畝. 古者一夫一婦, 受田百畝. 此井田之制也.」文帝不能行, 故漢致治不及
三代. 文中子惜其有復古之心焉"이라 함.
【率】坦率, 率直. 모두 있는 대로 털어놓고 말함.

198(4-40)
속서續書

가경賈瓊이 《속서續書》의 의의에 대하여 여쭈었다.

문중자가 말하였다.

"천자의 의는 그 모범을 나열하면 네 가지가 있다. 제制, 조詔, 지誌, 책策이다. 대신의 의는 그 업무가 기대되어 있으니 일곱 가지가 있다. 명命, 훈訓, 대對, 찬讚, 의議, 계誡, 간諫이다."

賈瓊問《續書》之義.

子曰:「天子之義, 列乎範者有四: 曰制, 曰詔, 曰誌, 曰策; 大臣之義, 載于業者有七: 曰命, 曰訓, 曰對, 曰讚, 曰議, 曰誡, 曰諫.」

【賈瓊】 王通의 제자. 七大弟子, 즉 '七俊穎'의 하나. 中山 사람이라 함.

【續書】 王通《續六經》의 하나로 《尚書》의 체제를 모방하여 그 뒤를 이어 찬술한 것. 〈世家〉에 《續書》 25권이 저록되어 있으며 西漢부터 晉代까지의 詔命을 모은 것.

【制】 阮逸 注에 "制, 命也. 秦改命爲制, 漢因之"라 함.

【詔】 阮逸 注에 "詔, 令也. 秦改令爲詔, 漢因之"라 함.

【志】 阮逸 注에 "志, 謂帝王有志於治道, 而未形乎制詔者也"라 함.

【策】 阮逸 注에 "求直言而策慮之"라 함.

【命】阮逸 注에 "爵命"이라 함.
【訓】阮逸 注에 "師訓"이라 함.
【對】阮逸 注에 "奏對"라 함.
【讚】阮逸 注에 "襄讚"이라 함.
【議】阮逸 注에 "評議"라 함.
【誡】阮逸 注에 "監誡"라 함.
【諫】阮逸 注에 "箴諫"이라 함.

199(4-41)
제왕의 제도

문중자文中子가 말하였다.

"제왕의 제도는 넓고 넓도다! 용납되지 않음이 없도다. 그 큰 제도가 있으니 천하를 제압하여 분할되지 않도록 하는 것이로다! 윗사람은 담연湛然하고, 그 아랫사람은 염연恬然하도다. 천하의 위험을 천하와 함께 안전으로 이끌고, 천하의 과실을 천하와 함께 바로잡도다. 천변만화千變萬化하여 오상五常이 그 가운데를 지키니 그 탁연함을 흔들 수 없구나! 그에 감동하여 통하지 않음이 업구나! 이를 일러 제제帝制라 하는 것이다."

文中子曰:「帝者之制恢恢乎! 其無所不容. 其有大制, 制天下而不割乎! 其上湛然, 其下恬然. 天下之危, 與天下安之; 天下之失, 與天下正之. 千變萬化, 五常守中焉, 其卓然不可動乎! 其感而無不通乎! 此之謂帝制矣.」

【恢恢】넓고 아득하며 광활함.《老子》(73)에 "天網恢恢, 疏而不失"이라 함. 阮逸 注에 "恢恢, 如天容物"이라 함.

【不割】阮逸 注에 "子曰: 大制不割, 割, 分判者也"라 함.

【湛然·恬然】阮逸 注에 "湛·恬, 皆靜"이라 함.

【天下正之】阮逸 注에 "凡擧一事, 必以天下同之"라 함.

【吾常守中】阮逸 注에 "吾常假帝制, 自謂也"라 함.

【帝制】'帝王으로서의 統治 權力과 天下 制壓의 힘'을 뜻함. 阮逸 注에 "言二帝
之典, 三王之誥, 兩漢之記, 皆同制矣"라 함.

200(4-42)
역易

문중자가 말하였다.

"《역易》에서의 우환憂患은 업업業業하고 자자孜孜하도다. 하늘을 두려워하고 사람을 불쌍히 여기면서 그 생각은 그 때에 맞추어 움직이도다!"

번사현繁師玄이 말하였다.

"너무 멉니다. 제가 《역》의 도를 보았는데 어찌 그리도 난해합니까?"

문중자가 웃으며 말하였다.

"무릇 '종일건건終日乾乾'하면 될 것이다. '보기만 해서는 그 훌륭함을 모르나니, 깊이 생각해보면 먼 것이 아니로다.'"

文中子曰:「《易》之憂患, 業業焉, 孜孜焉. 其畏天憫人,
　　　　思及時而動乎!」
繁師玄曰:「遠矣, 吾視《易》之道何其難乎?」
　子笑曰:「有是夫『終日乾乾』可也.『視之不臧, 我思
　　　　不遠.』」

【業業】 매우 두려워하며 조심하는 모습.《尙書》皐陶謨에 "無敎逸欲有邦, 兢兢
業業. 一日二日萬幾. 無曠庶官. 天工人其代之"라 함. 阮逸 注에 "業業, 畏天;
孜孜, 憫人.《易》者, 天人以時而動也"라 함.

【孜孜】 부지런히 힘쓰는 모습.《尚書》益稷에 "帝曰：「來禹. 汝亦昌言.」 禹拜曰：
「都! 帝. 予何言. 予思日孜孜.」 皋陶曰：「吁, 如何?」 禹曰：「洪水滔天, 浩浩懷山
襄陵, 下民昏墊, 予乘四載, 隨山刊木, 暨益奏庶鮮食. 予決九川, 距四海, 濬畎澮,
距川. 暨稷播, 奏庶艱食鮮食, 懋遷有無化居. 烝民乃粒, 萬邦作乂.」 皋陶曰：
「兪! 師汝昌言.」"이라 함.

【繁師玄】 王通의 제자. 자세한 사적은 알 수 없음.

【終日乾乾】《周易》乾卦 九三의 爻辭. "九三, 君子終日乾乾, 夕惕若, 厲, 无咎"
라 함. 阮逸 注에 "乾乾, 勤學不難"이라 함.

【視之不臧】《詩經》鄘風 載馳篇에 "旣不我嘉, 不能旋反. 視爾不臧, 我思不遠.
旣不我嘉, 不能旋濟. 視爾不臧, 我思不閟"이라 함. 阮逸 注에 "又擧詩勉之. 使勤學
《易》, 比〈載馳〉篇云也. 言汝不思善道則已, 在我思之不爲遠"이라 함.

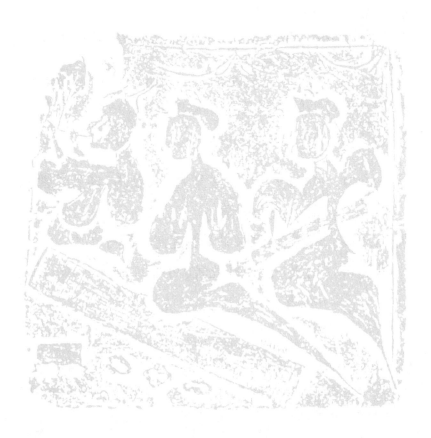

201(4-43)

간모干髦

월공越公이 문중자를 초빙하자 문중자는 그 심부름을 온 자에게 이렇게 말하였다.

"이러한 초빙의 뜻을 그대로 가지고 있으면서 실행하면 잘 될 것입니다."

그리고 〈간모干髦〉편을 노래하며 보냈다.

이윽고 이렇게 말하였다.

"예禮라는 것이 옥백玉帛을 두고 한 말이겠느냐?"

越公聘子, 子謂其使者曰:「存而行之, 可也.」
　　歌〈干旄〉而遣之.
　　　　旣而曰:「玉帛云乎哉?」

【越公】 楊素. 隋나라 때의 大臣. 자는 處道(?~606). 隋 煬帝 때 司徒였으며 朝廷을 장악하고 있었음. 뒤에 尙書令에 올랐으며 먼저 越國公에 봉해졌다가 大業 2년에 다시 楚國公에 봉해짐. 그 때문에 '越公', '楚公' 등으로도 불림. 《隋書》(48)에 전이 있음.

【存而行之】 阮逸 注에 "姑存此聘禮卽可, 非得聘賢之實也"라 함.

【干旄】 '干髦'로도 표기하며 《詩經》 鄘風의 편명. 毛箋에 "〈干旄〉, 美好善也, 衛文公臣多好善, 賢者樂告以善道也"라 함. "孑孑干旄, 在浚之郊. 素絲紕之, 良馬四之. 彼姝者子, 何以畀之. 孑孑干旟, 在浚之都. 素絲組之, 良馬五之. 彼姝者子,

何以予之. 子子干旄, 在浚之城. 素絲祝之, 良馬六之. 彼姝者子, 何以告之"라 함.
阮逸 注에 "干旄, 衛詩. 美臣子多好善"이라 함.
【玉帛云乎哉】《論語》陽貨篇에 "子曰:「禮云禮云, 玉帛云乎哉? 樂云樂云, 鐘鼓
云乎哉?」"의 구절을 원용한 것. 阮逸 注에 "果求賢, 不在虛飾"이라 함.

202(4-44)
방현령房玄齡

문중자가 방현령房玄齡을 두고 이렇게 말하였다.

"성취를 좋아하는 것은 실패의 근본이요, 넓히고자 하는 것은 좁아지는 원인이다."

방현령이 물었다.

"공을 세우고 말을 세우는 것은 어떻습니까?"

문중자가 말하였다.

"반드시 해야 할 일이라면 힘을 헤아리는 것이겠지!"

子謂房玄齡曰:「好成者, 敗之本也; 願廣者, 狹之道也.」

玄齡問:「立功立言何如?」

子曰:「必也量力乎!」

【房玄齡】 자는 喬(혹 이름이 喬이며 자가 玄齡이라고도 함, 579~648). 역시 王通의 제자이며 唐 太宗 貞觀 명신. 濟州 臨淄(지금의 山東 淄博) 출신으로 貞觀 원년 (627) 中書令이 되었으며 3년(629) 尙書左僕射가 되어 梁國公에 봉해졌음. 10여 년 간 재상이 되어 많은 업적을 쌓았음. 《舊唐書》(66)와 《新唐書》(96)에 전이 있음.

【狹之道】 阮逸 注에 "欲速不達"이라 함.

【量力】 힘을 헤아림. 阮逸 注에 "量力相時"라 함.

203(4-45)
인물평

문중자가 말하였다.

"요의姚義는 가히 친구로 사귈 만하며 오래 시간이 흘러도 잊혀지지 않는 사람이며, 가경賈瓊은 더불어 일을 함께 살 수 있으며 어려움에 임하여도 변함이 없는 사람이며, 설수薛收는 가히 함께 임금을 섬길 만하며 어질고 말꾸밈이 없는 사람이며, 동상董常은 가히 더불어 출처出處를 함께 할만하며 결개潔介한 사람이다."

> 子謂:「姚義可與友, 久要不忘; 賈瓊可與行事, 臨難
> 不變; 薛收可與事君, 仁而不佞; 董常可與出處,
> 介如也.」

【姚義】 太山 사람으로 王通의 門人이며 '七俊穎'의 第一人者. 자세한 事迹은 알 수 없음.

【賈瓊】 王通의 제자. 七大弟子, 즉 '七俊穎'의 하나. 中山 사람이라 함.

【薛收】 文中子 王通의 제자. 자는 伯襃(592~612). 隋나라 때 河東 汾陰縣 출신으로 隋나라 內史侍郎 薛道衡의 아들. 수나라 大業 때 秦王府의 記室 房玄齡이 그를 秦王(李世民)에게 추천하여 秦王府主簿가 되어 判陝東道大行臺金部郎中에 오름. 隋나라가 망한 뒤 天策府記室參軍에 올랐으며 汾陰縣男의

봉호를 받음. 武德 6년 本官兼文學館學士가 되었으며 武德 7년에 생을 마침. 《舊唐書》(72)와 《新唐書》(98)에 전이 실려 있음.

【臨難不變】 阮逸 注에 "相友貴久, 臨事貴斷"이라 함.

【董常】 자는 履常. 원래 河南 사람으로 孔子에게 顔回가 있듯이 王通에게 안회와 같은 존재로 알려져 있음. 왕통보다 일찍 죽음.

【介如】 꿋꿋하고 깨끗함. 阮逸 注에 "事君貴正, 出處貴潔"이라 함.

204(4-46)
천물귀아賤物貴我

문중자가 말하였다.

"사물을 천하게 여기며 자신만을 귀히 여기는 일은 군자라면 하지 않는다. 기이한 것을 좋아하고 괴상한 것을 숭상하면서 제멋대로 방탕하게 하여 그칠 줄 모르다가는 불초不肖한 마음이 반드시 그에 응하게 된다."

子曰:「賤物貴我, 君子不爲也. 好奇尚怪, 蕩而不止,
　　必有不肖之心應之.」

【君子不爲】阮逸 注에 "賈誼曰:「小智自私, 賤彼貴我.」"라 함.
【應之】阮逸 注에 "理使之然"이라 함.

205(4-47)
설굉薛宏

　설굉薛宏이 문중자의 《육경六經》을 보기를 청하자 문중자는 문을 나서지 않는 것이었다.
　사람들이 이상하게 여기자 문중자는 웃으면서 말하였다.
　"옛것을 좋아하는 박아군자博雅君子가 있다면 감출 이유가 없을 것이다."

　　薛宏請見六經, 子不出門.
　　　　人惑, 子笑曰:「有好古博雅君子, 則所不隱.」

【薛宏】 당시의 어떤 인물. 구체적으로는 알 수 없음. 阮逸 注에 "薛宏, 未見"이라 함.
【六經】 문중자가 펴낸 《續經》을 말함. 阮逸 注에 "經,《續經》也"라 함.
【不隱】 阮逸 注에 "言宏非好古者"라 함.

206(4-48)
재치載馳

문중자가 내제內弟의 상을 당하자 술도, 고기도 먹지 않고 있었다.
같은 군의 사람이 비난하자 문중자가 말하였다.
"내 차마 그렇게 못하는 것이다."
그러면서 〈재치載馳〉의 마지막 장을 읊으며 자리를 떴다.

子有內弟之喪, 不飮酒食肉.
郡人非之, 子曰:「吾不忍也.」
賦〈載馳〉卒章而去.

【內弟】 사촌 동생. 阮逸 注에 "內, 表弟"라 함.
【非之】 阮逸 注에 "非其過禮"라 함.
【載馳】《詩經》鄘風의 편명. 毛箋에 "〈載馳〉, 許穆夫人作也. 閔其宗國顚覆, 自傷
不能救也. 衛懿公爲狄人所滅, 國人分散, 露於漕邑. 許穆夫人閔衛之亡, 傷許之小,
力不能救; 思歸唁其兄, 又義不得, 故賦是詩也"라 함. 마지막 5장은 "大夫君子,
無我有尤. 百爾所思, 不如我所之"라 함. 阮逸 注에 "鄘國詩. 卒章云:「大夫君子,
無我有尤. 百爾所思, 不如我所之」此言我自不忍而然"이라 함.

207(4-49)
정화鄭和와 월공越公

　정화鄭和가 월공越公에게 문중자를 헐뜯어 말하였다.

　"그는 사실 그대에게 오만하게 구는데 그대께서는 어찌 그를 중시하십니까?"

　월공이 사람을 문중자에게 보내어 물어보자 문중자는 이렇게 말하였다.

　"그대가 나의 오만함을 받을 정도라면 그의 말이 맞습니다. 그러나 그대가 나의 오만함을 받을 정도가 아니라면 그의 말은 잘못된 것입니다. 그런데 그대는 어찌 그런 데에 마음을 두십니까?"

　월공은 다시 옛날처럼 문중자를 대우하였다.

　鄭和譖子於越公曰:「彼實慢公, 公何重焉?」

　越公使問子, 子曰:「公可慢則僕得矣, 不可慢則僕失矣. 得失在僕, 公何預焉?」

　越公待之如舊.

【鄭和】 당시의 어떤 인물. 구체적으로는 알 수 없음. 阮逸 注에 "未見"이라 함.
【譖】 참훼함. 헐뜯음. 비방함.
【越公】 楊素. 隋나라 때의 大臣. 자는 處道(?~606). 隋 煬帝 때 司徒였으며 朝廷을 장악하고 있었음. 뒤에 尙書令에 올랐으며 먼저 越國公에 봉해졌다가

大業 2년에 다시 楚國公에 봉해짐. 그 때문에 '越公', '楚公' 등으로도 불림.
《隋書》(48)에 전이 있음.

【彼】문중자 왕통을 가리킴. 阮逸 注에 "彼, 謂文中子"라 함.

208(4-50)
하약필賀若弼

문중자가 말하였다.

"나는 아직 용맹스러운 자를 보지 못하였다."

그러자 어떤 이가 말하였다.

"하약필賀若弼이 있지요."

문중자가 말하였다.

"하약필은 지독한 것이지 어찌 용이겠느냐?"

子曰:「我未見勇者.」

或曰:「賀若弼.」

子曰:「弼也戾, 焉得勇?」

【賀若弼】 자는 輔伯(544~607). 河南 洛陽 사람으로 賀若敦의 아들. 그 아버지가
宇文護에게 살해되면서 아들에게 陳나라를 평정할 뜻을 전하여 그는 北周에
벼슬하다가 隋나라가 들어서자 文帝(楊堅)를 도와 吳州總管이 되어 陳나라를
평정하고 大將軍에 오름. 宰相에까지 올랐으나 煬帝(楊廣)가 즉위하자 그를
멀리하게 되었으며, 이에 불만을 품다가 大業 3년 모반죄로 주살을 당함. 《北史》
(68)와 《隋書》(52)에 전이 있음.

【焉得勇】 阮逸 注에 "勇於義曰勇, 勇於力曰戾"라 함.

209(4-51)
영웅英雄

이밀李密이 영웅英雄에 대하여 질문하였다.

문중자가 말하였다.

"자신을 아는 자를 영英이라 하고, 자신을 이기는 자를 웅雄이라 한다."

용勇에 대하여 묻자 문중자는 이렇게 말하였다.

"반드시 해야 한다면 의義일 것이로다!"

李密問英雄.

　　　子曰:「自知者英, 自勝者雄.」

　問勇, 子曰:「必也, 義乎!」

【李密】자는 玄邃(玄邃)(532~618), 혹은 法主. 그 선조는 遼東 襄平 사람이나
뒤에 京兆 長安으로 옮겨 살았음. 어려서 독서를 좋아하여, 구산(緱山)의 包愷를
스승으로 모시고자 소를 타고 떠나면서 쇠뿔에 《漢書》를 걸어두고 읽으면서
갔다 함. 上柱國 蒲山公 李寬의 아들로 隋나라 大業 9년 楊玄德의 봉기군에
참가하였다가 포로가 되었으며, 뒤에 다시 도망하여 대업 12년 瓦崗軍에게 투
신하여 봉기군의 수령이 되어 군주로 추대되어 魏公으로 불렸으나 다시 唐에
불만을 품고 맞섰다가 피살됨.《三字經》에 "如負薪, 如掛角, 身雖勞, 猶苦卓"
이라 함.《舊唐書》(53)와 《新唐書》(84)에 전이 있음.

【英雄】劉劭는 《人物志》에서 "夫草之精秀者爲英, 獸之特群者爲雄"이라 하여 '英'을 文範으로, '雄'을 武威로 나누어 설명하고자 하였으며 두 가지 유형의 재능이 모두 각기 뛰어나기는 하나 '英'을 갖추지 않은 '雄'은 그 가치가 감손됨을 주장하였음. 한편 《三國志演義》〈靑梅煮酒論英雄〉에 曹操가 劉備에게 '英雄'에 대하여 "夫英雄者, 胸懷大志, 腹隱良謀, 有包藏宇宙之氣, 吐沖天地之志, 方可謂英雄也"라 한 구절이 있음. 阮逸 注에 "自知, 故能知人; 自勝, 故能勝人"이라 함.

【義乎】阮逸 注에 "凡勇不得其宜, 皆勃戾爾"라 함.

210(4-52)
문중자를 알아주지 않는 천하

가경賈瓊이 말하였다.
"심하도다. 천하가 우리 선생님을 모르고 있음이여."
문중자가 말하였다.
"너는 알려지기를 원하느냐? 그냥 열심히 닦고 있으면 된다. 하늘이 장차 알아줄 것인데 하물며 사람들이랴?"

賈瓊曰:「甚矣, 天下之不知子也.」

子曰:「爾願知乎哉? 姑修焉. 天將知之, 況人乎?」

【賈瓊】 王通의 제자. 七大弟子, 즉 '七俊穎'의 하나. 中山 사람이라 함.
【天將知人】 阮逸 注에 "孟子曰:「盡心者, 知其性也. 知性則知天」 言聖人知天,
則天亦知聖人"이라 함.

211(4-53)
육경六經

가경賈瓊이 《육경六經》의 본의에 대하여 청하면서 이렇게 말하였다.
"저는 선생님의 도가 혹 추락하면 어쩌나 걱정됩니다."
문중자가 말하였다.
"너는 장차 이름이 나기를 기다리느냐? 좋은 옥이 있으면 잠시 그 값을 기다려야 한단다."

賈瓊請《六經》之本, 曰:「吾恐夫子之道或墜也.」
子曰:「爾將爲名乎? 有美玉姑待價焉.」

【賈瓊】 王通의 제자. 七大弟子, 즉 '七俊穎'의 하나. 中山 사람이라 함.
【六經】 王通의 저술 《續經(續六經)》을 가리킴.
【姑待價】 《論語》 子罕篇에 "子貢曰:「有美玉於斯, 韞匵而藏諸? 求善賈而沽諸?」 子曰:「沽之哉! 沽之哉! 我待賈者也.」"라 함. 阮逸 注에 "待明王出, 當自求行之" 라 함.

212(4-54)
양현감楊玄感

양현감楊玄感이 효孝에 대하여 여쭈었다.
문중자가 말하였다.
"어버이를 섬김에서 시작하여 자신을 세우는 데에서 끝맺는 것이니라."
이번에는 충忠에 대하여 묻자 문중자가 말하였다.
"효가 세워지면 충은 완수되는 것이니라."

楊玄感問孝.
　　子曰:「始於事親, 終於立身.」
　問忠, 子曰:「孝立則忠遂矣.」

【楊玄感】楊素의 아들(?~613). 아버지의 작위를 습봉하여 역시 楚公으로도
불림. 禮部尙書에 올랐으며 문학을 중시하여 많은 명사들이 그의 문을 드나
들자 煬帝(楊廣)가 매우 미워함. 大業 9년 제 2차 高句麗 정벌 때 黎陽의 督糧司의
임무를 맡았다가 그곳에서 천하가 장차 혼란에 빠질 것을 보고 起兵하여 秦王
楊浩를 옹립. 東都를 공격하였으나 실패하자 관중으로 방향을 바꾸었다가
무너짐. 이에 아우 楊積善에게 칼을 빼어 자신을 죽여달라 하여 최후를 마침.
《隋書》(70)와 《北史》(41)에 전이 있음.
【事親立身】阮逸 注에 "言爾父不陷不義, 則爾身可立矣"라 함.
【孝立忠遂】阮逸 注에 "楊素賢, 則隋不亂"이라 함.

卷五 〈문역편問易篇〉

본편은 첫 구절 "劉炫問易"의 '問易'을 제목으로 삼은 것이다. 총 55장으로 分章하였다.

〈敍篇〉에 "周公之道, 蓋神乎《易》中, 故次之以〈問易篇〉"이라 하였다.

〈鴞鼎〉 1958 陝西 華縣 출토

213(5-1)
유현劉炫이 질문한 역易

유현劉炫이 《역易》에 대하여 여쭈었다.

문중자가 말하였다.

"성인聖人께서는 《역》에 대하여 몸이 마치도록 하였는데 하물며 우리 같은 무리들이랴?"

유현이 말하였다.

"제가 조정에서 담론을 벌이면 아무도 나에게 필적할 자가 없습니다."

문중자는 아무런 대답을 하지 않고 물러나 문인들에게 이렇게 말하였다.

"묵묵히 이를 성취하고 말없이 믿음을 사며 덕행을 간직하고 있을 뿐이다."

劉炫問《易》.

子曰:「聖人於《易》, 沒身而已, 況吾儕乎?」

炫曰:「吾談之於朝, 無我敵者.」

子不答, 退謂門人曰:「黙而成之, 不言而信, 存乎德行.」

【劉炫】 자는 光伯(546~613?). 隋나라 때 河間 景城 사람. 처음 북주에 벼슬하여 영주호조종사 등을 역임함. 開皇 연간에 國史와 五禮 편찬에 참여함. 당시 재상 牛弘이 천하의 遺書를 구매하여 궁중에 소장할 것을 건의하자 劉炫은 가짜로 《連山易》과 《魯史記》 등 백여 권을 날조하여 바침. 뒤에 이 일이 발각되어

쫓겨났다가 隋末 농민군에 들어가 유랑 끝에 餓死함. 나름대로 天文, 律數 등에 깊은 조예가 있었으며 宣德先生으로 불림. 저술로 《五經正名》, 《論語述議》, 《春秋攻昧》, 《算術》 등이 있음. 《北史》(82)와 《隋書》(75)에 전이 있음.

【歿身】 죽을 때까지 《易》을 공부함. 阮逸 注에 "聖人終身立《易》中, 劉炫但熟 《易》之文, 而不知《易》在身也"라 함.

【無敵】 《周易》에 대한 토론에 자신을 대적할 자가 없다고 자신한 것. 阮逸 注에 "但談《易》文, 自謂無敵"이라 함.

【存乎德行】 阮逸 注에 "此所謂《易》在身"이라 함.

214(5-2)
성인의 걱정

위징魏徵이 말하였다.

"성인聖人도 걱정이 있습니까?"

문중자가 말하였다.

"천하가 모두 걱정하고 있는데 내 홀로 어찌 근심이 없겠느냐?"

의疑에 대하여 여쭙자 문중자가 말하였다.

"천하가 모두 의심을 하고 있는데 내 홀로 어찌 의심을 하지 않을 수 있겠느냐?"

위징이 물러나자 문중자가 동상董常에게 말하였다.

"천도를 즐겁게 여기고 천명을 알고 있는데 내가 무슨 걱정을 하겠느냐? 이치를 끝까지 다하고 본성을 모두 다 해보고 있는데 내 어찌 의심을 갖겠느냐?"

동상이 말하였다.

"위징에게 하셨던 말씀과 다릅니다. 선생님께서도 두 말하십니까?"

문중자가 말하였다.

"위징이 질문하였던 바는 드러난 흔적을 말한 것이다. 내가 너에게 일러주는 것은 마음이다. 마음과 흔적은 구분된 지가 오래이다. 나라고 어찌 홀로 두 말을 하지 않을 수 있겠느냐?"

동상이 물었다.

"마음과 흔적은 진실로 다른 것입니까?"

문중자가 말하였다.

"나와 너 사이를 보면 다르지만 내가 도에 이르렀을 때는 그 다름을 알지 못하니, 각기 정당한 것일 뿐이다. 그렇다면 두 가지는 천도 하나를 위배하지 않는 것이다."

이파李播가 듣고 이렇게 감탄하였다.

"크도다! 하나의 천도여. 천하가 모두 그에게 귀의하건만 깨닫지 못하고 있구나."

魏徵曰:「聖人有憂乎?」

　子曰:「天下皆憂, 吾獨得不憂乎?」

問疑, 子曰:「天下皆疑, 吾獨得不疑乎?」

徵退, 子謂董常曰:「樂天知命, 吾何憂? 窮理盡性, 吾
　　　何疑?」

　常曰:「非告徵也, 子亦二言乎?」

　子曰:「徵所問者, 迹也. 吾告汝者, 心也. 心迹之
　　　判久矣, 吾獨得不二言乎?」

　常曰:「心迹固殊乎?」

　子曰:「自汝觀之則殊也, 而適造者不知其殊也,
　　　各云當而已矣. 則夫二未達一也.」

李播聞而歎曰:「大哉乎! 一也. 天下皆歸焉而不
　　　覺也.」

【魏徵】 자는 玄成(580~643). 王通의 제자이며 貞觀 최고 名臣. 唐 太宗 李世民에게 직언으로 보필한 것으로 유명함. 北周 靜帝 大象 2년(580) 襄國郡 鉅鹿縣에서 태어나 어릴 때 고아가 되어 隋나라 말에 떠돌다가 道士라 속이고 李密의

瓦崗軍과 竇建德의 河北義軍에 들어가 공을 세움. 태종이 즉위하여 諫議大夫와 尚書右丞을 겸하였음. 다시 貞觀 3년(629)에 秘書監이 되어 국정에 참여하였으며 7년(633) 侍中이 되어 鄭國公에 봉해졌으며 17년(643) 병으로 長安에서 죽음. 시호는 文貞. 昭陵 곁에 묻혔음.《舊唐書》에 太宗과의 관계에 대하여 "討論政術, 往復應對, 凡數十萬言"이라 함.《舊唐書》(71)와《新唐書》(97)에 전이 있음.《貞觀政要》등에 그의 일화가 널리 실려 있음.

【董常】 자는 履常. 원래 河南 사람으로 孔子에게 顏回가 있듯이 王通에게 안회와 같은 존재로 알려져 있음. 왕통보다 일찍 죽음.

【樂天知命】《周易》繫辭(上)에 "樂天知命, 故不憂"라 하였고,《申鑒》(5) 雜言(下)에는 "君子樂天知命, 故不憂; 審物明辨, 故不惑; 定心致公, 故不懼"라 함.

【窮理盡性】《周易》說卦에 "窮理盡性, 以至於命"이라 함.

【吾何疑】 阮逸 注에 "憂疑出乎情爾. 情者, 性之欲也. 聖人性不憂, 而人以爲憂者, 以天下之情爲憂也. 聖人性無疑, 而人以爲疑者, 而天下之情爲疑也. 故聖人應物以迹, 復姓以心. 義終下文"이라 함.

【二言】 阮逸 注에 "前云有憂疑. 後云無憂疑. 是二言"이라 함.

【迹】 阮逸 注에 "舉天下物情之動, 而聖人應之曰迹"이라 함.

【心】 阮逸 注에 "以一性之本, 合乎天命曰心"이라 함.

【迹之判久矣】 阮逸 注에 "判, 分也. 自周公已來, 心迹分, 故曰久矣. 夫堯禪舜, 舜禪禹, 以心言之, 則一也. 其所以禪之者, 迹也. 湯伐桀, 武王伐紂, 以堯舜之心言之, 亦一也. 其所以伐之者, 迹也. 周公‧仲尼之心, 與堯舜湯武同也, 而迹不應乎天下, 蓋時異耳. 使周‧孔居禪之時, 則舜禹也; 居伐之時, 則湯武也. 文中子不得其時, 兩存心迹, 聖矣哉!"라 함.

【二言】 阮逸 注에 "言周公仲尼, 於易已二言矣"라 함.

【心迹殊乎】 阮逸 注에 "疑二言, 爲二道"라 함.

【自汝觀之】 阮逸 注에 "自爾, 猶言自彼也. 以彼觀我, 則心迹固殊"라 함.

【適造】 阮逸 注에 "適造, 謂我適至於道, 乘時而用, 則安知心與迹果殊哉?"라 함.

【當而已】 阮逸 注에 "當, 謂惟義所在, 不必執乎心‧執乎迹, 時行則行, 時止則止, 各當而已"라 함.

【二未違一】 阮逸 注에 "言則二, 道則一也. 若先天而天弗違, 後天而奉天時, 先後則二, 而其不違時一也"라 함.

【李播】 阮逸 注에 "李播, 亦門人. 未見傳"이라 하였으나 呂才의《東皋子集》序에 "君, ……與李播‧陳永‧呂才爲莫逆之交"라 하였고,《舊唐書》(192) 王績傳에도

"王績, ……少與李播·呂才爲莫逆之交"라 하였으며,《新唐書》(196) 王績傳에도
"王績, ……與李播·呂才善"이라 하는 등 王績(王通의 아우 無功)과 아주 가까웠던
인물임.

【不覺】阮逸 注에 "聖人之道, 常存於天下. 然文中子出非其時, 故天下生民, 不
　覺也. 孟子稱伊尹曰: 「天之生民, 使先知覺後知, 使先覺覺後覺.」"이라 함.

215(5-3)
지志와 조詔

정원程元이 숙념叔恬에게 물었다.

"《속서續書》에는 〈지志〉도 있고, 〈조詔〉도 있는데 무엇을 이른 것인가?"

숙념이 이를 문중자에게 고하자 문중자가 설명하였다.

"〈지〉는 도를 성취시키는 것이니 말로 그 뜻을 펼치는 것이요, 〈조〉는 왕자의 뜻을 볼 수 있는 것이다! 남을 불쌍히 여겨 두루 주선하고, 그 치용致用이 모두에게 미치는 것이다. 말 한 마디로써 천하가 응하고 명령 하나로써 가히 바꿀 수 없는 것이니 인지박달仁智博達하고 칙천명명則天明命하지 않고서야 누가 능히 천하에 조칙을 내릴 수 있겠는가?"

程元問叔恬曰:「《續書》之有〈志〉有〈詔〉, 何謂也?」

叔恬以告文中子, 子曰:「志以成道, 言以宣志. 詔其見王者之志乎! 其恤人也周, 其致用也悉, 一言而天下應, 一令而不可易, 非仁智博達則天明命, 其孰能詔天下乎?」

【程元】 王通의 문인, 제자. 구체적으로는 알 수 없음.

【叔恬】 王凝. 王通의 아우이며 王績의 형. 자는 叔恬. 太原縣令에 올라 그 때문에 太原府君으로도 부름. 唐 太宗 貞觀 초에 監察御史에 올랐다가 侯君集의 사건에 연루되어 姑蘇令으로 좌천되기도 함. 뒤에 벼슬을 버리고 낙향하여

王通의 《六經》과 《文中子(中說)》를 정리함. 대체로 隋나라 開皇 초에 태어난 것으로 보이며 죽은 해는 알려지지 않음.

【志】 阮逸 注에 "道出乎志也. 雖未詔天下, 而其言已宣, 故曰志"라 함.

【王者之志】 阮逸 注에 "詔行天下, 則志可見矣"라 함.

【不可易】 阮逸 注에 "恤人, 故皆應; 悉用, 故不改"라 함.

【詔天下】 阮逸 注에 "言詔如是之大"라 함.

216(5-4)
책策

숙념叔恬이 말하였다.

"감히 여쭙건대 〈책策〉이란 무엇을 일컫는 것입니까?"

문중자가 말하였다.

"그 말은 전아하고, 그 이름은 넓으며, 불쌍히 여겨 사사롭지 않으며, 고생스럽되 권태롭게 여기지 않는 것, 그것이 바로 책이로다!"

叔恬曰:「敢問〈策〉何謂也?」

　子曰:「其言也典, 其致也博, 憫而不私, 勞而不倦,

　　　其惟策乎!」

【叔恬】王凝. 王通의 아우이며 王績의 형. 자는 叔恬. 太原縣令에 올라 그 때문에 太原府君으로도 부름. 唐 太宗 貞觀 초에 監察御史에 올랐다가 侯君集의 사건에 연루되어 姑蘇令으로 좌천되기도 함. 뒤에 벼슬을 버리고 낙향하여 王通의 《六經》과 《文中子(中說)》를 정리함. 대체로 隋나라 開皇 초에 태어난 것으로 보이며 죽은 해는 알려지지 않음.

【策】阮逸 注에 "《續書》有策"이라 함.

【憫而不私】阮逸 注에 "憫世病, 不私諱過"라 함.

【勞而不倦】阮逸 注에 "勞心問賢, 不倦聽"이라 함.

【策乎】阮逸 注에 "若漢武帝策董仲舒"라 함.

217(5-5)
명命

문중자가 말하였다.

"《속서續書》의 〈명命〉은 심오하도다! 거기에는 임금과 신하의 경략經略이 있으니 그 지위에 마땅하도다! 성패成敗가 사이에 들어 있어 천하에 이를 걸어두면 이를 얻지 않아도 이미 임하게 되는 것이로다! 진퇴進退와 소식 消息은 그 기미幾微를 잃지 않게 되리라! 도는 아주 커서 만물은 폐기될 수 없으며, 높이 가고 홀로 가게 될 것이며, 중권中權은 변화하니 스스로 천명天命을 짓는 것이로다!"

子曰:「《續書》之有〈命〉邃矣! 其有君臣經略, 當其地乎! 其有成敗於其間, 天下懸之, 不得已而臨之乎! 進退消息, 不失其幾乎! 道甚大, 物不廢高逝獨往, 中權契化, 自作天命乎!」

【續書】王通《續六經》의 하나로《尙書》의 체제를 모방하여 그 뒤를 이어 찬술한 것.〈世家〉에《續書》25권이 저록되어 있으며 西漢부터 晉代까지의 詔命을 모은 것임.

【邃矣】깊고 오묘함. 深遠함. 阮逸 注에 "天爵人爵, 皆爲命也. 邃者, 言非止君命, 抑亦天命之耳"라 함.

【不得已而臨之】阮逸 注에 "言命之所歸, 不得已而當之"라 함.

【自作天命】阮逸 注에 "天下懸於己, 故曰自作天命"이라 함.

218(5-6)
사事

문중자가 말하였다.

"《속서》 속의 '사事' 부분은 인의仁義에서 취하여 모책이 있는 것이로다! 비록 천자라 해도 반드시 스승이 있다고는 하나 그렇다고 어찌 상사常師가 있으리오? 오직 도가 있는 곳에 스승이 있는 것이며, 천하로써 자신을 삼고 천하의 가르침을 받는 것이요, 천하의 도를 터득하여 천하의 임무를 이루는 것이다. 그러면서도 백성이 그 이유를 알지 못하는 것은 오직 명주明主만이 할 수 있는 것이로다!"

文中子曰:「〈事〉者, 其取諸仁義而有謀乎! 雖天子必有師, 然亦何常師之有? 唯道所存, 以天下之身, 受天下之訓; 得天下之道, 成天下之務. 民不知其由也, 其惟明主乎!」

【事】 阮逸 注에 "《續書》有事"라 함.
【有師】 阮逸 注에 "事由師謀而成"이라 함.
【受天下之訓】 阮逸 注에 "言不惟師也, 天下之人, 有善皆可從"이라 함.
【明主】 阮逸 注에 "民間之事, 君皆行焉. 民亦不知其君, 得善之由"라 함.

219(5-7)
문問과 대對

문중자가 말하였다.

"인을 넓히고 지혜를 더는 것으로 〈문問〉보다 더 좋은 것이 없고, 일의 형세를 타고 도를 펼치는 것으로는 〈대對〉보다 더 나은 것이 없다. 그런데 명군明君이 아니고서야 누가 능히 넓게 질문을 하겠는가? 통달한 신하가 아니고서야 누가 능히 전대專對할 수 있겠는가? 그 마땅함을 바탕으로 닮은 것을 취하는 것은 경經이 아님이 없다. 양양洋洋하도다! 조조晁錯와 동중서董仲舒, 그리고 공손홍公孫弘의 대면이여."

文中子曰:「廣仁益智, 莫善於〈問〉; 乘事演道, 莫善
　　　於對. 非明君孰能廣問? 非達臣孰能專對乎?
　　　其因宜取類, 無不經乎! 洋洋乎! 晁·董·
　　　公孫之對.」

【問】《續書》에 있는 편명. 阮逸 注에 "《續書》有問"이라 함.
【對】역시 《續書》에 있는 편명. 阮逸 注에 "《續書》有對"이라 함.
【專對】자신의 일을 자신이 전담하여 처리함. 《論語》子路篇에 "子曰:「誦詩
三百, 授之以政, 不達; 使於四方, 不能專對; 雖多, 亦奚以爲?」"라 함.
【晁】晁錯(鼂錯, 晁厝. B.C.200~B.C.154)를 가리킴. 모두 '조조'로 읽음. 西漢 潁川人
으로 申不害, 商軮의 刑名之術을 익혔으며 文帝 때 《今文尙書》를 伏生으로

부터 받아오기도 함. 太子家令이 되어 景帝가 그를 '智囊'이라 부르기도 하였음.
文帝에게 상서하여 井田法의 부활과 邊方 移民法을 주장함. 吳楚七國의 난이
그를 지목하여 '淸君側'이라 기치를 들고 일어났으며 袁盎(爰盎)의 참소를 입어
棄市刑에 처해지고 말았음. 《史記》(101)와 《漢書》(49)에 전이 있음. 阮逸 注에
"晁錯對策云: 「三王臣主俱賢, 合謀相輔, 莫不本於人情也.」"라 함.

【董】董仲舒(B.C.179~B.C.104). 西漢 信都 廣川人. 어려서부터 《春秋》에 박통하여
景帝 때 博士에 올랐으며 武帝 때 賢良으로 뽑혀 對策을 올림. 오직 儒家만을
숭상하여 治道로 삼을 것을 주장하였으며 이로써 江都相, 膠西王相 등을
역임함. 뒤에 병으로 사직하고 오로지 저술에만 전념하여 '陰陽五行說', '天人
感應說' 등의 체계를 세움. 《春秋繁露》, 《擧賢良對策》 등이 유명함. 《史記》
(121)와 《漢書》(56)에 전이 있음. 阮逸 注에 "董仲舒對策曰: 「《春秋》王道之端,
傳之於正, 正次王, 王次春. 春者天之所爲也; 正者王之所爲也.」"라 함.

【公孫】公孫弘(B.C.200~B.C.121). 자는 季. 서한 菑川 薛(지금의 山東省 滕縣)
출신. 처음 獄吏였으나 나이 마흔에 《春秋公羊傳》을 공부하여 元光 5년
(B.C.130)에 賢良文學科에 올라 博士가 됨. 뒤에 武帝에게 신임을 얻어 元朔 초에
御史大夫에서 丞相에까지 올랐으며 平津侯에 봉해짐. 《史記》(112)와 《漢書》
(58)에 傳이 있음. 阮逸 注에 "公孫弘對策云: 「致利除害, 兼愛無私, 謂之仁;
明是非, 立可否, 謂之義. 洋洋然得王道大綱.」"이라 함.

220(5-8)
찬贊

문중자가 말하였다.

"아름다움이 있어도 이를 선양시켜주지 않는다면 천하에 누가 볼 수 있겠는가? 군자가 임금에게 있어서 그 아름다움을 〈찬贊〉해 주고 그 실책을 바로잡아주어 선善으로 나아가도록 하기에 겨를이 없다면 천하가 어찌 편안하지 않을 수 있겠는가?"

文中子曰: 「有美不揚, 天下何觀? 君子之於君, 〈贊〉
　　　其美而匡其失也, 所以進善不暇, 天下有
　　　不安哉?」

【贊】 도와 줌. 《續書》의 편명이기도 함. 阮逸 注에 "《續書》有贊"이라 함.
【不安哉】 阮逸 注에 "言無不安"이라 함.

문중자가 말하였다.

"〈의議〉는 천하의 마음을 다 아우르는 것이로다! 옛날 황제黃帝는 합궁合宮에서의 청취가 있었고, 요堯는 구실衢室에서의 질문이 있었으며, 순舜은 총장總章을 방문하였으니 모두가 의議를 두고 한 말이로다. 크도다! 천하의 모책을 모두 아우르고, 천하의 지혜를 겸하여 도리가 저절로 터득된 것이니 내가 할 일이 무엇이 있겠는가? 그저 자신을 공손히 하여 남면南面하고 있으면 될 뿐이었다."

文中子曰:「〈議〉, 其盡天下之心乎! 昔黃帝有合宮之聽,
堯有衢室之問, 舜有總章之訪, 皆議之謂也.
大哉乎! 幷天下之謀, 兼天下之智, 而理得矣,
我何爲哉? 恭己南面而已.」

【議】《續書》의 편명. 阮逸 注에 "《續書》有議"라 함.
【黃帝】중국 상고시대의 帝王. 中原 각 부족의 共同 先祖. 公孫氏이며 姬水 가에
살아 姬姓으로도 부름. 軒轅의 언덕을 근거지로 발전하여 軒轅氏로도 불리여
나라를 有熊이라 하여 有熊氏로도 부름. 姜姓의 炎帝(神農氏)와 九黎族의 受領
蚩尤를 물리치고 각 부락의 聯盟 首領이 되었으며 土德으로 왕이 되었다 하여

黃帝로 칭함. 道家의 시조로 여겨 黃老術의 원조가 되기도 함. 《黃帝書》라는 책을 남긴 것으로 알려져 있음.

【合宮】 黃帝 때의 明堂. 《文選》 張衡의 東京賦에 "必以肆奢爲賢, 則是黃帝合宮, 有虞總期, 固不如夏癸之瑤臺, 殷辛之瓊室"이라 함. 阮逸 注에 "合宮·總章, 皆明堂異名也. 衢室, 當衢爲室, 以採民言也. 《管子》曰: 「堯聞衢室, 聽於民也.」"라 함.

【堯】 전설상 上古시대 五帝의 하나. 陶唐氏. 唐堯로도 부름. 祁姓이며 이름은 放勳. 帝嚳의 아들. 《十八史略》(1)에 "帝堯陶唐氏: 伊祁姓, 或曰名放勛, 帝嚳子也. 其仁如天, 其知如神, 就之如日, 望之如雲, 都平陽. 茆茨不剪, 土階三等. 有草生庭, 十五日以前, 日生一葉, 以後日落一葉, 月小盡, 則一葉厭而不落, 名曰蓂莢, 觀之以知旬朔"이라 함. 《史記》 五帝本紀를 볼 것.

【衢室】 堯임금은 거리에 나서서 백성들의 의견을 들음. 《管子》 桓公問에 "堯有衢室之問者, 下聽於人也"라 함.

【舜】 고대 五帝의 하나. 有虞氏. 姓은 姚氏, 이름은 重華. 虞舜으로도 부름. 堯임금으로부터 천하를 물려받아 帝位에 오름. 瞽瞍의 아들로 孝誠이 뛰어났던 분으로 널리 알려져 있으며 儒家에서 聖人으로 추앙함. 《十八史略》(1)에 "帝舜有虞氏: 姚姓, 或曰名重華, 瞽瞍之子, 顓頊六世孫也. 父惑於後妻, 愛少子象, 常欲殺舜. 舜盡孝悌之道, 烝烝乂不格姦"이라 함. 역시 《史記》 五帝本紀를 볼 것.

【總章】 明堂의 서쪽 세 개의 방. 이를 개방하여 민원을 청취하는 장소로 삼았다 함. 《呂氏春秋》 孟秋에 "天子居總章个"라 함.

【恭己南面】 《論語》 衛靈公篇에 "子曰: 「無爲而治者, 其舜也與! 夫何爲哉? 恭己正南面而已矣.」"라 함. 阮逸 注에 "言黃帝堯舜得天下謀議爲理"라 함.

222(5-10)
계誡

문중자가 말하였다.

"'인심人心은 위태로운 것이며 도심道心은 은미한 것'이라 하였으니 도란 진전하기가 어렵다는 것을 말한 것이다. 그 때문에 군자가 허물을 생각하고 이를 미리 예방하는 것은 〈계誡〉편이 있기 때문이다. 끊되 지적하지는 않았고, 부지런히 힘쓰도록 하되 원망은 하지 않았으며, 곡진히 말하되 예를 갖추었으니 그것이 바로 〈계〉편이로다!"

子曰:「『人心惟危, 道心惟微.』言道之難進也. 故君子
思過而預防之, 所以有〈誡〉也. 切而不指, 勤而
不怨, 曲而不諂, 直而有禮, 其惟〈誡〉乎!」

【誡】《續書》의 편명. 阮逸 注에 "《續書》有誡"라 함.
【切而不指】阮逸 注에 "切至指評"이라 함.
【惟誡乎】阮逸 注에 "勤拳委曲, 以禮誡之"라 함.

223(5-11)
간諫

문중자가 말하였다.

"과실을 고치기에 인색하지 않아 더 이상 허물이 없도록 하는 것은 허물을 잘 고치는 일이다. 옛날 명왕明王들이라 해서 어찌 허물이 없었겠는가? 〈간諫〉을 따랐을 뿐이다. 그러므로 충신忠臣이 임금을 섬김에는 충성을 다하고 허물을 고쳐 위에서 임금이 허물을 저지르면 아래에서 신하가 보조해주고, 아래에서 신하가 간언을 하면 위에서 임금이 따라주는 것, 이것이 왕도가 넘어지지 않는 이유이다. 막힌 것에서 태평함을 취하고 밝은 것으로써 어두운 것을 바꾸는 것이니, 간언이 아니고서 누가 능히 그런 길로 나갈 수 있겠는가?"

子曰:「改過不恡無咎者, 善補過也. 古之明王, 詎能無過?
　　從〈諫〉而已矣. 故忠臣之事君也, 盡忠補過,
　　君失於上, 則臣補於下; 臣諫於下, 則君從於上,
　　此王道所以不跌也. 取泰於否, 易昏以明, 非諫
　　孰能臻乎?」

【詎】疑問詞. '어찌'의 뜻.
【諫】《續書》의 편명. 阮逸 注에 "《續書》有諫"이라 함.
【不跌】阮逸 注에 "不差跌"이라 함.
【孰能臻乎】阮逸 注에 "言遂事亦可諫"이라 함.

224(5-12)
진晉과 양한兩漢의 군주들

문중자가 말하였다.

"진晉나라 이래로 어찌 그토록 뒤얽혀 군주가 많았는가? 내가 보기에는 혜제惠帝와 회제懷帝가 안타까우니 삼국三國을 버리고 어찌 장차 천하를 취할 뜻을 가질 수 있었겠는가? 삼국은 어찌 그토록 애를 쓰면서도 환난이 많았는가? 내가 보기에는 환제桓帝와 영제靈帝가 안타까우니 양한兩漢을 버리고 누가 능히 통제의 권한을 취할 수 있었겠는가?"

文中子曰:「晉而下, 何其紛紛多主也? 吾視惠·懷傷之,
捨三國將安取志乎? 三國何其孜孜多虞乎!
吾視桓·靈傷之, 捨兩漢將安取制乎?」

【紛紛】阮逸 注에 "紛不一姓"이라 함. 東晉 이후 宋, 齊, 梁, 陳과 北朝의 수많은 나라 등 朝代가 여러 차례 바뀌었음을 말함.

【惠】晉 惠帝. 西晉의 제2대 황제 司馬衷. 武帝 司馬炎의 아들이며 중국 역대이래 가장 백치에 가까운 군주로 널리 알려진 인물. 290~306년 재위함. 皇后 賈南風에게 조종당하여 나라를 혼란으로 몰아넣었으며 결국 八王의 亂이 일어나고 말았음. 阮逸 注에 "惠帝, 政由賈后, 爲趙王倫所簒"이라 함.

【懷】晉 懷帝. 서진 3대 임금. 司馬熾. 연호를 永嘉라 하였으며 307~312년까지 6년간 재위함. 劉淵이 稱帝하고 劉曜가 洛陽을 함락, 황제를 포로로 하여

잡아간 永嘉之亂(311)이 일어나 西晉이 기울기 시작하였음. 阮逸 注에 "懷帝,
蒙塵於平陽, 爲劉聰所害"라 함.

【三國】阮逸 注에 "三國各有平天下之志, 此又明《續書》有志"라 함.

【孜孜多虞】阮逸 注에 "雖有志而無制"라 함.

【桓】桓帝. 東漢 제 11대 황제. 劉志. 劉翼의 아들이며 147~167년 재위함. 황후의
오빠 梁冀로 인해 고통을 받았음. 梁冀는 質帝를 독살하고(146년) 桓帝를
세우고 나서 20여년 간 정권을 농단하였으나 桓帝가 참다못해 單超 등과 공모
하여 梁冀를 체포, 梁冀는 자살하고 族滅당하였음. 阮逸 注에 "漢桓帝諱志,
梁冀執政, 權傾天下"라 함.

【靈】靈帝. 東漢 제 12대 황제 劉宏. 158~189년 재위함. 竇武의 횡포로 黨錮
之禍가 일어났으며 宦官의 득세로 인해 암흑시대가 됨. 이 때 鉅鹿인 張角이
《太平淸令書》를 經典으로 '太平道'를 만들어 184년 난을 일으켰으며 이것이
黃巾賊의 난이었음. 뒤를 이은 少帝(劉辯), 헌제(劉協) 때에는 袁紹, 董卓, 曹操
등이 일어나 결국 멸망의 길로 들어서고 말았음. 阮逸 注에 "靈帝諱宏, 黃巾賊起,
董卓作亂"이라 함.

【將安取制】阮逸 注에 "七制之主, 可以垂法. 此又明《續書》有制也"라 함.

225(5-13)
태화太和의 정치

문중자가 태화太和의 정치에 대하여 말하였다.

"훌륭하다고 할 수 있다. 중원의 법을 하나로 밝혔도다. 아쉬운 것은 그가 목공穆公의 치도를 실행하지 못한 점이다."

子謂太和之政:「近雅矣, 一明中國之有法, 惜也, 不得
行穆公之道.」

【太和】後魏(北魏, 元魏) 孝文帝(拓拔宏, 元宏)의 연호. 477~499년까지 23년간 이었으며 中原이 가장 안정된 시기를 누렸음. 阮逸 注에 "太和, 後魏孝文帝年 號也. 都洛陽, 文物始備, 故曰近雅"라 함.

【中國之有法】中國은 中原을 가리킴. 阮逸 注에 "中國久無定主, 孝文立二十餘年, 造明堂, 祀圓丘, 置職制, 定律令. 擧兵百萬伐江南. 其後宣武·孝明, 皆能修太和 之政, 是中國之法也"라 함. 王通은 지역적으로 中原을 정통으로 여겼으며. 中原에 '帝'가 없을 때였던 東晉과 남조 宋(劉宋)까지만을 역사의 정통으로 여겼음. 왕통이 이러한 歷史觀을 갖게 된 것은 蕭道成이 宋나라를 찬탈하고 齊(南齊)를 세우자 그의 4대조 穆公 王虯(428~500)가 建元 연간 北魏로 달아나 中原에 정착한 것과 깊은 관련이 있는 것으로 보임. 이에 따라 王通은 비록 異民族일지라도 中原을 통치한 왕조를 正統으로 보아, 血統보다는 地域을 중시하여 모든 학문과 주의주장, 이론을 펴고 있음. 따라서 江南의 王朝는 비록 漢族일지라도 中原을 포기한 책임을 물어 매우 부정적 시각으로 보고 있음.

【穆公】晉陽穆公. 王通의 4대조 王虬(428~500). 蕭道成이 宋나라를 찬탈하고 齊(南齊)를 세우자 建元 연간 北魏로 달아나 孝文帝에게 발탁되어 幷州刺史를 역임하였으며 이때부터 王通의 집안이 汾河(晉陽) 근처에 살게 됨. 그 때문에 '晉陽穆公'이라 부른 것.《政大論》8편을 저술함. 太和 때 孝文帝가 王虬를 발탁하였을 때 王肅과 關朗을 추천하는 등 治道를 펴려 하였지만 孝文帝가 죽고 王虬도 죽어 제대로 뜻을 펼 수가 없었음을 아쉬워한 것임. 阮逸 注에 "穆公虬, 子之祖. 自江南來奔. 太和八年, 始仕焉. 虬薦王肅及關朗, 未幾, 孝文崩, 虬亦卒, 惜其道未及行也"라 함.

226(5-14)
삼교三教

정원程元이 말하였다,

"삼교三教는 어떤 것입니까?"

문중자가 말하였다.

"정치는 악하고 문이 많은 지 오래되었다."

그가 물었다.

"그들을 폐출시키면 어떻습니까?"

문중자가 말하였다.

"네가 미칠 바가 아니다. 진군眞君과 건덕建德 두 임금이 한 일은 마침 파란波瀾만 일으켜 바람에 마구 흔들려 불을 꺼뜨렸을 뿐이다."

程元曰:「三教何如?」

　子曰:「政惡多門久矣.」

　　曰:「廢之何如?」

　子曰:「非爾所及也. 眞君·建德之事, 適足推波組
　　　　瀾, 縱風止燎爾.」

【程元】 王通의 문인, 제자. 구체적으로는 알 수 없음.

【三敎】 儒敎, 道敎, 佛敎를 가리킴. 阮逸 注에 "三敎, 儒老釋"이라 함.

【多門】阮逸 注에 "敎不一, 則政多門"이라 함.

【非爾所及】阮逸 注에 "聖賢出, 則異端自去. 非邇能廢也"라 하여 성현이 나타
나면 자연스럽게 소멸될 것임을 말한 것.

【眞君】太平眞君. 北魏 太武帝(拓拔燾)의 연호. 440~450년까지 11년간이었음.
도교를 지극히 숭상하던 때였음. 阮逸 注에 "眞君, 後魏太武年號也. 始崇道敎,
毁佛法"이라 함.

【建德】後周(北周) 武帝(宇文邕)의 연호. 572~577년까지 6년간이었음. 阮逸 注에
"建德, 後周武帝年號也. 毁釋老二敎, 隋公輔政時, 更興之. 是暫廢而愈盛, 若波
瀾風燎爾"라 함.

227(5-15)
홍범당의洪範讜議

문중자가 《홍범당의洪範讜議》를 읽고 이렇게 말하였다.

"삼교三敎가 이에 가히 하나로 통일되었구나."

정원程元과 위징魏徵이 나아가 여쭈었다.

"무엇을 이르는 것입니까?"

문중자가 말하였다.

"백성을 부리되 게으르지 않게 한 것이다."

子讀《洪範讜議》, 曰:「三敎於是乎可一矣.」

程元·魏徵進曰:「何謂也?」

子曰:「使民不倦.」

【洪範讜議】《皇極讜議》를 가리킴. 王通의 祖父(王一: ?~581)이 唐 太宗 貞觀
연간에 絳州刺史 杜之松이 王績에게 禮樂에 대한 강의를 청하자, 王績은 王一
에게 편지로 家禮에 대하여 토론하였다 함. 《皇極讜義》9편과 〈過龍門禹
廟碑〉가 있음. 阮逸 注에 "安康獻公撰《皇極讜議》"라 함.

【三敎】阮逸 注에 "洪範五皇極者, 義貴中道爾. 致中和, 天地位焉, 萬物育焉. 人者,
天地萬物中和之物也. 敎雖三, 而人則一矣"라 함.

【程元】王通의 문인, 제자. 구체적으로는 알 수 없음.

【魏徵】자는 玄成(580~643). 王通의 제자이며 貞觀 최고 名臣. 唐 太宗 李世民에게 직언으로 보필한 것으로 유명함. 北周 靜帝 大象 2년(580) 襄國郡 鉅鹿縣에서 태어나 어릴 때 고아가 되어 隋나라 말에 떠돌다가 道士라 속이고 李密의 瓦崗軍과 竇建德의 河北義軍에 들어가 공을 세움. 태종이 즉위하여 諫議大夫와 尙書右丞을 겸하였음. 다시 貞觀 3년(629)에 秘書監이 되어 국정에 참여하였으며 7년(633) 侍中이 되어 鄭國公에 봉해졌으며 17년(643) 병으로 長安에서 죽음. 시호는 文貞. 昭陵 곁에 묻혔음.《舊唐書》에 太宗과의 관계에 대하여 "討論政術, 往復應對, 凡數十萬言"이라 함.《舊唐書》(71)와《新唐書》(97)에 전이 있음.《貞觀政要》등에 그의 일화가 널리 실려 있음.

【使民不倦】阮逸 注에 “《易》曰:「通其變, 使民不倦.」”이라 함.

228(5-16)
질운邿惲의 사건

가경賈瓊이 《서書》를 공부하다가 질운邿惲의 사건에 이르자 문중자에게 여쭈었다.

"감히 여쭙건대 〈사事〉, 〈명命〉, 〈지志〉, 〈제制〉는 어떻게 구별됩니까?"

문중자가 말하였다.

"〈제〉, 〈명〉은 내가 〈도道〉에서 밝혔고, 〈지〉와 〈사〉는 내가 〈절節〉에 기록하였다."

가경이 이를 숙념叔恬에게 고하자, 숙념이 말하였다.

"《서》에는 빠뜨림이 없도다! 《서》에 '오로지 정밀하게 할지니라. 그 가운데를 공경히 잡을지라'라 하였는데 이러한 도리를 말한 것이리라! 《시詩》에 '무우 뿌리 조심해 뽑아라, 그 밑둥까지 다칠까 두렵다'라 하였으니 그 절제는 이를 두고 한 말이리라!"

문중자가 듣고 말하였다.

"왕응(숙념)은 《서》를 아는 자로다."

賈瓊習《書》至邿惲之事, 問於子, 曰:「敢問〈事〉·〈命〉·
　　〈志〉·〈制〉之別?」
子曰:「〈制〉·〈命〉吾著其〈道〉焉. 〈志〉·〈事〉吾著其
　　〈節〉焉.」

賈瓊以告叔恬, 叔恬曰:「《書》其無遺乎! 《書》曰:『惟精
　　惟一, 允執厥中』其道之謂乎! 《詩》曰:
　　『采葑采菲, 無以下體』其節之謂乎!」
　子聞之曰:「凝其知《書》矣.」

【賈瓊】王通의 제자. 七大弟子, 즉 '七俊穎'의 하나. 中山 사람이라 함.

【書】《續書》를 가리킴.

【郅惲】한나라 王莽 때의 인물로 자는 君章. 讖緯說에 밝았으며 뒤에 長沙
太守를 역임함.《後漢書》(29) 郅惲傳에 "郅惲字君章, 汝南西平人也. 年十二失母,
居喪過禮. 及長, 理《韓詩》·《嚴氏春秋》, 明天文歷數. 王莽時, 寇賊羣發, 惲乃
仰占玄象, 歎謂友人曰:「方今鎭·歲·熒惑並在漢分翼·軫之域, 去而復來, 漢必
再受命, 福歸有德. 如有順天發策者, 必成大功.」時左隊大夫逯並素好士, 惲說之
曰:「當今上天垂象, 智者以昌, 愚者以亡. 昔伊尹自鬻輔商, 立功全人. 惲竊不遜,
敢希伊尹之蹤, 應天人之變. 明府儻不疑逆, 俾成天德.」並奇之, 使署爲吏. 惲不謁,
曰:「昔文王拔呂尚於渭濱, 高宗禮傅說於巖築, 桓公取管仲於射鉤, 故能立弘烈,
就元勳. 未聞師相仲父, 而可爲吏位也. 非闚天者不可與圖遠. 君不授驥以重任,
驥亦俛首裹足而去耳.」遂不受署. 惲遂客居江夏教授, 郡舉孝廉, 爲上東城門候.
帝嘗出獵, 車駕夜還, 惲拒關不開. 帝令從者見面於門閒. 惲曰:「火明遼遠.」遂不
受詔. 帝乃迴從東中門入. 明日, 惲上書諫曰:「昔文王不敢槃于游田, 以萬人惟憂.
而陛下遠獵山林, 夜以繼晝, 其如社稷宗廟何? 暴虎馮河, 未至之戒, 誠小臣所
竊憂也.」書奏, 賜布百匹, 貶東中門候爲參封尉. 後令惲授皇太子《韓詩》, 侍講
殿中. 及郭皇后廢, 惲乃言於帝曰:「臣聞夫婦之好, 父不能得之於子, 況臣能得之
於君乎? 是臣所不敢言. 雖然, 願陛下念其可否之計, 無令天下有議社稷而已.」
帝曰:「惲善恕己量主, 知我必不有所左右而輕天下也.」后既廢, 而太子意不自安,
惲乃說太子曰:「久處疑位, 上違孝道, 下近危殆. 昔高宗明君, 吉甫賢臣, 及有
讒介, 放逐孝子.《春秋》之義, 母以子貴. 太子宜因左右及諸皇子引愆退身, 奉養
母氏, 以明聖教, 不背所生.」太子從之, 帝竟聽許. 惲再遷長沙太守. 先是長沙有
孝子古初, 遭父喪未葬, 鄰人失火, 初匍匐柩上, 以身扞火, 火爲之滅. 惲甄異之,
以爲首舉. 後坐事左轉芒長, 又免歸, 避地教授, 著書八篇. 以病卒. 子壽"라

하였으며, 《蒙求》「郅惲拒獵」에도 "後漢, 郅惲字君章, 汝南平輿人, 明天文歷數.
王莽時, 寇賊群發. 惲至長安上書. 莽大怒, 收繫詔獄, 劾以大逆. 猶以惲據經讖,
難卽害之, 使近臣脅, 令自告狂病不覺所言. 惲乃瞋目詈曰:「所陳皆天文聖意,
非狂人所能道.」會赦出. 乃南遁蒼梧. 建武中爲上東城門候. 帝嘗出獵夜還, 惲拒
關不開, 不受詔, 帝乃廻從東中門入. 明日惲上書諫曰:「昔文王不敢槃于游田,
以萬民惟憂, 而陛下遠獵山林, 夜以繼晝, 其如社稷宗廟何?」書奏, 賜布百匹.
貶東中門候, 爲參封尉, 再遷長沙太守"라 하였음. 阮逸 注에 "郅惲王莽時上書曰:
「漢祚久長, 神器有命, 不可虛受, 上天垂戒, 欲悟陛下, 宜卽臣位.」莽怒, 脅惲令
稱病. 惲罵曰:「所言皆天命也. 非狂人造焉.」莽終不敢害. 事者, 謂行事之迹也;
命者, 謂事應天命者也; 志者, 謂志蘊於心也; 制者, 謂志行於禮義者也"라 함.

【著其節】阮逸 注에 "道兼天下, 節守一身"이라 함.

【叔恬】王凝. 王通의 아우이며 王績의 형. 자는 叔恬. 太原縣令에 올라 그 때문에
太原府君으로도 부름. 唐 太宗 貞觀 초에 監察御史에 올랐다가 侯君集의
사건에 연루되어 姑蘇令으로 좌천되기도 함. 뒤에 벼슬을 버리고 낙향하여
王通의 《六經》과 《文中子(中說)》를 정리함. 대체로 隋나라 開皇 초에 태어난
것으로 보이며 죽은 해는 알려지지 않음.

【書】《尙書》大禹謨에 "人心惟危, 道心惟微, 惟精惟一, 允執厥中"이라 함.

【詩】《詩經》邶風 谷風에 "習習谷風, 以陰以雨. 黽勉同心, 不宜有怒. 采葑采菲,
無以下體. 德音莫違, 及爾同死"라 함.

229(5-17)
사事와 지志

문중자가 말하였다.

"〈사事〉가 〈명命〉과의 관계는 〈지志〉에 있어서의 〈제制〉와 같도다! 인의
仁義가 그에 적중하지 않으면 능히 해결할 수가 없다."

子曰:「〈事〉之於〈命〉也, 猶〈志〉之有〈制〉乎! 非仁義
發中, 不能濟也.」

【不能制也】阮逸 注에 "事與志, 發乎中; 命與制, 形於外"라 함.

230(5-18)
제制와 명命

문중자가 말하였다.

"〈제制〉와 〈명命〉의 도에 통달해야 왕공王公이 하는 바를 알 수 있고, 변화의 마음을 터득할 수 있을 것이다. 〈지志〉와 〈사事〉의 도에 통달해야 임금과 신하가 어려워하는 바를 알 수 있고, 인의仁義의 기미를 터득할 수 있을 것이다!"

子曰:「達〈制〉·〈命〉之道, 其知王公之所爲乎, 其得變
化之心乎; 達〈志〉·〈事〉之道, 其知君臣之所
難乎, 其得仁義之幾乎!」

【變化之心】 阮逸 注에 "已形於外, 則心可知矣"라 함.
【仁義之幾】 阮逸 注에 "發於中, 則幾可得矣"라 함.

231(5-19)
빈천과 부귀

문중자가 말하였다.

"빈천에 처하면서도 두려워하지 않으면 가히 부귀라 할 수 있고, 동복
僮僕이 은혜롭다고 칭송을 받을 사람이라면 가히 정치에 종사할 수 있으며,
친구 사귐에 믿을 만하다고 칭해지면 가히 공을 세울 수 있다."

子曰:「處貧賤而不慴, 可以富貴矣; 僮僕稱其恩, 可以
　　　　從政矣; 交遊稱其信, 可以立功矣.」

【慴】두려워하며 굴복함.《淮南子》氾論訓에 "威動天地, 聲慴四海"라 함.
【富貴矣】阮逸 注에 "無隕穫, 必不驕矜"이라 함.
【從政矣】阮逸 注에 "恩及賤, 況良民乎?"라 함.
【立功矣】阮逸 注에 "推而廣于天下"라 함.

232(5-20)
애명상리愛名尙利

문중자가 말하였다.

"명예를 좋아하고 이익을 숭상한다면 소인이로다! 인자仁者이면서 명예와 이익을 좋아하는 자를 나는 아직 보지 못하였다."

子曰:「愛名尙利, 小人哉! 未見仁者而好名利者也.」

【未見】隋나라 당시 世態를 기롱한 것. 阮逸 注에 "譏時"라 함.

233(5-21)
군자의 도

가경賈瓊이 군자의 도에 대하여 질문하였다.

문중자가 말하였다.

"처지를 바꾸어서 생각해 보지 않는다면, 역시 끝난 것이로다!"

賈瓊問君子之道.

子曰:「反是不思, 亦已焉哉!」

【賈瓊】 王通의 제자. 七大弟子, 즉 '七俊穎'의 하나. 中山 사람이라 함.
【已焉】 이미 거기에서 끝이 난 것임.《詩經》衛風 氓篇에 "及爾偕老, 老使我怨.
淇則有岸, 隰則有泮. 總角之宴, 言笑晏晏. 信誓旦旦, 不思其反. 反是不思, 亦已
焉哉!"라 함. 阮逸 注에 "《詩》氓篇卒章也. 言必反復思其所行之道, 苟不思則已矣"
라 함.

234(5-22)
최질縗絰을 입고

문중자가 최질縗絰을 입고 곡을 하면서 그치지 않는 자를 보고 드디어 그를 조문하고는 상기喪期를 물었더니 5년째라는 것이었다.

문중자는 현연泫然한 표정을 지으며 이렇게 말하였다.

"선왕先王의 제도는 기간을 초과해서는 안 되는 것인데."

子見縗絰而哭不輟者, 遂弔之, 問喪期, 曰五載矣.

子泫然曰:「先王之制, 不可越也.」

【縗絰】喪服. 고대 喪服으로 斬縗, 大功, 小功, 緦麻 등 5등급이 있었으며 가장
중한 복장이 斬縗로 3년을 服喪함.

【五載】원래 상기는 가장 긴 斬縗가 3년이었음. 따라서 5년은 喪禮에 맞지 않음.

【不可越】阮逸 注에 "喪不可過, 必俯而就之"라 함.

235(5-23)
초공楚公

초공楚公이 군사를 사용하는 방법을 질문하였다.

문중자가 말하였다.

"인의仁義로써 해야 합니다."

초공이 말하였다.

"어떻게 하면 승리를 결정할 수 있습니까?"

문중자가 말하였다.

"인의만 한 것이 없습니다. 이를 지나치면 패배를 부르게 됩니다."

楚公問用師之道.

子曰:「行之以仁義.」

　　曰:「若之何決勝?」

子曰:「莫如仁義, 過此敗之招也.」

【楚公】楊素. 隋나라 때의 大臣. 자는 處道(?~606). 隋 煬帝 때 司徒였으며
朝廷을 장악하고 있었음. 뒤에 尙書令에 올랐으며 먼저 越國公에 봉해졌다가
大業 2년에 다시 楚國公에 봉해짐. 그 때문에 '越公', '楚公' 등으로도 불림.
《隋書》(48)에 전이 있음. 한편 그 아들 楊玄感 역시 아버지 爵位를 襲封하여
楚公으로 불렸음.

【仁義】阮逸 注에 "必也仁義伐不仁, 大義誅不義"라 함.

【決勝】阮逸 注에 "言仁義下能決兵?"이라 함.

【敗之招也】阮逸 注에 "責其知勝人以力, 不知勝人以道"라 함.

236(5-24)
일상생활

문중자는 농사짓는 사람을 보면 반드시 위로하였고, 왕의 심부름을 하고 있는 자를 보면 반드시 몸을 굽혔다.

향리鄕里에서는 말을 타지 않았고, 닭이 처음 울면 세수하고 양치하고 옷을 갖추어 입었다.

동천부인銅川夫人이 병이 나자 문중자는 석 달 동안 눈도 붙이지 못하였으며 위문을 오는 자를 맞이하고 보낼 때에는 반드시 읍을 하며 절하였다.

子見耕者必勞之, 見王人必俀之.
鄕里不騎, 鷄初鳴, 則盥嗽具服.
銅川夫人有病, 子不交睫者三月, 人問者送迎之, 必泣
以拜.

【勞之】위로함. 阮逸 注에 "慰勞"라 함.
【俀之】몸을 굽히고 길을 피해줌. 阮逸 注에 "俀, 俯僂避之"라 함.
【不騎】阮逸 注에 "不騎馬"라 함.
【盥嗽】盥은 관(고완반)으로 읽으며 '嗽'는 '漱'와 같음. 세수하고 양치질 함. 阮逸 注에 "內則事父母禮"라 함.
【銅川夫人】銅川府君은 王通의 아버지 王隆. 자는 伯高. 隋나라 開皇 초에 國子博士待詔의 신분으로 隋 文帝(楊堅)에게 《興衰要論》7편을 올림. 뒤에

武陽郡 昌樂縣 縣令에 올랐다가 다시 忻州 銅川縣(지금의 山西 忻縣) 현령이 됨. 그 때문에 '銅川府君'이라 부른 것. 그 뒤 은퇴하고 낙향하여 더 이상 벼슬길에 오르지 않음. 따라서 銅川夫人은 王通의 어머니.

【泣而拜】 어머니의 병환을 슬퍼하면서 찾아온 손님에게는 감사함을 함께 표한 것. 阮逸 注에 "喜懼幷"이라 함.

237(5-25)
이단자異端者

문중자가 말하였다.

"역사는 전傳이 흥하자 경經의 도가 폐하였고, 기記는 주注가 흥하자 역사의 도가 곡해되기 시작하였으니 이 까닭으로 이단자異端者를 미워하는 것이다."

子曰:「史, 傳興而經道廢矣, 記, 注興而史道誣矣, 是故惡夫異端者.」

【經道廢】阮逸 注에 "若《史記》先黃老, 後六經, 是廢也"라 함.
【史道誣】阮逸 注에 "若裴松之註《三國志》, 反毁陳壽, 是誣也"라 함.
【異端】정도에 벗어나 한쪽 끝만 잡고 주의주장을 펴며 고집을 부리는 자. 《論語》爲政篇에 "子曰:「攻乎異端, 斯害也已.」"라 함. 阮逸 注에 "述之而反異之"라 함.

238(5-26)
길흉吉凶과 곡절曲折

설수薛收가 말하였다.

"무엇이 명命입니까?"

문중자가 말하였다.

"천도에서 생각해 보고 인도에 합당한 것을 일러 여기에 정해져서 저기에서 응하는 것이니 길흉吉凶과 곡절曲折이 도망칠 곳이 없도다! 군자가 아니면 누가 능히 이를 알고 두려워하겠는가? 성인이 아니면 누가 능히 지극히 하겠는가?"

薛收曰:「何爲命也?」

子曰:「稽之於天, 合之於人, 謂其有定於此而應於彼,
　　　吉凶曲折無所逃乎! 非君子孰能知而畏之乎?
　　　非聖人孰能至之哉?」

【薛收】文中子 王通의 제자. 자는 伯褒(592~612). 隋나라 때 河東 汾陰縣 출신으로 隋나라 內史侍郎 薛道衡의 아들. 수나라 大業 때 秦王府의 記室 房玄齡이 그를 秦王(李世民)에게 추천하여 秦王府主簿가 되어 判陝東道大行臺金部郎中에 오름. 隋나라가 망한 뒤 天策府記室參軍에 올랐으며 汾陰縣男의 봉호를 받음. 武德 6년 本官兼文學館學士가 되었으며 武德 7년에 생을 마침. 《舊唐書》(72)와 《新唐書》(98)에 전이 실려 있음.

【定於此而應於彼】阮逸 注에 "天時人事, 稽合曰命, 此, 人事也; 彼, 天時也. 知人
而不知天, 與知天而不知人, 皆非知命也. 故君子修性以合天理, 所以定命矣.
《易》云:「窮理盡性, 以至於命.」"이라 함.

【吉凶曲折】阮逸 注에 "事有不虞之譽, 是時與之吉也; 事有求全之毁, 是時與之
凶也. 蓋事與時, 並非人力獨能致之. 故委曲折旋無以逃其吉凶矣"라 함.

【畏之】阮逸 注에 "知天命, 畏天命, 惟君子"라 함.

【聖人】阮逸 注에 "盡性以至命, 惟君子"라 함.

239(5-27)
원명元命

설수薛收가 말하였다.
"옛사람이 《원명元命》을 지은 것은 능히 경지에 오른 것입니까?"
문중자가 말하였다.
"경지에 올랐지."

薛收曰:「古人作《元命》, 其能至乎?」
　子曰:「至矣.」

【元命】《易》의 緯書인 《元命苞》를 가리킴. 阮逸 注에 "《元命苞》, 《易》書也"라 함.
【至矣】阮逸 注에 "《易》者, 性命之書也. 知《易》則至命"이라 함.

240(5-28)
제制와 지志

가경賈瓊이 말하였다.

"《서書》에 〈제制〉는 없고 〈명命〉만 있는 것은 어찌하여 그런 것입니까?"

문중자가 말하였다.

"천하에 왕은 없고 신하만 있기 때문이지!"

그가 말하였다.

"양한兩漢의 〈제〉와 〈지志〉는 어찌 된 것입니까?"

문중자가 말하였다.

"〈제〉에는 백성을 궁휼히 여기는 것의 진미盡美함이 있지 않으냐? 〈지〉에는 사물을 갖춤에 덕이 미비함을 부끄럽게 여기고 있지 않으냐?"

賈瓊曰:「《書》無〈制〉而有〈命〉, 何也?」

子曰:「天下其無王而有臣乎!」

曰:「兩漢有〈制〉‧〈志〉何也?」

子曰:「〈制〉其盡美於卹人乎? 〈志〉其慙德於備物乎?」

【賈瓊】王通의 제자. 七大弟子, 즉 '七俊穎'의 하나. 中山 사람이라 함.

【無制有命】阮逸 注에 "魏而下, 《續書》無制而有命"이라 함.

【無主有臣】阮逸 注에 "漢制以亡, 獨臣尙能稟命爾"라 함.

【卹人】卹은 恤과 같음. 阮逸 注에 "漢七主, 本以憂民而作制"라 함.

【備物】阮逸 注에 "漢末德不備, 尙有志而已"라 함.

241(5-29)
제제帝制와 왕도王道

설수薛收가 말하였다.

"제제帝制는 왕도王道에서 나온 것입니까?"

문중자가 말하였다.

"거기에서 나올 수가 없다. 뒷날의 제帝는 옛날의 제가 아니다. 그것은 여러 백왕百王의 도를 뒤섞어 제의 명칭을 취한 것이리라! 그 마음은 정직하나 그 행동에는 속임이 있으니 그것은 진秦나라의 폐단을 틈타 부득이 그렇게 칭한 것이리라! 정치는 구차스럽게 간략히 하였으나 어찌 당우唐虞, 삼대三代의 순의純懿함과 같겠느냐? 이 까닭으로 백성을 부유하게 할 수는 있었으나 전례典禮는 아직 아니었다."

설수가 말하였다.

"순의함은 결국 사라진 것입니까?"

문중자가 말하였다.

"사람이 도를 넓히는 것이니 뒤에 나타나는 것이 옛날만 못하다고 여길 수 있겠느냐?"

薛收曰:「帝制其出王道乎?」

　　子曰:「不能出也, 後之帝者非昔之帝也. 其雜百王之
　　　　道而取帝名乎! 其心正其跡譎, 其乘秦之弊
　　　　不得已而稱之乎! 政則苟簡, 豈若唐虞三代之

純懿乎? 是以富人則可, 典禮則未.」
薛收曰:「純懿遂亡乎?」
子曰:「人能弘道焉, 知來者之不如昔也?」

【薛收】 文中子 王通의 제자. 자는 伯褒(592~612). 隋나라 때 河東 汾陰縣 출신
　으로 隋나라 內史侍郎 薛道衡의 아들. 수나라 大業 때 秦王府의 記室 房玄齡이
　그를 秦王(李世民)에게 추천하여 秦王府主簿가 되어 判陝東道大行臺金部
　郎中에 오름. 隋나라가 망한 뒤 天策府記室參軍에 올랐으며 汾陰縣男의
　봉호를 받음. 武德 6년 本官兼文學館學士가 되었으며 武德 7년에 생을 마침.
　《舊唐書》(72)와 《新唐書》(98)에 전이 실려 있음.

【帝制】 ‘帝王으로서의 統治 權力과 天下 制壓의 힘’을 뜻함. 이 질문에 대해
　阮逸 注에는 “問漢制出三王之道否乎”라 함.

【非昔之帝】 阮逸 注에 “昔之帝者以道, 若三王是也. 後之帝者以名, 若秦始兼帝
　而稱是也”라 함.

【跡譎】 阮逸 注에 “卹人之心則正, 雜霸之跡則譎”이라 함.

【不得已稱之】 阮逸 注에 “天下已熟秦稱皇帝之名, 故漢因之. 不得已而亦稱帝也”
　라 함.

【苟簡】 阮逸 注에 “董仲舒曰:「秦爲苟簡之文.」”이라 함.

【唐虞】 唐堯와 虞舜. 堯는 陶唐氏, 舜은 有虞氏 부락 출신이었음.

【三代】 夏禹, 商湯, 周文武의 夏, 殷, 周 三代의 개국군주들. 阮逸 注에 “二帝三王
　名實稱”이라 함.

【富人·典禮】 阮逸 注에 “漢富民之術可稱, 長世之禮未備”라 함.

【純懿】 純潔한 美德. 《周易》 小畜에 “君子以懿爲德”이라 함. 阮逸 注에 “疑二帝
　三王之道不可復”이라 함.

【人能弘道】 《論語》 衛靈公篇에 “子曰:「人能弘道, 非道弘人.」”이라 함.

【知來者之不如昔】 《論語》 子罕篇에 “子曰:「後生可畏, 焉知來者之不如今也?
　四十·五十而無聞焉, 斯亦不足畏也已.」”라 함. 阮逸 注에 “後來聖人, 生則道弘矣.
　安知其無純懿之時耶?”라 함.

242(5-30)
이정李靖과 정원程元

문중자가 말하였다.

"이정李靖은 지혜가 어짊보다 앞서고, 정원程元은 어짊이 지혜보다 앞서는구나."

子謂:「李靖, 智勝仁; 程元, 仁勝智.」

【李靖】571~649. 王通의 제자. 뒤에 唐 太宗 李世民의 貞觀 명신이며 당시 최고의 병법가로서 능력을 발휘함. 兵部尙書를 거쳐 尙書右僕射에 있었으며, 군사학에 뛰어나 태종과 병법을 토론하여 유명한 병법서《李衛公問對》를 저술함.《舊唐書》(67)와《新唐書》(93)에 전이 있음.《貞觀政要》등에 그의 일화가 널리 전함.

【程元】王通의 문인, 제자. 구체적으로는 알 수 없음.

【勝仁・勝智】阮逸 注에 "五行之秀有偏, 故五常之性有勝. 若木性多, 水性少, 則仁勝智. 推此爲然"이라 함.

243(5-31)
동상董常

문중자가 말하였다.
"동상董常은 거의 도에 가까우니 이치를 변화시킬 수 있으리라."

子謂:「董常幾於道, 可使變理.」

【董常】자는 履常. 원래 河南 사람으로 孔子에게 顏回가 있듯이 王通에게 안회와 같은 존재로 알려져 있음. 왕통보다 일찍 죽음.
【變理】阮逸 注에 "五常具, 則庶幾乎聖道. 通變智謂道, 故曰變理"라 함.

244(5-32)
비방과 원망

가경賈瓊이 여쭈었다.

"어떻게 하면 비방을 그치게 할 수 있습니까?"

문중자가 말하였다.

"변론을 하지 않으면 된다."

다시 물었다.

"어떻게 하면 원망을 그치게 할 수 있습니까?"

문중자가 말하였다.

"다투지 않으면 된다."

賈瓊問:「何以息謗?」

　子曰:「無辯.」

　　曰:「何以止怨?」

　　曰:「無爭.」

【賈瓊】王通의 제자. 七大弟子, 즉 '七俊穎'의 하나. 中山 사람이라 함.

【謗】비방함. 헐뜯음.

【無辯】阮逸 注에 "勿與小人辯明"이라 함.

【無爭】阮逸 注에 "勿與小人爭理"라 함.

245(5-33)
제갈량諸葛亮과 왕맹王猛

문중자가 말하였다.

"제갈량諸葛亮과 왕맹王猛은 공은 가까우나 덕은 멀다."

子謂:「諸葛・王猛. 功近而德遠矣.」

【諸葛亮】자는 孔明(191~234). 한말 陽都人. 은거하여 스스로 밭을 갈며 자신을 管仲과 樂毅에 비교하여 사람들이 그를 臥龍先生이라 불렀음. 뒤에 蜀漢 劉備의 三顧草廬로 불려가 天下三分之策을 정하고 유비를 도와 荊州와 益州를 차지하여 吳, 蜀, 魏 三國 鼎立을 이루었음. 유비의 유촉에 의해 그 아들 劉禪을 도와 〈出師表〉를 쓰고 북벌을 시도했으나 五丈原에서 생을 마침. 죽은 뒤 武鄕侯에 봉해졌으며 시호는 忠武.《三國志》(35)에 전이 있음.

【王猛】자는 景略(325~375). 東晉 五胡十六國 중 前秦의 北海 劇縣 사람. 어려서 가난하였으나 공부를 좋아하였으며 특히 병법에 밝았음. 華陽山에 은거하고 있을 때 苻堅의 부름을 받고 마치 劉備와 諸葛亮처럼 돈독한 관계가 됨. 뒤에 苻堅이 즉위하자 中書侍郎이 되어 중임을 맡았으며 죽음에 이르렀을 때 부견에게 晉나라와 대적하지 말 것을 권유하였으나 부견은 이를 듣지 않고 淝水之戰을 일으켰다가 패하고 말았음.《晉書》(114)와《南史》(24)에 傳이 있음.

【功近德遠】阮逸 注에 "一時霸其國, 爲功雖近. 然謀及身後, 爲德蓋遠"이라 함.

246(5-34)
고구려 원정의 실패

문중자가 포蒲에 있을 때 요동遼東의 패배를 듣고 설수薛收에게 말하였다.
"'성복우황城復于隍'이라 하였는데."
그러고는 〈토원兎爰〉의 마지막 장을 읊조리며 돌아와 《육경六經》의
근본이 훌륭하다고 여겼다.
그리고 이렇게 말하였다.
"능한 자를 기다리리라."

子在蒲, 聞遼東之敗, 謂薛收曰:「『城復于隍』矣.」
賦〈兎爰〉之卒章, 歸而善六經之本.
曰:「以俟能者.」

【蒲】隋나라 때 河中郡. 지금의 山西 蒲城縣. 阮逸 注에 "蒲, 古中都之地, 隋爲
河中郡"이라 함.
【遼東之役】遼東의 전투. 隋 煬帝(楊廣)가 大業 8년(612, 高句麗 嬰陽王 23년) 3백만
대군을 동원하여 高句麗 遼東城을 포위하고 水軍 來護兒를 장수로 하여
浿水로 진격하였다가 7월 薩水에서 乙支文德에게 2백만이 몰사하여 대패한
전투. 그러나 이듬해(613) 다시 宇文述 등을 장수로 다시 정벌에 나섰으나
실패함. 이처럼 3차례의 원정 준비에 배를 만드느라 船工을 물 밖으로 나오지
못하게 하여 허리 이하가 썩어 구더기가 생겨 죽은 자가 열에 서넛씩이었다 함.

이 일로 王通은 隋나라가 곧 망할 것임을 예견하였음. 阮逸 注에 "大業八年, 九軍並陷"이라 함.

【薛收】文中子 王通의 제자. 자는 伯褒(592~612). 隋나라 때 河東 汾陰縣 출신 으로 隋나라 內史侍郎 薛道衡의 아들. 수나라 大業 때 秦王府의 記室 房玄齡이 그를 秦王(李世民)에게 추천하여 秦王府主簿가 되어 判陝東道大行臺金部 郎中에 오름. 隋나라가 망한 뒤 天策府記室參軍에 올랐으며 汾陰縣男의 봉호를 받음. 武德 6년 本官兼文學館學士가 되었으며 武德 7년에 생을 마침. 《舊唐書》(72)와 《新唐書》(98)에 전이 있음.

【城復于隍】"성이 무너져 구덩이를 메울 것이니 군사를 쓰지 말라"의 뜻. 《周易》 泰卦 上六에 "上六, 城復于隍; 勿用師, 自邑告命, 貞吝. 象曰: 城復于隍, 其命 亂也"라 함. 阮逸 注에 "《易》泰卦上六: 城復于隍, 勿用師. 其命亂也"라 함.

【兎爰】"나 태어나 어쩌다 이런 온갖 험한 꼴을 만났는가?"의 뜻. 《詩經》王風의 편명. 마지막 장에 "有兎爰爰, 雉離于罿. 我生之初, 尚無庸. 我生之後, 逢此百凶. 尚寐無聰"라 함. 阮逸 注에 "王國詩也. 桓王失信. 諸侯背叛. 卒章云:「我生之後, 逢此百凶.」"이라 함.

【以俟能者】阮逸 注에 "俟百姓與能者行之"라 함.

247(5-35)
호동자好動者

문중자가 말하였다.

"움직이기를 좋아하는 자는 난관이 많은 법이며, 작은 것을 참지 못하면 큰 재앙을 부르는 법이니라."

子曰:「好動者, 多難; 小不忍, 致大災.」

【好動者】隋 煬帝(楊廣)가 高句麗를 치기를 좋아한 것을 말함. 阮逸 注에 "煬帝如此"라 함.

【小不忍】작은 일을 참아내지 못함. 隋 文帝(楊堅)를 두고 한 말. 阮逸 注에 "隋文如此"라 함.

248(5-36)
승시乘時

문중자가 말하였다.

"《역易》에서의 성인聖人의 움직임이란 그 쓰임이 때를 타는 것이다. 그러므로 무릇 괘卦란 지혜가 지향하는 방향이며, 움직임의 질서이다."

子曰:「《易》聖人之動也, 於是乎用以乘時矣. 故夫卦者:
　　智之鄕也, 動之序也.」

【乘時】때를 타야 함. 阮逸 注에 "《易》, 變易也. 功業見乎變. 吉凶生乎動. 變動者,
聖人適時之用也. 無變, 則功不可大, 故因二以濟; 無動, 則吉不先見. 故惟幾成務,
存時效動, 《易》可知焉"이라 함.
【智之鄕, 動之序】阮逸 注에 "效在卦, 如人居鄕. 逐位而動, 是其次序"라 함.

249(5-37)
독행獨行

설생이 말하였다.

"지혜는 가히 홀로 행동할 수 있습니까?"

문중자가 말하였다.

"인仁으로써 이를 지켜야 한다. 인으로써 하지 않으면 지혜는 그치고 말 것이니 어찌 행동할 바가 있겠느냐?"

薛生曰:「智可獨行乎?」

　　子曰:「仁以守之, 不能仁則智息矣, 安所行乎哉?」

【獨行】 남의 의견에 관계없이 자신이 옳다고 하는 길로 감. 阮逸 注에 "言卦爲 智鄕, 則謂智可獨行"이라 함.

【仁以守之】 阮逸 注에 "智不以仁, 則易失之賊"이라 함.

【智息】 '息'은 '熄'과 같음. 阮逸 注에 "不能仁, 雖智無用"이라 함.

250(5-38)
원형리정元亨利正

문중자가 말하였다.

"원元, 형亨, 이利, 정正은 끊임없이 운행하여 다함이 없는 것이니 지혜의 공효功效이다."

子曰:「元亨利正, 運行不匱者, 智之功也.」

【元亨利正】'正'은 '貞'과 같음.《周易》乾卦 첫머리에 "乾: 元·亨·利·貞"이라 함.
阮逸 注에 "元, 仁也; 亨, 禮也; 利, 義也; 正(貞), 信也. 運之以智, 五常智功"
이라 함.

【不匱】닳아 없어지지 않음. 영속됨. '匱'는 '盡', '窮'과 같음. '다하다, 닳아 없어
지다'의 뜻.

251(5-39)
아첨

문중자가 말하였다.

"아첨으로 윗사람을 뜻을 받들고, 잔혹함으로써 아랫사람을 부린다면 이러한 자는 의義로써 유도해도 움직이지 않는다."

子曰:「佞以承上, 殘以御下, 誘之以義不動也.」

【義不動】 의로써 유도해도 움직이지 않음. 阮逸 注에 "凡佞人·殘人, 不可以義誘" 라 함.

252(5-40)
동상董常이 죽자

동상董常이 죽자 문중자는 종일토록 곡을 하면서 그치지 않는 것이었다.
문인이 말하였다.
"비통함이 어찌 그토록 깊습니까?"
문중자가 말하였다.
"나는 하늘이 도를 펴지 않음을 슬퍼하는 것이다. 이 사람이 죽고 나면
나 역시 장차 떠나가리라. 명왕明王이 비록 나타난다 해도 그에게 예약
禮樂을 제정해줄 수가 없겠구나!"

董常死, 子哭之終日不絶.
門人曰:「何悲之深也?」
　　曰:「吾悲夫天之不相道也, 之子歿, 吾亦將逝矣.
　　　明王雖興, 無以定禮樂矣!」

【董常】자는 履常. 원래 河南 사람으로 孔子에게 顏回가 있듯이 王通에게
　안회와 같은 존재로 알려져 있음. 왕통보다 일찍 죽음.
【不相道】'相'은 '돕다'의 뜻. 阮逸 注에 "董常弱冠而死, 門人亞聖者也. 死後無人,
　助行周孔之道"라 함.

【逝矣】하늘이 斯文을 버릴 것이면 자신도 오래 살지 못할 것이라는 뜻. 阮逸
注에 "天喪斯文, 我必不久生"이라 함.

【無以定禮樂】禮樂을 제정할 수 없음. 阮逸 注에 "後唐太宗議禮樂, 房魏自言不備"
라 함.

253(5-41)

찬역讚易 작업

문중자가 《찬역讚易》을 작업하다가 〈서괘전序卦傳〉에 이르자 이렇게 감탄하였다.

"크도다! 때가 서로 생겨나게 함이여. 통달한 자라면 가히 그러한 기미幾微에 참여할 수 있을 것이다."

이번에는 〈잡괘전雜卦傳〉에 이르자 이렇게 말하였다.

"곁에서 행동하면서 유변流變은 모르는 것이니 이를 지키는 자라면 그 뜻을 존속시킴에 참여할 수 있을 것이다."

문중자가 말하였다.

"이름과 실질이 서로 만들어지고, 이롭게 사용함을 서로 이루어주며, 옳고 그름이 서로 명확해지고, 가거나 오거나 서로 편안함을 이루도다."

子《讚易》至〈序卦〉, 曰:「大哉! 時之相生也. 達者可與
幾矣.」
至〈雜卦〉曰:「旁行而不流, 守者可與存義矣.」
子曰:「名實相生, 利用相成, 是非相明, 去就
相安也.」

【讚易】 문중자가 《周易》을 援用하여 나름대로 다시 풀이하여 쓴 책. 모두 70권
으로 되어 있음.

【序卦】 序卦傳. 《周易》傳十翼의 하나로 64괘의 相承과 相生의 배치 순서를
설명한 것. 그러나 牽強附會가 심한 것으로 알려짐. 〈序卦傳〉 첫머리에 "有天地
然後萬物生焉. 盈天地之間者唯萬物, 故受之以屯. 屯者, 盈也. 屯者, 物之始生也.
物生必蒙, 故受之以蒙. 蒙者, 蒙也, 物之稚也"라 함. 阮逸 注에 "序卦, 輪衍
六十四卦也. 時行時止, 生生不窮, 達則至之, 故曰幾也"라 함.

【雜卦】 雜卦傳. 역시 《周易》傳十翼의 하나로 64괘를 각각 두 괘씩 짝을 지어
대비시켜 차이점과 연관성을 설명한 것. 〈雜卦傳〉 첫머리에 "乾剛坤柔, 比樂
師憂; 臨·觀之義, 或與或求. 屯見而不失其居, 蒙雜而著. 震起也, 艮止也,
損·益盛衰之始也, 大畜時也, 无妄災也. 萃聚而升不來也, 謙輕而豫怠也"라 함.
阮逸 注에 "雜卦, 止說一卦也. 守則終之, 故曰義矣"라 함.

【旁行而不流】 이는 원래 《周易》繫辭傳에 "與天地相以, 故不違; 知周乎萬物
而道濟天下, 故不過; 旁行而不流, 樂天知命, 故不憂; 安土敦乎仁, 故能愛"라
하여 傲氣를 가지고 자신의 信念대로 한다는 긍정적인 뜻으로 보았음. 〈禮樂篇〉
에도 "斯人也, 旁行而不流矣, 安知教意哉?"라 하였으며 거기에서의 阮逸 注는
"旁行一隅, 不知流通之變"이라 함.

【名實·利用·是非·去就】 阮逸 注에 "名由實生, 實由名顯, 此謂相生; 利在有用,
用則成利, 此謂相成; 是未果是, 有非然後明, 此謂相明; 去不安則就, 就不安則去,
此謂相安. 已上皆因《讚易》而言也"라 함.

254(5-42)
태평시대

가경賈瓊이 여쭈었다.

"태평시대는 가히 이룰 수 있습니까?"

문중자가 말하였다.

"오상五常의 전典, 삼왕三王의 고誥, 양한兩漢의 제制에서 찬연粲然히 가히 볼 수 있지."

賈瓊問:「太平可致乎?」

　子曰:「五常之典, 三王之誥, 兩漢之制, 粲然可見矣.」

【賈瓊】 王通의 제자. 七大弟子, 즉 '七俊穎'의 하나. 中山 사람이라 함.

【五常之典】 五帝 때의 기록들. 三墳五典을 가리킴.

【三王之誥】 夏, 殷, 周 삼대의 개국군주들이 남긴 誥諭文.

【兩漢之制】 西漢과 東漢 때의 帝制.

【粲然】 '燦然'과 같음. 환히 드러남. 빛남.

【可見】 阮逸 注에 "古道備在方冊, 行之可致. 顏子曰:「舜何人也? 余何人也?」有爲者, 亦若是"라 함.

255(5-43)
의義와 이利

문중자가 말하였다.

"왕도의 은택이 다하자 제후들이 의義에 기대게 되었고, 제제帝制가 쇠하자 천하가 이익을 거론하게 되었다.

文中子曰:「王澤竭而諸侯仗義矣, 帝制衰而天下言利矣.」

【仗義】阮逸 注에 "《續詩》所以明此變也"라 함.
【帝制】'帝王으로서의 統治 權力과 天下 制壓의 힘'을 뜻함.
【言利】阮逸 注에 "《續書》所以救此失也"라 함.

256(5-44)
여러 유형의 나라

문중자가 말하였다.

"강국強國은 전쟁을 싸움으로 여기고, 패국霸國은 지혜를 싸움으로 여기며, 제국帝國은 덕을 싸움으로 여기고, 황국皇國은 무위無爲를 싸움으로 여긴다. 천자이면서 전쟁을 싸움으로 여긴다면 왕패王霸의 도가 대항하지 못하는 것이니 다시 어찌 제왕의 명칭을 취할 수 있겠는가? 그러므로 제제帝制가 사라지자 명분과 실질이 흩어지고 만 것이다."

文中子曰:「强國戰兵, 霸國戰智; 王國戰義, 帝國戰德.
　　　皇國戰無爲, 天子而戰兵, 則王霸之道不
　　　抗矣, 又焉取帝名乎? 故帝制沒而名實散矣」

【戰兵】 阮逸 注에 "惟恃力爾"라 함.

【戰智】 阮逸 注에 "不戰而屈人之兵在智"라 함.

【戰義】 阮逸 注에 "禁民爲非, 不獨任智"라 함.

【戰德】 阮逸 注에 "仁者, 無敵於天下, 德可知矣"라 함.

【戰無爲】 阮逸 注에 "神武而不殺, 安見其有爲?"라 함.

【不抗】 阮逸 注에 "戰不以智與義, 則道不能擧"라 함.

【焉取帝名】 阮逸 注에 "道不抗, 雖名存, 何取?"라 함.

【帝制】 '帝王으로서의 統治 權力과 天下 制壓의 힘'을 뜻함.

【名實散矣】 阮逸 注에 "此言名實散, 則《元經》必爲行其法也"라 함.

257(5-45)
다언多言과 다사多事

문중자가 말하였다.

"말 많은 것은 덕德의 도적이요, 일 많은 것은 생生의 원수이다."

子曰:「多言, 德之賊也; 多事, 生之讐也.」

【德之賊】阮逸 注에 "有德, 則不言"이라 함. 한편《論語》陽貨篇에 "子曰:「鄕原,
德之賊也.」"라 함.
【生之讐】阮逸 注에 "保生者, 少事"라 함.

258(5-46)

악惡과 사邪

설방사薛方士가 말하였다.

"악함을 만나면 이를 배척해버리고, 비뚤어짐을 만나면 이를 바로잡아 준다면 어떻습니까?"

문중자가 말하였다.

"그랬다가는 좋은 죽음을 맞지 못할 것이다! 반드시라면 죄 없음을 말해 주고, 경계를 들려주면 된다."

薛方士曰:「逢惡斥之, 遇邪正之, 何如?」

子曰:「其有不得其死乎! 必也言之無罪, 聞之以誡.」

【薛方士】 인명. 구체적으로 알 수 없음. 阮逸 注에 "未見傳"이라 함.

【不得其死】 훌륭한 죽음을 맞지 못함. 《論語》 先進篇에 "閔子侍側, 誾誾如也; 子路, 行行如也; 冉有·子貢, 侃侃如也. 子樂.「若由也, 不得其死然.」"라 함. 阮逸 注에는 "責其太剛也, 若暴虎憑河, 子路終死"라 함.

【聞之以誡】 阮逸 注에 "言逢惡遇邪, 當諷諫喩之. 孔子曰:「諫有五, 五從其諷.」" 이라 함.

259(5-47)
위효관韋孝寬과 양음楊愔

혹자가 위효관韋孝寬에 대하여 물었다.
문중자가 말하였다.
"능력 있는 자이지."
다시 양음楊愔에 대하여 물었다.
문중자가 말하였다.
"보필에 뛰어난 자이지."

或問韋孝寬.

　　子曰:「幹矣.」

　　問楊愔.

　　子曰:「輔矣.」

【韋孝寬】韋叔裕(509~580). 자가 孝寬. 北周 京兆 杜陵人. 用兵과 智略에 뛰어나
北魏 말 統軍을 지냄. 뒤에 宇文泰를 따라 西魏 건국에 참여함. 東魏의 高歡이
공격해오자 50일을 수비하기도 하였음. 北周 때 大司空을 거쳐 上柱國에 올랐
으며 郿國公에 봉해짐. 다시 楊堅을 도와 相州總官 尉遲迥을 토벌하여 평정
하기도 하였음. 시호는 襄.《周書》(31)와《北史》(64)에 전이 있음. 阮逸 注에
"韋叔裕, 字孝寬, 後周武帝臣也"라 함.

【幹】阮逸 注에 "北齊攻雍州, 孝寬守之不下. 齊桓歸, 憤而崩, 此幹事而已"라 함.

【楊愔】자는 遵彥(511~560). 北齊 華陰人. 楊津의 아들. 어릴 때 이름은 秦王. 北魏 孝章帝 때 散騎侍郎에 오름. 爾朱榮이 정권을 장악하자 그 일파를 없애고 몇 년을 숨어살기도 하였음. 뒤에 高歡에게 들어가 右丞을 지내기도 하였으며 文檄敎令은 모두 그의 손을 거쳐 나올 정도였음. 뒤에 천하 혼란을 보고 이름을 劉士安으로 바꾸고 田橫島로 숨어들었으나 北齊 文宣帝가 불러 尙書令을 지냄. 文宣帝가 죽자 高洋의 아들 高殷을 보좌하다가 高演과 高湛에게 살해됨. 《北齊書》(34)와 《北史》(41)에 전이 있음. 阮逸 注에 "楊愔, 字遵彥. 北齊文宣帝之臣也"라 함.

【輔】阮逸 注에 "愔以朝章國令爲務, 不幹小事而已. 故可稱輔相之器"라 함.

260(5-48)
천도天道와 인사人事

우문화급宇文化及이 물었다.
"천도天道와 인사人事란 어떤 것입니까?"
문중자가 말하였다.
"음양陰陽과 인의仁義를 순조롭게 하는 것으로 이와 같을 뿐이다."

宇文化及問:「天道·人事如何?」
　　子曰:「順陰陽·仁義, 如斯而已.」

【宇文化及】(?~619). 隋나라 代郡 출신으로 宇文述의 아들. 성격이 奸險하였
으며 煬帝(楊廣)가 태자였을 때 太子僕을 지냄. 양제가 즉위하자 은총을 입고
악행을 조장함. 大業 14년(618) 양제를 따라 江都에 갔다가 북방이 혼란해지자
양제를 죽이고 秦王 楊浩를 옹립함. 그리고 자신은 스스로 大丞相이 되어
군사를 이끌고 洛陽에 이르렀을 때 李密의 군사와 만나 불리해지자 다시
楊浩를 죽이고 자립하여 국호를 '許'라 하였으나 패배하고 聊城으로 도망
하였다가 竇建德에게 잡혀 피살됨. 《北史》(79)와 《隋書》(85)에 전이 있음.
阮逸 注에 "化及, 隋右將軍述之子也. 煬帝幸江都, 化及弑逆"이라 함.
【順陰陽仁義】阮逸 注에 "立天之道, 曰陰與陽; 立人之道, 曰仁與義. 天人相與
則一. 故君陽臣陰, 陽爲仁, 陰爲義. 此人事所以一天道也. 化及有無君之心,
故云守仁義以戒之爾"라 함.

261(5-49)
전별餞別

　　가경賈瓊이 관리가 되어 초공楚公을 섬기게 되어 장차 떠나려 함에 문중자가 전별餞別을 해 주었다.

　　가경이 물었다.

　　"원컨대 사람을 섬기는 방법에 대하여 듣고 싶습니다."

　　문중자가 말하였다.

　　"멀리 하되 떳떳함을 잃지 말며, 가까이 하되 아첨하지 말라. 두루 풍자하여 알려주되 민첩함을 다투지 말라."

　　가경이 말하였다.

　　"평생토록 외우겠습니다."

　　문중자가 말하였다.

　　"평생 실천해야 옳지."

賈瓊爲吏以事楚公, 將行, 子餞之.

瓊曰:「願聞事人之道.」

子曰:「遠而無介, 就而無諂, 汎乎而諷之, 無鬪其捷.」

瓊曰:「終身誦之.」

子曰:「終身行之可也.」

【賈瓊】王通의 제자. 七大弟子, 즉 '七俊穎'의 하나. 中山 사람이라 함.

【楚公】楊素. 隋나라 때의 大臣. 자는 處道(?~606). 隋 煬帝 때 司徒였으며 朝廷을 장악하고 있었음. 뒤에 尙書令에 올랐으며 먼저 越國公에 봉해졌다가 大業 2년에 다시 楚國公에 봉해짐. 그 때문에 '越公', '楚公' 등으로도 불림. 《隋書》(48)에 전이 있음. 한편 그 아들 楊玄感 역시 아버지 爵位를 襲封하여 楚公으로 불렀음. 阮逸 注에 "隋三公府, 皆自署吏. 未君命, 故云事楚公"이라 함.

【餞】餞別式. '祖餞', '餞行'과 같음. 길을 떠나보낼 때 베풀어주는 잔치. 고대 黃帝의 아들 유조(纍祖)가 먼 길을 떠나 도중에 죽자 사람들이 그를 '路神'으로 여겨 길 떠나는 자를 보호해 달라는 뜻으로 祭를 올리기 시작한 것에서 유래되었다 함.(《四民月令》)《幼學瓊林》에 "請人遠歸, 曰洗塵; 攜酒送行, 曰祖餞"이라 함.

【無介】阮逸 注에 "恭而遠之, 無傷介"라 함.

【無諂】阮逸 注에 "泄就其身, 不苟言貌"라 함.

【無鬪其捷】阮逸 注에 "汎汎因所利而諷之, 勿辯捷自取禍"라 함.

【終身行之】阮逸 注에 "不惟事人也. 處世盡宜然"이라 함.

262(5-50)
원경元經의 정명正名

문중자가 말하였다.

"《원경元經》의 정명正名이여! 황시皇始 황제 때 하늘이 그에게 임무를 주었도다. 진晉, 송宋의 왕들은 정체正體에 가까워 그나마 중원中原에서 잊혀지지 않은 것은 목공穆公의 뜻이었다. 제齊, 양梁, 진陳의 덕은 사이四夷에게 배척을 당하여 중원은 그 대를 이을 자가 나타날 것임이 명확해졌으니 바로 태화太和의 힘이었다."

> 子曰:「《元經》其正名乎! 皇始之帝, 徵天以授之也.
> 晉·宋之王近於正體, 於是乎未忘中國, 穆公
> 之志也. 齊·梁·陳之德, 斥之於四夷也, 以明
> 中國之有代, 太和之力也.」

【元經】王通의 저술 이름. 그의 《續六經》의 하나로 〈世家〉에 《元經》15권이 저록되어 있음. 天地人 三才의 관계를 기본으로 하여 晉 惠帝 永熙 원년(290)부터 隋 開皇 9년(589) 南朝 陳나라가 멸망할 때까지 300년간의 역사를 공자의 《春秋》에 비견하여 기록한 것. 그러나 원본은 사라지고 없으며 지금의 宋本 《元經》은 위서로 밝혀졌음.

【正名】《論語》子路篇에 "子路曰:「衛君侍子而爲政, 子將奚先?」子曰:「必也 正名乎!」子曰:「有是哉, 子之迂也! 奚其正?」子曰:「野哉, 由也! 君子於其

所不知, 蓋闕如也. 名不正, 則言不順; 言不順, 則事不成; 事不成, 則禮樂不興; 禮樂不興, 則刑罰不中; 刑罰不中, 則民無所措手足. 故君子名之必可言也, 言之必可行也. 君子於其言, 無所苟而已矣.」이라 함. 阮逸 注에는 "正帝名"이라 함.

【皇始】後魏(北魏) 道武帝(拓拔珪)의 연호. 396~397까지 2년간이었음. 阮逸 注에 "皇始, 後魏道武帝號也. 始有中原建天子旌旗, 得正統. 此天授之也"라 함.

【正體】阮逸 注에 "東晉至劉宋, 中國無眞主, 則江南以爲正體, 故曰近"이라 함.

【未忘中國】中原을 회복할 뜻을 잊지 않음. 中國은 中原. 阮逸 注에 "晉宋皆擧兵中原, 有復一之志"라 함. 王通은 지역적으로 中原을 정통으로 여겼으며. 中原에 '帝'가 없을 때였던 東晉과 남조 宋(劉宋)까지만을 역사의 정통으로 여겼음. 왕통이 이러한 歷史觀을 갖게 된 것은 蕭道成이 宋나라를 찬탈하고 齊(南齊)를 세우자 그의 4대조 穆公 王虬(428~500)가 建元 연간 北魏로 달아나 中原에 정착한 것과 깊은 관련이 있는 것으로 보임. 이에 따라 王通은 비록 異民族일지라도 中原을 통치한 왕조를 正統으로 보아, 血統보다는 地域을 중시하여 모든 학문과 주의주장, 이론을 펴고 있음. 따라서 江南의 王朝는 비록 漢族일지라도 中原을 포기한 책임을 물어 매우 부정적 시각으로 보고 있음.

【穆公】晉陽穆公. 王通의 4대조 王虬(428~500). 蕭道成이 宋나라를 찬탈하고 齊(南齊)를 세우자 建元 연간 北魏로 달아나 幷州刺史를 역임하였으며 이때부터 王通의 집안이 汾河(晉陽) 근처에 살게 됨. 그 때문에 '晉陽穆公'이라 부른 것.《政大論》8편을 저술함. 阮逸 注에 "晉陽穆公, 作《政大論》, 言帝王之道, 《元經》所以帝元魏而斥齊梁, 蓋其志也"라 함.

【太和】後魏(北魏, 元魏) 孝文帝(拓拔宏, 元宏)의 연호. 477~499년까지 23년간이었으며 中原이 가장 안정된 시기를 누렸음. 阮逸 注에 "後魏孝文太和元年, 宋蒼梧王元徽五年也. 時江南衰替, 中國始尊"이라 함.

263(5-51)
연호年號

문중자가 말하였다.

"연호를 바꾸는 것은 옛날 제도가 아니었다. 한漢나라 때 마음대로 만들어낸 것이리라!"

子曰:「改元立號, 非古也, 其於彼心自作之乎!」

【改元】 연호를 바꿈. 阮逸 注에 "後文帝始改中元後元年號"라 함.
【彼心自作】 阮逸 注에 "彼, 漢. 以心自改之可也, 非古也"라 함.

264(5-52)
지의志意와 도의道義

혹자가 물었다.

"지의志意를 닦아, 부귀한 자에게 교만하게 굴 수 있으며, 도의를 중시하여 왕후王侯 따위도 가벼이 볼 수 있으면 어떠합니까?"

문중자가 말하였다.

"그러한 것은 스스로를 지키면 될 것이다."

或問:「志意修, 驕富貴; 道義重, 輕王侯, 如何?」
子曰:「彼有以自守也.」

【驕富貴】《荀子》修身篇의 "志意修則驕富貴矣, 道義重則輕王公矣; 內省而外物輕矣. 傳曰:「君子役物, 小人役於物.」此之謂矣. 身勞而心安, 爲之; 利少而義多, 爲之. 事亂君而通, 不如事窮君而順焉. 故良農不爲水旱不耕, 良賈不爲折閱不市, 士君子不爲貧窮怠乎道"라 한 것을 주제로 질문한 것. 阮逸 注에 "此荀卿子言也, 下苟云:「內省而外物輕矣.」"라 함.

【自守】阮逸 注에 "處士橫議, 非天下公言, 自守此說而已. 凡聖人之道, 無所驕, 無所輕"이라 함.

265(5-53)
끊어진 제제帝制

설생薛生이 말하였다.

"상제殤帝 이후에 제제帝制가 끊어지고 말았는데 《원경元經》에는 어찌하여 중시받지 못하고 있습니까?"

문중자가 말하였다.

"군자들은 제제에 있어서 마음과 기氣를 하나로 묶어 기다리고 있었다. 귀를 기울여 듣고 있고 눈을 비비며 보고 있으니 그 때문에 세월과 시기에 이를 가탁하고 있었던 것이다. 환제桓帝와 영제靈帝 때에는 제제가 드디어 사라지고 말았다. 그런데 문제文帝와 명제明帝 때에 위魏나라의 제제가 다시 이루어지지 않았느냐? 태강太康이 시작되어 글씨는 통일되었고 수레의 제도도 통일되자 군자들은 '제제가 가히 지어졌다'라 하였으나 떨치지 못하였다. 그 때문에 영희永熙 이후에 군자들도 기대를 접고 말았다. '무슨 이유 때문인가'라고 묻는다면 《원경》은 이에 부득이하여 지어진 것이기 때문이다."

薛生曰:「殤之後帝制絕矣,《元經》何以不興乎?」

子曰:「君子之於帝制, 幷心一氣以待也. 傾耳以聽, 拭目而視, 故假之以歲時. 桓・靈之際, 帝制遂亡矣; 文・明之際, 魏制其未成乎? 太康之始, 書同文, 車同軌, 君子曰『帝制可作矣』,

而不克振. 故永熙之後, 君子息心焉. 曰『謂之
何哉?』《元經》於是不得已而作也.」

【殤】後漢 殤帝. 이름은 劉隆. 和帝(劉肇)와 鄧皇后 사이에 태어난 막내아들로
태어난 지 100일이 안 되어 제위에 오름. 和帝의 장자 劉勝이 병이 있어 화제는
막 태어난 劉隆에게 물려주고 죽음. 그러나 劉隆은 너무 어려 鄧太后가 섭정
하였으며 8개월 만에 요절하고 말았음. 106년 1년간 재위. 阮逸 注에 "和帝
在位十歲, 竇憲不軌, 殤帝二歲, 鄧后臨朝, 且(但)此時漢制已絶, 何爲於此不續
《元經》以振王法乎?"라 함.

【帝制】'帝王으로서의 統治 權力과 天下 制壓의 힘'을 뜻함.

【元經】王通의 저술 이름. 그의 《續六經》의 하나로 〈世家〉에 《元經》 15권이
저록되어 있음. 天地人 三才의 관계를 기본으로 하여 晉 惠帝 永熙 원년(290)
부터 隋 開皇 9년(589) 南朝 陳나라가 멸망할 때까지 300년간의 역사를 공자의
《춘추》에 비견하여 기록한 것. 그러나 원본은 사라지고 없으며 지금의 宋本
《元經》은 위서로 밝혀졌음.

【一氣以待】阮逸 注에 "以待其復興也"라 함.

【拭目而視】阮逸 注에 "待之極也"라 함.

【歲時】阮逸 注에 "自殤和綿綿至桓靈, 假歲時而終不復興"이라 함.

【帝制遂亡矣】阮逸 注에 "曹操擧兵, 吳蜀繼作, 孝獻禪魏, 漢制乃絶"이라 함.

【魏制】阮逸 注에 "魏文帝明帝, 未能平吳蜀, 一制天下"라 함.

【太康】晉 武帝(司馬炎)의 연호. 280~289년까지 10년간. 阮逸 注에 "晉武太康
元年平吳, 天下同一"이라 함.

【不克振】阮逸 注에 "太康三年, 劉毅比帝爲桓靈, 蓋帝制尋大壞矣"라 함.

【息心】阮逸 注에 "太康十一年, 武帝崩. 楊駿矯詔輔政, 開元永熙, 賈后殺駿, 天下
大亂"이라 함.

【不得已而作】阮逸 注에 "上無王法, 故君子作賞罰, 以戒亂臣賊子, 豈好辨哉?
誠不得已也"라 함.

266(5-54)
춘추春秋와 원경元經

문중자가 말하였다.

"《춘추春秋》가 지어지자 〈전典〉과 〈고誥〉가 끊어졌고, 《원경元經》이 생겨나자 제제帝制가 사라졌다."

> 文中子曰:「《春秋》作而〈典〉·〈誥〉絶矣,《元經》興而
> 帝制亡矣.」

【春秋作】阮逸 注에 "孟子曰:「王者之迹熄, 然後《詩》亡;《詩》亡, 然後《春秋》作.」"
이라 함.

【元經】王通의 저술 이름. 그의 《續六經》의 하나로 〈世家〉에 《元經》15권이
저록되어 있음. 天地人 三才의 관계를 기본으로 하여 晉 惠帝 永熙 원년(290)
부터 隋 開皇 9년(589) 南朝 陳나라가 멸망할 때까지 300년간의 역사를 공자의
《춘추》에 비견하여 기록한 것. 그러나 원본은 사라지고 없으며 지금의 宋本
《元經》은 僞書로 밝혀졌음.

【帝制】'帝王으로서의 統治 權力과 天下 制壓의 힘'을 뜻함. 阮逸 注에 "《元經》
作於《續書》·《續詩》之後"라 함.

267(5-55)
시詩의 기록

문중자가 말하였다.

"제후가 시詩를 바치지 아니하고, 천자가 풍風을 채집하지 아니하며, 악관
樂官이 아악雅樂에 통달하지 못하고, 국사國史가 변화를 설명하지 못하고
있다. 오호라! 이렇게 된 지가 오래되었도다! 그러니 내가 가히 《시詩》를
계속해서 기록하지 않을 수 있겠는가?"

文中子曰:「諸侯不貢詩, 天子不采風, 樂官不達雅, 國史
不明變. 嗚呼! 斯則久矣! 詩可以不續乎?」

【貢詩】阮逸 注에 "古者, 列國歌頌, 皆貢于王. 若魯季孫行父, 請命于周是也"라 함.
【國史】阮逸 注에 "國史明乎得失之迹"이라 함.
【久矣】阮逸 注에 "自仲尼歿, 詩有空文, 而其實廢矣"라 함.
【不續乎】阮逸 注에 "漢而下, 風化不傳於詩, 故君子不可不續"이라 함.

임동석(茁浦 林東錫)

慶北 榮州 上茁에서 출생. 忠北 丹陽 德尙골에서 성장. 丹陽初中 졸업. 京東高 서울
敎大 國際大 建國大 대학원 졸업. 雨田 辛鎬烈 선생에게 漢學 배움. 臺灣 國立臺灣師範
大學 國文硏究所(大學院) 博士班 졸업. 中華民國 國家文學博士(1983). 建國大學校
敎授. 文科大學長 역임. 成均館大 延世大 高麗大 外國語大 서울대 등 大學院 강의.
韓國中國言語學會 中國語文學硏究會 韓國中語中文學會 會長 역임. 저서에《朝鮮
譯學考》(中文)《中國學術槪論》《中韓對比語文論》. 편역서에《수레를 밀기 위해 내린
사람들》《栗谷先生詩文選》. 역서에《漢語音韻學講義》《廣開土王碑硏究》《東北
民族源流》《龍鳳文化源流》《論語心得》〈漢語雙聲疊韻硏究〉 등 학술 논문 50여 편.

임동석중국사상100

문중자 文中子

王通 撰・阮逸 註 / 林東錫 譯註
1판 1쇄 발행/2015년 1월 2일
발행인 고정일
발행처 동서문화사
창업 1956. 12. 12. 등록 16-3799
서울강남구도산대로163(신사동,1층) ☎546-0331~6 (FAX)545-0331
www.dongsuhbook.com
잘못 만들어진 책은 바꾸어 드립니다.

*

*

사업자등록번호 211-87-75330
ISBN 978-89-497-0895-9 04080
ISBN 978-89-497-0542-2 (세트)